日本型ビジネスモデルの中国展開

伊丹敬之 編著

有斐閣
yuhikaku

故天野倫文さんへ捧げる

はしがき

この本でわれわれは、中国で成功している日本企業の一つの大きな特徴として、次のような共通項がある、と主張したい。

「その企業が日本で（あるいは世界で）構築してきた、自分の得意技ともいえる特異性のあるビジネスモデルの原理をベースに、中国の実情に合わせた必要な修正は施した上で、個性のある事業展開をしている」。

それが、この本のタイトル「日本型ビジネスモデルの中国展開」の意味である。日本で培ったビジネスモデルの原理を中国風に翻訳し、しかし自分の得意技の原点を守りながら、実際のビジネスモデルを中国で構築している企業が成功している、ということである。中国の実情は日本とは異なるからといって、自分の原点を忘れて「郷に入っては郷に従う」企業には、大きな成功は期待できない、ということにもなる。

もちろん、こうした特徴が中国で成功している日本企業のすべてに、「完全に」共通しているとはいえないだろうが、多くの成功企業にかなり共通しているといえる、とわれわれは考えている。

われわれはこの主張を、一〇社の日本企業の中国展開の現地事例調査とそこからの論理的な推論の結果として得た「仮説」として、この本で提示したい。

ただし、事例分析を積み重ねることにとどまらず、そうした多くの事例に共通に見られる「ビジネスモデルの中国展開」についての共通論理の発見をも、試みたい。だから、本全体を大きくは事例分析篇と論理構築篇に分け、論理構築篇で共通論理の構築の結果が述べられているのである。いわば、「事例をベースに、事例を超えて」が、この本の背後にある研究の基本スタンスであった。

ただ、一〇社の事例の詳細を述べるには、一冊の本として紙幅に限界がある。そこで、一〇社のうち五つの企業については、詳細な事例分析そのものを事例分析篇で一企業ごとに一章を割いて提示し、他の五つの企業については、論理構築篇の各章での論理仮説に関連させて、その論理の実例としてよりコンパクトに紹介することとした。

われわれが調査対象にしたのは、事例分析篇では、建設機械のコマツ、エアコンのダイキン工業、農業機械のクボタ、自動車の日産自動車、複写機の京セラドキュメントソリューションズ、という五社である。このうち、最初の四社の中国事業は中国市場が主な販売先で、京セラドキュメントソリューションズだけが輸出のための中国生産が主な事業内容である。

論理構築篇によりコンパクトな事例として収録した五つの企業は、健康飲料のヤクルト、宅配便のヤマト運輸、化粧品の資生堂、ファスナーのYKK、レストランチェーンのサイゼリヤ、である。この五社の中国事業はすべて中国市場を主な需要先として想定している。

いずれの企業も、中国でユニークな成功を成し遂げた、あるいはその途上にあると思われる日本企業で、産業の広がりもある。この一〇社で中国における日本企業全体を代表できているというつもりは毛頭ないが、事例分析の対象数の限界を考えれば、それなりのバランスのある企業群だとわれわれは考えている。

私はこのはしがきを、二〇一三年八月に書いているが、新聞には「ASEANシフト鮮明、中国の二倍の投資」と見出しが躍っている。たしかに、二〇一二年秋に勃発した尖閣諸島をめぐる日中の緊張関係のあおりを受けて、日本企業の中国投資が減り、ASEAN諸国の成長加速も手伝って日本からASEANへの投資が急増したのが、二〇一三年前半であった。

折から、中国の経済成長の鈍化も話題になっている。そんなときに、日本企業の中国展開を分析するこの本が出版されることの意義について、疑問符をつける向きもあるかもしれない。なぜ今、中国なのか、と。

しかし、日本と中国との間の経済の相互依存関係は、もっと長期的な視野で考えるべき大きさと長さを持っている。なにしろ日中関係は、三国志に出てくる魏の国の歴史書に日本からの使節の到来が書かれているのを始点として、じつに二〇〇〇年に近い歴史的長さがある。

当面に限っても、経済成長が鈍化するとはいえ、日本よりはかなり高い成長を中国は中長期的に続けるであろう。しかも中国は、地理的に日本から近く、人口も日本の十倍以上で、日本にとっては販売先市場としても生産基地としてもきわめて大きな可能性を持つ国である。

じつは、日本にとって販売と生産の両方で大きな意義を持つ国が登場したのは、歴史上、現代中国がはじめてなのである。アメリカも日本にとって重要な国であるが、主な意義は販売先市場としてだった。

したがって、少子・高齢化の日本から中国への投資は、多少の波を打つことはあっても、一過性のブームのようにすぐにしぼんでしまうようなものではないだろう。たとえば、尖閣問題の影響が出始めた二〇一二年の貿易統計を見ても、中国は日本の最大の貿易相手国で、二位のアメリカよりもはるかに重要な国なのである（二〇一二年の輸出入総額は、対中が約三〇兆円、対米が約一七兆円である）。

日中間の最近の政治的緊張関係についても、中国の公安当局の動きはじつは微妙で、日本のマスコミ報道が「反日だらけ」という印象を生みがちなのとは、少し違う。二〇一二年秋の尖閣問題の際にも、中国の公安当局が日系の現地工場の保護に動いたという話を、私は現地で何回も聞いている。中国政府も日本企業の重要性はよくわかっているのである。

したがって、日本企業の中国展開はこれからもかなりの規模で続く、と予測するのが正しいと思われる。しかし、中国市場は容易な市場ではなく、苦労する日本企業が多いのも事実である。

それゆえ、この本のように、「中国で成功している日本企業の共通の鍵は何か」を問うことは、これからも重要であり続けるであろう。その問いを真正面から受け止めた本が、日中関係が多少微妙になっていると巷間いわれている二〇一三年秋にこうして出版されるのも、一つの歴史の綾かもしれない。

この本は、若い経営学研究者たちと伊丹との共同研究の成果である。伊丹が勤務する東京理科大学イノベーション研究科イノベーション研究センターの研究プロジェクトとして、二〇一一年一月に始まった共同研究である。同センターからの研究資金援助のおかげで、現地調査が可能になった。記して、感謝したい。

プロジェクトの発端は、私がそれまでの度重なる中国訪問の際の現場観察から、「自分の得意技を活かしている企業が中国では成功している」という粗い仮説を思いついたことであった。その仮説をもっと論理的な内容を持った主張へと磨くためには、複数の企業の詳細な事例分析を重ねるしかないと考え、私の一橋大学時代に大学院伊丹ゼミで指導した若手の研究者たちに声をかけた。二〇一〇年一一月のことであった。

すぐに、五名の若手研究者が私の呼びかけに応じてくれた。天野倫文、西野和美、張又心バーバラ、首藤聡一朗、岸本太一、の各氏である。そして、その当時はデンマークへ海外留学していたために当初からは参加していなかった藤原雅俊さんが、二〇一一年一二月から参加してくれた。東京理科大学イノベーション研究科の松島茂さんにも、プロジェクトの後見役のような形で参加していただいた。

執筆メンバー全員が伊丹ゼミ出身ということで、共同研究としての一体性はとりやすいというプラスはあるのだが、考え方があまりにも類似しているという弊害もあるかもしれない。プラスマイナスの総合評価は読者にしていただくしかないが、各事例の分析と叙述、そして全員の事例からの各人ごとの共通論理の構築、さらにその背後の共同研究会での長い議論、すべての段階でメンバーの自主性を尊重したつもりである。結果として、彼らの個性が色濃く出ていると私としては考えている。

とくに、張さんの個性は、このプロジェクトに「中国」感覚を生きた形で持ち込んでくれた。彼女は、元は広州出身の家族に香港で生まれた女性研究者で、中国語が母国語である。京セラドキュメントソリユーションズを事例分析篇で担当しているが、現地へたびたび出向き、現場の女性従業員たちにくわしいインタビューをしてくれた。だから張さんの書いた事例には、中国の現場の生の声がとくに満ちている。

もう一人、天野倫文さんについては、このはしがきで悲しい結果を書かなければならない。彼の名前が、この本の執筆者のリストにはないのである。この本の原稿を書くまでの時間の猶予を、天が彼に与えてくれなかったからである。

天野さんは、プロジェクトが佳境に入り始めていた二〇一一年一一月に、突然、亡くなられた。勤務先の東京大学でも大活躍中で、ガンバリ屋の過労があったのであろうか、あまりにも唐突で不幸な突然死だった。

天野さんを失ったことは、このプロジェクトにとって大きな打撃だったのはもちろんだが、日本の経営学界全体にとっても大きな喪失であった。彼の葬式の弔辞で私は、共同研究を必ず仕上げること、その成果の本を彼に捧げること、を参列者を前に誓った。それがわれわれにできる最大の鎮魂の努力だと思ったからである。

それから二年弱、その約束をこうして守れることになった。われわれ全員が、ホッとした気持ちである。彼はすでにYKKの調査を始めていたが、彼が残したインタビューメモなどは岸本さんが引き継ぐことになった。したがって、YKKの事例は天野さんと岸本さんの実質的な共同執筆といっていい。

この本のような個別企業の事例分析をベースとする研究にとって、取材先の企業のご協力は不可欠である。われわれはその点でじつに幸運で、取材をお願いした企業はすべてさまざまな形でご協力してくださった。具体的に取材協力をしていただいた方々のリストは巻末に掲げたが、プロジェクトの総括責任者として、各企業のご協力に改めて感謝の意を表したい。

この本の出版を引き受けてくださったのは、有斐閣であった。同社は、天野さんの出世作『東アジアの国際分業と日本企業』の版元でもある。天野さんに捧げる本にしたかったわれわれにとって、最適な版元が出版を引き受けてくださったのである。本当にありがたいことである。

同社書籍編集第二部の藤田裕子さんと得地道代さんには、共同研究会の議論に参加していただくことから始まり、出版までのプロセスをじつに適切にかつ迅速に仕切っていただいた。心から感謝したい。

二〇一三年八月

執筆者を代表して
伊丹 敬之

＊本書は、東京理科大学イノベーション研究科イノベーション研究センターの研究叢書シリーズ第八号として出版されるものである。同センターからの出版補助を記して感謝したい。

執筆者紹介（執筆順）

伊丹　敬之（いたみ・ひろゆき）　**編者、第1章**
東京理科大学大学院イノベーション研究科教授、一橋大学名誉教授
一九六七年、一橋大学商学部卒業。一九七二年、カーネギー・メロン大学大学院博士課程修了。Ph. D.
主要著作　『経営戦略の論理　第四版』（日本経済新聞出版社、二〇一二年）、『本田宗一郎』（ミネルヴァ書房、二〇一〇年）、『イノベーションを興す』（日本経済新聞出版社、二〇〇九年）、ほか多数。

藤原　雅俊（ふじわら・まさとし）　**第2章・第5章・第9章**
一橋大学大学院商学研究科准教授
二〇〇〇年、一橋大学商学部卒業。二〇〇五年、一橋大学大学院商学研究科博士後期課程修了。博士（商学）。
主要著作　「消耗品収益モデルの陥穽」（『組織科学』第四六巻第四号、二〇一三年）、「多角化企業の戦略と資源」（伊藤秀史ほか編『現代の経営理論』有斐閣、二〇〇八年）。

首藤　聡一朗（しゅとう・そういちろう）　**第3章・第12章**
麗澤大学経済学部准教授
二〇〇一年、一橋大学商学部卒業。二〇〇六年、一橋大学大学院商学研究科博士後期課程修了。博士（商学）。
主要著作　「Rogersのイノベーション普及理論の拡張」（『麗澤経済研究』第二〇巻第一号、二〇一二年）、「経営情報システム構築プロセスから生じる組織学習」（『麗澤大学紀要』第九一巻、二〇一〇年）。

西野　和美（にしの・かずみ）　**第4章・第8章**

東京理科大学大学院イノベーション研究科准教授

一九九二年、一橋大学商学部卒業。二〇〇一年、一橋大学大学院商学研究科博士後期課程修了。博士（商学）。

主要著作　『ケースブック経営戦略の論理　全面改訂版』（共編著、日本経済新聞出版社、二〇一二年）、「クローズド・オープン・イノベーションのすすめ」（伊丹敬之・東京理科大学MOT研究会編著『技術経営の常識のウソ』日本経済新聞出版社、二〇一〇年）。

岸本　太一（きしもと・たいち）　**第6章・第11章**

敬愛大学経済学部准教授

二〇〇二年、一橋大学商学部卒業。二〇〇八年、一橋大学大学院商学研究科博士後期課程修了。博士（商学）。

主要著作　『中小企業の空洞化適応』（共編著、同友館、近刊）、「利益率に見る中村改革」（伊丹敬之ほか編著『松下電器の経営改革』有斐閣、二〇〇七年）。

張　又心　バーバラ（ちょう・やうしん・ばーばら）　**第7章・第10章**

大阪経済大学経営学部講師

一九九七年、香港中文大学経済学部卒業。二〇〇四年、一橋大学大学院商学研究科博士後期課程修了。博士（商学）。

主要著作　『中小企業の国際化戦略』（共著、同友館、二〇一二年）、「ヒューマンウェア技術の国際移転」（伊丹敬之・軽部大編著『見えざる資産の戦略と論理』日本経済新聞社、二〇〇四年）。

目次

第1部 総論篇

第2部　事例分析篇

第 *1* 部

総論篇

第1章 日本型ビジネスモデルの中国展開

伊丹 敬之

1 ビジネスモデルに成功の核心がある

中国で成功している日本企業の、「なぜ」を問う

この本の基本的問題意識は、中国での日本企業の成功の背後にある「なぜ」を問うことにある。

次章で日本企業の中国での活動の全体像をスケッチするが、二〇一〇年時点で五〇〇〇を超える日本企業の現地法人が活動中で、日系企業は常時従業者だけでも一六〇万人を超える人々を雇用している。そうした日本企業の中国での事業活動について、「中国のビジネス環境は厳しいし不安定だ」「中国事業は儲からない」と、日本企業が苦労する話がマスコミにしばしば登場する。たしかに中国での失敗も多いだろう。しかし、一方で成功している企業、成功への入り口にさしかかっていると思われる企業も多い。そして、これも次章でデータ的に明らかにするように、じつは中国での日系企業は日本企業全体の

大きな収益源に育っていると思われるのである。

そうした全体的な成功の中でも、とくに際立った成功例がある。もちろん、その一方で大小さまざまな失敗例も多く見聞きする。その成功と失敗を分ける鍵要因は何なのか。それを考えようというのが、この本の背後にあるわれわれの共同研究プロジェクトの基本目的であった。

もちろん、どこの国の企業でも事業の成功にはさまざまな要因があるだろう。たとえば、中国でターゲットとした市場が国全体の経済成長とともに成長すれば、そこに狙いをつけた企業が成功しやすいのは、わかりやすい道理である。市場成長の波に乗れた、という半ば自明の成功要因がありうる。

しかし、成功した企業は、なぜその市場成長を「自社の」事業の成功につなげられたのか。たしかにそこに目をつけたのはえらいが、それだけでは成功の十分条件にはならない。ターゲットを定めればそれで成功できるほど、経営は甘くないだろう。「その先の要因」を考える必要がある。

たとえば、中国のエアコン市場を考えてみればいい。第4章がこの市場で成功したダイキン工業の事例を分析するが、この市場は二一世紀に入ると急速に成長した。しかし、日本勢の大半が苦戦している。市場成長とともにきわめて多数の中国地場企業が参入してきて、競争が激しくなったからである。その競争の中で、ダイキン工業は市場とともに成長できた。高い利益率も確保できた。なぜ、日系同業他社が苦戦する中で、日本勢の中では最後発に近いタイミングで遅く参入したダイキン工業が成功できたのか。

「その先の要因」としてわれわれがこの本で着目したのが、ビジネスモデルである。そのより詳しい定義は次項で述べるが、ビジネスモデルとは事業活動の細かな仕組み全体のことである。そこに成功の核心がある、というのがこの本の基本的視点である。「たった一つの核心」ではないかもしれない。しかし、少数の核心的要因の一つだと、われわれは考える。それは、別に中国での成功だけにいえることではなく、一般に戦略の成功要因として、その戦略が設計するビジネスモデルが成功の核心になることはしばしば見られる。この本ではそうした基本的視点から日本企業の中国展開を分析してみたのである。

この基本的視点から中国での日本企業の展開を見てみると、現実をどううまく説明できるか、第2部の事例分析篇に収録した五つのメイン事例や第3部の論理構築篇で取り上げた五つの付属事例（各章末の「論理から事例を読み解く」）が、その判断材料を提供しているとわれわれは考えている。たしかに本書で選んだ一〇の企業では、ビジネスモデルが成功の中心的役割を果たしていると思われるのである。

ビジネスモデルとは何か

では、ビジネスモデルとは何か。

この本で用いるビジネスモデルという概念の定義は、次のようなものである（西野［二〇〇六］二六五–二六六頁）。

ビジネスモデル＝ビジネスシステム＋収益モデル

つまり、ビジネスモデルとは、ビジネスシステムと収益モデルという二つの構成要素からなる、事業としての仕事の仕組み全体をさす概念である。ビジネスシステムとは製品やサービスを顧客に届けるための仕事の仕組みのことで、収益モデルとはそうした仕事の中でどのように収益を上げるか（どこで収入を得るか、どこでコストを下げる工夫をするか）といった仕掛け全体のことである。

第一の構成要素、ビジネスシステムの設計とは、具体的にはたとえば、流通部分でいえば、代理店―小売商という多段階の仕組みにするか自分で小売りまで部分的にせよ手がけるかといった問題や、あるいは生産部分でいえば、どの部品の生産を内製し何を下請けに出すかという内製・外製の問題が典型例である。

こうしたビジネスシステムの基本設計の中心は、顧客を終着点としてそこに製品やサービスを届け、かつその後のアフターサービスなどを行う、企業の長い仕事の流れの中で、次の三つのことを決めることである（ビジネスシステムについてよりくわしくは、伊丹［二〇一二］第二章を参照）。

（1）何を（どのような業務を）自分が行うか、何を他人に任せるか

（2）自分で行うことを、どのように行うか

（3）他人に任せることを、どのようにコントロールするか

つまり、ビジネスシステムは、顧客が企業によって提供される製品やサービスに実際に満足するかどうかを決める、きわめて重要なシステムである。したがって、顧客のところで企業が意図する差別化が現実に実現できるかどうかは、ビジネスシステムの作られ方が決めている。

いくらターゲット顧客として適切なセグメントを見つけても、製品開発を他人任せにしてそのセグメントへの適切な製品開発に失敗することもある。かりに製品開発には自社内の努力で成功したとしても、生産段階で下請けの管理に失敗して品質不良が出てしまえば、顧客は満足してくれない。さらに、生産

まではうまく仕事が進んだとしても、小売段階で売り込み方が適切でないような販売業者を選んでしまったり、また顧客へのアフターサービスを他人任せにして不十分になったりしたら、顧客は結局は満足してくれず、その企業の製品と長く付き合ってはくれないだろう。

こうしてビジネスシステムは実際に顧客満足を現場で勝ち取るための最重要なシステムになるのだが、これはさらに、企業にとっての学習活動のあり方、すなわち顧客のニーズや生産技術などについての現場情報の学習活動のあり方を決めるシステムとしても、機能する。日々の業務が行われるプロセスで、現場にさまざまな情報が流れ（たとえば、顧客がクレームをいう）、それがうまく蓄積されるかどうかで、企業としての学習能力のかなりの部分が決まってしまうからである。仕事をするということは、顧客を満足させるために製品を届けるという直接効果だけでなく、仕事を通じて現場が学習するという効果も持つのである。したがって、たとえば下請け任せにした仕事に関しては、自社は学習ができなくなってしまう。その仕事の現場経験を自分でしなくなるからである。

ビジネスモデルの第二の構成要素、収益モデルは、こうしたビジネスシステムのどこでどのように収入を増やし、どこでどのようにコストを小さくできるように仕掛けを作るか、というモデルである。

たとえば、アフターサービスに注力することによって、製品の初期売上げという収入だけでなくその後のアフターサービスからの収入（たとえば、補修部品の販売収入）が増えるような工夫をするというのが、その設計例の典型である。あるいは、自動車のディーラーが保険業務を扱うようにメーカーが仕組み、保険業務からもディーラーの収入が確保できるようにするのも、収益モデルの工夫の例である。この場合は、保険業務収入がメーカー自身の収益に直接なるわけではないが、その分だけディーラーへさまざまな要求をできる交渉力の源泉となり、結局は自動車メーカー自身の収益へと間接的にはねかえってくることがあるだろう。

このようにビジネスモデルとは、ビジネスシステムの「ビジネス」という言葉と収益モデルの「モデル」という言葉を合わせた言葉、と語呂合わせで理解すると覚えやすいであろう。

ここでわれわれが採用した西野によるビジネスモデルの定義は、一般的なビジネスモデルという概念よりはやや狭いのだが、企業の現場の仕事の知恵がつまっているような部分をさす概念になっている。それだけに、それが成功の核心をなす、とわれわれは考えている。中国のみならず、広くどこの国の経営戦略でも中核的な概念になるはずだと思う。

だからこそ、われわれはビジネスモデルという視点から、日本企業の中国展開を取り上げようと考えたのである。

事例をベースに、事例を超えて

こうした視点から「日本企業の成功のなぜを問う」ための研究の方法論として、われわれは少数事例の詳細分析という方法論を選んだ。ユニークな成功をしている（あるいはその途上にある）と思われる一〇の企業を選び、なるべく現地にわれわれ自身が足を運び、現場の人々の話を聞き、その上で外部で手に入る資料を分析して、それぞれの企業の中国展開がどのようなビジネスモデルを作り上げたか、そしてそのビジネスモデルがどのように成功に貢献したか、を考えようとしたのである。とくに、事例分析篇でくわしく分析している五つの企業についてはすべて、その企業の担当分析者（事例分析篇の順序でいえば、首藤、西野、藤原、岸本、張）が担当企業の現地法人に出向いていているし、論理構築篇の五つの付属事例の企業についても、大半は現地訪問調査をしている。総括責任者の伊丹も、六社の現地訪問調査に同行した。

われわれが調査対象にしたのは、事例分析篇では、建設機械のコマツ、エアコンのダイキン工業、農業機械のクボタ、自動車の日産自動車、複写機の京セラドキュメントソリューションズ、という五社であった。このうち、最初の四社の中国事業は中国市場が主な販売先で、京セラドキュメントソリューションズだけが輸出のための中国生産を主な事業内容としている。

中国でユニークな成功をしていると思われる企業を選んだら、五社のすべてがさまざまな機械のメーカーばかりになったが、それはおそらく機械産業に強いという日本企業の優位性のパターンを示しているのであろう。しかし、論理構築篇の付属事例として選んだ五つの企業には、サービス産業も含まれている。企業名は、健康飲料のヤクルト、宅配便のヤマト運輸、化粧品の資生堂、ファスナーのＹＫＫ、レストランチェーンのサイゼリヤ、である。

しかも、論理構築篇に登場する企業の中には、中国事業が成功へのまだ途上、という企業もある。ある程度の成功はしているのだが、事例分析篇で選んだ企業のようには、長い歴史を持たずはっきりと成功という成果が出ているわけではない。しかしわれわれとしては、あえて最近になって中国市場へ参入したヤマト運輸やサイゼリヤのような事例も選んで、彼らの中国でのビジネスモデル構築の初期プロセスを知ろうと努力した。

そうした最近の中国参入の事例がサービス産業から選ばれたのは、じつは、日本企業の中国展開の全体的パターンをある程度反映しようという意図からでもある。次章で日本企業の中国展開の歴史を追ってみるが、たしかに当初は、主にはさまざまな機械産業やその部品産業の生産基地としての中国進出が日本企業の中心パターンであった。その後、中国市場での機械製品・部品などの販売活動に中心が移り、最近では、それに加えてサービス産業の中国進出が盛んになってきているのである。

こうしてさまざまな配慮をして一〇社の企業を調査対象にしたが、その総数が共同研究参加者の数に制約されていることもたしかである。五人の事例分析担当者がそれぞれ一つのメイン事例と一つの付属事例を分析することにしたので、結局一〇社となったのである。一人の分析担当者が二社を担当することによって多少なりとも他社との比較感を持てるようにし、また全体統括責任の伊丹が一〇社のうち六社については現地調査にも参加して、それぞれの事例分析への統一的視点を持てるようにした。もちろん、頻繁に開いた共同研究会で個別の事例調査の結果を全員で共有し、議論を重ねてプロジェクト全体での視点の共有に努めたことは、いうまでもない。

しかし、こうした努力をしたものの、やはり一〇社という限られた企業の事例分析でしかない。事例の事実そのものだけで、日本企業全体の中国展開の全体的傾向が明らかにされた、と主張することはできないであろう。中国には五〇〇〇社を超える日系現地法人があるのである。

だが、たんにたまたま一〇社だけの限定的な事実を解明しただけの本、というつもりもわれわれにはない。事例分析篇の五社の詳細な分析を読めば、そこに描かれている戦略やビジネスモデル構築の努力が日本企業の中国事業の共通的特徴をかなり含んでいること、それも成功している企業にはたしかにこういうやり方が多いと思われること、などに、かなり納得していただけるのではないか。

さらに、一〇社の事例にかなり共通しているとわれわれが感じた「中国での成功の論理」を、論理構築篇ではさらに深掘りをして、分析をした。それは、事例の事実だけでなく、その事実群の背後に潜む成功の論理をわれわれなりに突き止めようとする努力である。事例の事実からその事実を生んだと思われる論理的メカニズムを推論することによって、事例から論理を学ぼうとする努力、といってもいい。

つまり、この項のタイトルにしたように、「事例をベースに、事例を超えて」、共通論理を考えようとしたのである。それが、この本の研究方法論の基本的スタンスである。

2 事例からの論理構築

日本型モデルを中国風に翻訳

この本の共同研究をスタートさせたときにわれわれが持っていた基本仮説は、中国で成功している日本企業は、日本での（あるいは中国進出までの世界各地での）その企業の発展の背後で彼らが築き上げてきた「得意技」とでもいうべき勝ちパターンがあり、そのパターンを中国でも活かしているからこそ中国で成功しているのではないか、というものであった。

この基本仮説は事例分析の結果としてその正しさが検証できた、とわれわれは考えた（少なくとも、基本仮説を否定するような材料はなかった）。それが本書の結論の一つである。そして、その「勝ちパターンの中国展開」にはさらにビジネスモデルのあり方としてかなり共通の特徴があると考えるに至った。その共通的特徴を、論理構築篇や本章で明らかにしようとしている。

つまり、われわれの結論は、中国で成功している日本企業が中国で展開しているビジネスモデルは、その源流が日本での（ときに日本を含んだ世界での）自社の経験にある、ということである。その源流をベースに、しかし中国の現実に適合すべく、中国風に細部をリアレンジしたビジネスモデルを中国で展開しているのが、成功企業の一つの共通項だと思われる。

当たり前の結論だといえば、たしかに当たり前に聞こえる。しかし、郷に入っては郷に従え、中国では日本の常識は通用しない、経営の現地化が大切だ、というような現地一辺倒の経営とは一味違うのである。日本で培った源流を大切にする、しかしローカライズすべきところはローカライズする、という経営が成功しているというメッセージは、ときとして日本のよさを忘れがちな企業が出てくることを考えると、意味のあるメッセージだとわれわれは考える。

いいかえれば、この項のタイトルのように、「日本型モデルを中国風に翻訳」という経営のスタンスこそ成功しやすい、ということである。たんなる移転ではまずい。しかし、中国でまったく新しくビジネスモデルを構築し直すというのでもない。あくまで、翻訳である。

そして、そもそも日本でかなりの成功を収めたビジネスモデルを持たない企業に中国での成功はおぼつかない、ということでもある。翻訳とは、そもそも原文のあるものである。その原文に意義が大きくなければ、かりに翻訳がうまくいって現地で理解されるようになっても、日本企業の勝ちにはつながらない。ビジネスモデルの内容そのものが中国現地の人々の心を捉えるからこそ、中国事業は成功するのである。書物と同じである。翻訳して意味があるだけの内容が原文になければ、文意は理解はされてもそれへの共感にはつながらない。

つまり、本のタイトルにしたように、「日本型ビジネスモデルの中国展開」が重要なのである。それが、日本企業の中国での成功の核心である。この本の基本的メッセージは、この一点につきる。

モデル内容の共通項

この本の特徴だとわれわれが考えるのは、事例のくわしい叙述と分析（第2部　事例分析篇）を行うだけでなく、多くの事例に共通する成功の論理を事例から構築しようとした点である（第3部　論理構築篇）。そうして構築された論理は、中国で展開されているビジネスモデルの内容の共通項についての論理（なぜそのビジネスモデルの特徴が必要か、なぜその特徴が機能するか）と、そうしたビジネスモデルが中国で展開されてきた歴史的プロセスの共通項についての論理（どのような原理での発想か、どのように日本型モデルがリアレンジされたか）、という、二種類の共通項についての論理が提示されている。

結論を先取りするようだが、その論理の概要をここで紹介しておこう。

モデルの内容面での三つの共通項として第3部で分析したのは、顧客とのインターフェイスの重視、補助的サービスの重視、思考・感情のベースの重視、という日本型ビジネスモデルの三つの強調点である。それぞれ、第8～10章で扱われている。

まず、顧客インターフェイスの重視（第8章）とは、顧客こそがビジネスモデル構築の出発点と考えて、顧客とのインターフェイスをきちんと作ることにきわめて大きな力を注ぐ、ということである。

企業側のヒトと既存もしくは潜在的な顧客であるヒトが接触するインターフェイスでは、ヒトとヒトとの間で商品・サービスや補助的サービスがやり取りされるだけでなく、両者が出会う場においてさまざまな情報と感情も生起しやり取りされている。その情報と感情のやり取りによって、顧客側では商品や企業などへの理解が深化し、企業への信頼やロイヤルティが向上するし、企業側には市場のニーズや気持ちを理解できるという効果がある。

巨大かつ競争が激しい中国市場では、日本企業が提供する商品の機能や品質をきちんと理解してもらうのが難しく、また取引で起きうるさまざまなリスクを低減させる必要も大きいため、こうした多面的な機能を果たせる顧客インターフェイスをきちんと作ることが、とくに重要となる。

次に、補助的サービスの重視（第9章）とは、製品の機能や価格よりも補助的サービス（たとえば、アフターサービス）こそが競争上最も大切と考えて、優れたサービスを提供できるようにビジネスモデルを懸命に工夫している、ということである。

中国市場に限らず一般的に補助的サービスには、①客観的評価が難しく曖昧なため競合他社が模倣しづらい、②追加的な収益機会を生み出す、そして③顧客との対面交流を伴うため学習機会が豊富で自社の変化対応力を高めてくれる、といった普遍的意義がある。その上、低廉品が数多く流通する中国市場では、顧客に張り付いてさまざまなケアを施すことで、低廉品との価格差を超える品質差を顧客に認めてもらうことが重要である。

財そのものの主要機能は、今日の顧客を華々しく魅了してくれる。これに対し、補助的サービスは、昨日からの顧客を地道に満足させつつ、明日の顧客に気づかせてくれる。この意味で補助的サービスは補助的性格を超え、中核的重要性を帯びるのだと考えられる。

さらに、事例で取り上げた企業の第三の共通点として（第10章）、ビジネスモデルを動かしていくのは中国現地の人々であることに注目し、彼らの思考や感情のベースに働きかけることを重視するというポイントがあるようだ。つまり、ビジネスモデルの見えない下部構造である思考や感情のベースを作ることを大切に考える、ということである。

人々の行動を方向づける経営理念や企業文化といった考え方や、従業員を盛り上げ、やる気や熱意を引き出す仕掛けなどがその具体例である。事例企業の多くはこのベースの存在を重視し、手間ひまをかけても中国に移転することにこだわっている。そこまでこだわることの意義は、①日本型ビジネスモデルの機能を最大限に発揮させる、②ビジネスシステムの目に見える構造をより現地に適応するような形へ柔軟にアジャストする、③地理的に広く分散している現地従業員や代理店の行動を制御する、という三点だと思われる。

中国展開プロセスの共通項

中国におけるビジネスモデル展開プロセスという面での二つの共通項として第3部で論じられているのは、中国展開の原理と中国でのリアレンジについて多くの事例に共通する点である。第11章と第12章がそれぞれを扱っている。

プロセス面での共通点の第一は、中国展開の際のビジネスモデル設計の原理というべきもので、どの企業においても「人の成長を活かす」と「(自社に存在する)深い蓄積を活用する」という二つの原理が流れていたと思われることである(第11章)。

二つの原理は相互依存的である。深い蓄積を活用できるから現地の人を成長させることが可能になるし、人が成長するからこそ自社の過去からの（典型的には日本での）深い蓄積を中国で活用できるようになるのである。

こうした二つの原理を持って中国市場に適合したビジネスモデルを展開しようとする企業は、それほど多くないようだ。じつはこの二つの原理は中国でも通用する普遍性を持っているのだが、案外稀少でもあり、また模倣困難でもある。多くの企業が「郷に入っては郷に従え」をやりすぎるからである。

こうして、稀少性、模倣困難性、しかし普遍性、さらに相互依存性という四つの特徴の組合せゆえに、二つの原理に基づくビジネスモデルの中国展開は合理性が高いのである。

次に、中国現地におけるビジネスモデルのリアレンジのプロセスでは、中国の環境を知り、ときにはその環境を変える努力をしながら、しかし日本で培われた原理を活かすように展開ステップを着実に踏んでいく、という共通点が見られた（第12章）。ここでの原理とは、第11章で述べたモデル設計に関する発想の原理だけでなく、事業のコンセプトなど日本型ビジネスモデルの背後にある経営のあり方についての原理をも含む意味で使われている。

第11章が示すように、日本で培った原理を維持したままでの中国展開には多くのメリットが存在するが、その原理を日本とは異なる中国という環境で維持するためには現地での制度・慣行を中国の顧客や協力企業にマッチするようにリアレンジする必要がある。現地で常識的な制度や慣行に従ってしまう形での環境適応と異なり、原理という制約条件がある分、複雑な辻褄合わせが必要になるが、その見返りも大きい。その際、中国という環境がどういうものかその細部まで進出前にわかっていることは少ないため、展開のプロセスで現地の事情についての情報を獲得する仕組みが重要となる。

そしてしばしば、たんに中国の環境に適応するのではなく、その環境を自分たちの原理に適合するように変える努力も、事例企業では行われていた。環境の多くを変えられるわけはないが、環境のすべてを絶対不変と考えないこともまた、成功企業の共通項であった。

3 日本型ビジネスモデルの三つの特徴

モデルの三つの特徴、中国展開の三つの鍵

前節で紹介したような「成功の論理」が日本企業のビジネスモデルの中国展開にあることを、第3部の論理構築篇でくわしく論じるのだが、もちろんそれらだけですべての成功の論理が網羅されているというつもりはない。あくまでも、われわれの共同研究プロジェクトにおける五人の分析担当者が最も大切と思われる特徴を一人一つに絞り、合計で五つの特徴を論じたのが、論理構築篇である。

そこでの論点からは漏れたが総括責任者として伊丹が付け加えるべきと考える特徴、あるいは論理構築篇で論じる論点の少し違った角度からの解説。この二つの視点から、この節と次節で、日本型ビジネスモデルの中国展開の六つのポイントについて論じよう。日本型モデルの内容面での三つの特徴、中国展開のプロセスでの三つの鍵、の合わせて六つのポイントである。

まず、日本型ビジネスモデルの内容面での特徴としてこの節で論じるのは、以下のようなポイントである。

・「顧客に届いてから」が勝負

・学習機能・教育機能を大切に
・パートナーに多面的メリットを
そして、中国展開のプロセスの三つの鍵として次節で論じるのは、以下のポイントである。
・事業コンセプトとビジネスモデルにこだわる
・中国への翻訳機能を充実する
・（ビジネスモデルの）構築プロセスは、持続力と徹底

「顧客に届いてから」が勝負

企業から顧客に製品が届くまでの仕事の仕組み（つまり、ビジネスシステム）を考えてみると、企業が主に力を注ぐのは、中国市場に限らず一般に、よい製品がきちんと顧客に届くようにすることである。よい製品を開発するための開発システムに力を注ぐ、工場では品質管理の仕組みを強化する、といったことである。まず「工場の門を出るときに」製品がよい状態でなければならないのだから、当然である。さらには、流通段階で品質が劣化しないように、あるいは顧客への製品の説明やアピールがきちんと行き届くように、流通チャネル作りにも企業は注力する。「工場の門から顧客の手に届くまで」の間の仕事の仕組みも大切なのである。

これも当然なのだが、しかし、われわれが調査対象にした企業は、製品が「顧客に届くまで」の仕組みに神経を使うだけでなく、むしろ「顧客に届いてから」が勝負だと考えてビジネスモデルを作っていると思われる。

たとえば、ダイキン工業は三六五日二四時間いつでもエアコン修理などのサービスに応じる体制を早い段階で作った。クボタは、稲刈りのためのコンバインへのアフターサービス体制をきわめて広域で可能にするような仕組みを代理店と連合して作った。コマツはコムトラックスという通信装置を標準装備にしてすべてのコマツの建設機械の運転状況をリアルタイムで把握できるようにした。日産はディーラーでの修理体制を整備することに大きな資源を割いた。

いずれも、その企業の製品を購入した顧客がその使用状況に応じて適切なアフターサービスを迅速に受けられるように工夫したものである。顧客に製品が届いた後で顧客が実際に製品を使うプロセスで本当の満足が得られるよう、万全のサービス体制を作るのである。「顧客に届いてからが勝負」なのである。

さらには、そうしたサービス体制を代理店などに任せる場合でも、代理店のサービス技術者の教育システムの整備などに企業の側が大きな努力をしているケースが多かった。これも「顧客に届いてからが勝負」と思っているからこその、人材投資である。

こうしたビジネスシステムの仕組みだけでなく、収益モデルの工夫も「顧客に届いた後が勝負」と考えて、製品が使用され始めてから代理店などの流通関係者が十分な努力を注ぐことに対してインセンティブを与えるような仕組みを作っているケースも多い。たとえば、日産がディーラーに対して修理などのサービス活動の質をベースにインセンティブを与える仕組みを工夫していることなどは、その例である。ディーラーの顧客サービスに対してメーカーがきちんと対策費を出していることになる。

たしかに、顧客の真の満足は製品を買うことから生まれるのではない。製品を使って、そのよさを十分に享受して、実際の満足が生まれる。その満足が実際に生まれるようにビジネスモデルを構築するのは、案外大変なことである。とくに中国のように、日本企業の製品に類似した製品を扱う流通関係者が過去に存在しなかったような市場では、「顧客に製品が届いてからが勝負」と考えても、その勝負に勝てるように協力してくれる人々が企業の外には存在しないことが多い。

そこで、自前の流通網を一から作るとか、流通の鍵になる業務を自社業務とするとか、顧客と接する部分でのビジネスモデルの設計にとくに心を配らなければならなくなるのである。だから、論理構築篇の第8章と第9章で議論するように、顧客インターフェイスを大切にする企業が成功し、またアフターサービスなどの補助的サービスをきちんと実行できるビジネスモデルを作ることに成功した企業が市場での成功を勝ち取ることができるのである。

学習機能・教育機能を大切に

自社の中で働く人にとっても、自社と業務関係を持つ外の人にとっても、自分の仕事をするプロセスは、たんに労働と金銭の交換関係であるだけでなく、さまざまな学習活動が副次的に発生しているプロセスである。仕事をしながら、人は観察し、考えているからである。もちろん、人によって程度の差はある。しかし、すべての人間が何らかの学習能力を持っている以上、仕事をすることは同時に学ぶことでもあるのである。

だから、現場の仕事の仕方を決めているビジネスモデル（とくにその中のビジネスシステム）は、その副次的機能として、企業自身にとっての学習機能と企業内外で企業のために働いてくれる人たちへの教育機能との、両方の機能を持っている。どこの国の企業がどこの国で事業活動を行っても、この副次的機能は大なり小なり生まれているだろう。

中国で成功している日本企業の多くでは、そうして自然に生まれる副次的機能（企業自身の学習と企業関係者への教育）をとくに大切にして、それらの機能が十分に生まれるように配慮してビジネスモデルの設計と運用を行っていると思われる。それが、この節で強調したい日本型ビジネスモデルの第二の特徴である。

企業がとくに学習したいと思うのは、顧客が本当はどのように製品を使っているのか、どこに不満を持ち、どこに改善を望んでいるのか、ということであろう。その学習活動のために、たとえば日本企業は製品開発の担当者である技術者（それも日本で製品開発をしている、だからふだんは日本に常駐している技術者）を製品が使われている現場にしばしば派遣し、彼らに製品の修理プロセスに現場で参加させたりする。そのように仕事を仕組むと、技術的な知識を持って開発現場に直接関与している人間が、現実の使用環境の中で実際に使っている人たちの声や不満を聞くことになる。あるいは、声は聞かなくても現場を観察して学習することになる。

あるいは、コマツのコムトラックスという建機の使用状況の無線通信装置のように、企業の側が使用状況の詳細な情報を逐一把握していることもある。これも大規模な学習機能を持っていることと等しい。ほかにも、ダイキン工業の二四時間サービス体制は、そこに入る修理要請から現場での製品の使われ方を企業が学ぶ機会にもなっている。

さらにいうと、学習対象はたんに顧客だけではない。流通関係の関係者の行動パターンや市場の実態も、流通のコントロールをきめ細かく行うようなビジネスシステムの設計によって、企業による学習の対象になる。

ビジネスモデルの教育機能としての例をあげれば、ダイキン工業が自社の営業部隊と自社の外の人間である販売店の人たちが共同して提案営業をする仕組みをとっていることは、たんに営業促進機能を持つばかりでなく、その協働作業を通じた販売店への教育機能も狙ってのことだろう。

あるいは、さらにわかりやすい教育機能は、京セラドキュメントソリューションズが「京セラフィロソフィ」を現場の労働者に教えることを熱心に続けることが、じつは現場で働く人々に働き方を教えることになっている例である。それはさらに人間教育に資する部分があり、「人間いかに生くべきか」を教える哲学を通して、自然に現場の人たちの間に働くことの意義やチームワークの意味が浸透したりするのである。それが、京セラの現場をよりチームワークのとれた職場に変えていくだろう。

中国では、こうしたビジネスモデルの持つ学習機能・教育機能がとくに重要だと思われる。

なぜなら、学習機能についていえば、日本企業の側が中国の環境をまだよく知らない段階で進出することが多く、それでも成功できるためには中国の環境をより早く、より深く学習することが重要だからである。

たんに中国事情に通じた現地の人に活躍してもらうだけでは不十分で、企業自身に情報の蓄積ができるようにしないといけないのである。なぜなら、現地の人に頼るだけでは、彼らが流動的な中国の労働市場の中で他社へ移っていってしまうと、とたんに自分たちの蓄積に穴があく。さらには、日本で行う製品開発に役立つ情報を日本側が学習するためにも、あるいは日本型ビジネスモデルを中国風に翻訳する作業のために日本型モデルを熟知した日本人がきちんと学習をするためにも、ビジネスモデルの持っている学習機能によって企業自身が情報蓄積を積み上げていくことが重要なのである。

あるいは、ビジネスモデルの教育機能についても、中国市場だからこそ重要となる。たとえば、流通関係の蓄積のまだ浅かった中国で「顧客に届いてからが勝負」という仕事の仕方を実現するためには、流通関係のパートナーに日本型の仕事のやり方やノウハウを教育する必要がある。あるいは、企業内でも熟練した従業員が少ない段階では、彼らに仕事の仕方や考え方を速く教育する必要があるからである。

パートナーに多面的なメリットを

ビジネスモデルが現実に機能できるためには、そのビジネスモデルを主体的に作る当事者の企業だけでなく、そのビジネスモデルの運用に参加するさまざまなパートナーがビジネスモデルの設計上で想定された役割をきちんと果たさなければならない。パートナーとは、たとえば、流通での代理店や小売業者であり、生産での部材納入業者であり、さらには企業内で働く現地の従業員たちである。

彼らがビジネスモデルの設計で想定されたようにきちんと動こうとするのは、そこから自分なりにメリットを得られるからであろう。とくに、ビジネス活動である以上、仕事への直接的な金銭的対価がきちんと得られることが最低限の条件であろう。しかし、短期的な金銭的対価だけがパートナーの得るメリットではないであろう。たとえば、取引関係が長期的に安定して続くという一種の保証があればそれもメリットであろうし、あるいは働きがいややりがいのような非金銭的なメリットもありうる。さらには、パートナーとして技術を学べる、働き方を学べるというメリットもあるかもしれない。

日本型ビジネスモデルの一つの特徴は、こうしたパートナーへのメリットを多面的に生み出せるように、ビジネスモデルの設計の際に配慮していることだと思われる。

金銭的対価の範疇でも、さまざまな工夫が収益モデルとしてなされている。たとえば、流通の代理店を積極的な営業活動やアフターサービスに巻き込めるように、代理店にどのような収益を渡すかのインセンティブの工夫である。補修部品の売上収入であったり、自動車保険の取扱手数料であったり、さまざまな副収入的な道を代理店に用意している。たんに、最終顧客への小売値と代理店としてのメーカーからの仕入値の差だけが彼らの収益源ではないのである。

あるいは、最終顧客からの売上げを代理店が安定的に確保できるような体制作り（充実したサービス体制だったり、営業活動への積極的支援など）に、メーカーである日本企業が大きな努力を明確な形で払うことが、長期的メリットを代理店というパートナーに生み出すことになっている。

ビジネスモデルの構成要素である収益モデルは自分がどこで収益を上げるかを意図して作られるものではあるが、その設計は同時にパートナーにどこで儲けさせるかを設計することでもある。自分の収益だけを考えるのは、視野が狭いのである。中国で成功している日本企業は、収益モデル設計の視野が広いと思われる。

非金銭的なメリットも、さまざまな形でビジネスモデルに組み込まれてパートナーに生じている。たとえば、代理店のサービスマンの技術教育を日本企業が積極的に自己負担をしながら行っている。彼らにしてみれば、技術を学べるというメリットがある。

流通関係のパートナーの例を多くここでは出しているが、工場や販社あるいは自社の小売りの現場で働く従業員もまたパートナーである。彼らに対しては日本企業はじつに多様な働きかけをしている。たんに定着率をよくするために高い賃金という金銭的対価を支払うのではなく、福利厚生に力を入れる企業も多く、さらには日本ではもう昔話になりかかっている社員旅行や社内運動会という形での「仲間との関係を楽しむメリット」を従業員に与えている企業も多かった。

さらにその先へ進んで、人間としての思考や感情のベースに訴えかける行動を従業員や代理店などのパートナーに対してとっている日本企業が、今回の調査対象にはかなりあった。京セラドキュメントソリューションズ（京セラフィロソフィ）、ダイキン工業（人基軸の経営）、資生堂（おもてなしの心）、コマツ（コマツウェイ）、ＹＫＫ（善の循環の哲学）などがその例である。それが、ビジネスモデルを支える下部構造、見えない構造として大切であることを、論理構築篇の第10章がくわしく議論している。

そうした精神的な訴えかけは、かなりの程度中国人の従業員などのパートナーに浸透しているようだ。その最も進んだ例が京セラドキュメントソリューションズであろう。くわしくは事例分析篇で読んでもらいたいが、京セラフィロソフィを受け入れる現場の女性従業員の声にわれわれも驚かされた。中国語を母国語とする香港出身の女性研究者がこの企業の分析担当であったことが幸いしたのであろう、現場の彼女たちから本音の声を聞けたとわれわれは考えている。

こうした日本企業の働きかけは、中国ではおそらくユニークであろう。一般的に中国の労働市場はかなり流動的で金銭的対価が大きな比重を占めている、つまりきわめて市場経済的、といわれているのである。しかし、だからこそ、日本企業がいわば日本から持ち込んだ「人間的側面をも含んだ多面的メリットへの配慮」は、人間の本質に訴えかける、市場経済のイメージを超えたところでの存在価値を持ちうるのである。ユニークであるがゆえに、うまくいけばそれがかなりの成功要因となれる可能性がある。

4　中国展開の三つの鍵

事業コンセプトとビジネスモデルにこだわる

前節で強調したような特徴を持った日本型ビジネスモデルを中国で展開しようとして成功した企業には、その展開プロセスにも共通の特徴があると思われる。それが、前節の最初の項で紹介した「展開の三つの鍵」である。そうした鍵要因をきちんと守った企業が日本型ビジネスモデルの中国展開に成功する、ということである。

その第一の鍵は、事業コンセプトとビジネスモデル、とくにそれらについての自分たちの原理にこだわることである。

中国で成功している日本企業は、明確なそして優位性のある事業コンセプトを持っている。その事業コンセプトは、日本での事業の成功の中から確立されてきたものである。しかも、その事業コンセプトの日本での優位性の背後に、それを支えるビジネスモデルがあった。それは当然でもある。コンセプトだけでは、現実の成功はもたらせない。そのコンセプトに従ってビジネスモデルが作られ、その中で現場のさまざまな仕事がきちんと実行されるからこそ、実際に顧客が満足してくれるのである。

もちろん、事業コンセプトに合った、しかし中国ならではのターゲット設定が必要となる。そのターゲットに適合した商品のカスタマイズも必要となるだろう。たとえば、クボタの場合、稲刈りのためのコンバインを買うのは、日本では個人の農家である。しかし、中国では稲刈りを農家から請け負う業者（賃刈屋）を市場ターゲットとして設定した。中国の個人の農家にはとてもコンバインを買う余裕も必要もないからである。しかし、日本には存在しない賃刈屋という職業が広い中国では成立する。稲の収穫期が地域によってかなり異なるので、賃刈屋がコンバインとともに広域を移動して、農家から稲刈りを請け負うだけの長期間の需要があるのである。

そうした賃刈屋は日本の農家よりもはるかにコンバインを酷使する。だからクボタはそのニーズに合わせて日本よりもはるかに耐久性の高いコンバインを提供する必要があった。商品のカスタマイズが必要だったのである。

それだけ質の高いコンバインは、いってみればハイエンド市場である。日本でハイエンドというとさまざまな高級な機能がついた製品になりがちなのだが、中国では基本性能（この場合は耐久性）がきわめて高度というハイエンド市場がターゲットになったのである。

それでも、クボタは日本で培った事業コンセプトは変えていない。品質の高いコンバインを、徹底的なサービスとともに提供する、という事業コンセプトである。そのコンセプトの実現のために、製品開発の担当技術者が現場に出向いて深く現場観察をする、代理店を巻き込んで迅速なサービス体制を作り上げる、などといったビジネスモデルの基本もまたクボタは中国へ持ち込んだ。ビジネスモデルにこだわったのである。

ここではクボタの例だけを紹介したが、ダイキン工業やコマツも日本よりはるかに使用条件の厳しい市場に中国で遭遇した。しかし、クボタと同じように、商品のカスタマイズをし、市場ターゲットを日本とは変えながらも、事業のコンセプトは不変とし、ビジネスモデルの基本も日本型を中国へ持ち込んだのである。

何を変えるべきか、何を変えざるべきか。現実には中国進出の最初の段階で日本企業の多くが悩むであろう。そこで日本での自分たちの得意技ともいうべき事業コンセプトを貫こうとした企業が成功しているようだ。

事業コンセプトにこだわることの大切さを、この本で取り上げた企業の中でいまだ成功への途上にあると思われる、ヤマト運輸やサイゼリヤが感じさせる。彼らは、日本で成功させた事業コンセプトを中国で実現することにこだわり、日本での事業進化の歴史をまるでなぞるように、ビジネスモデルを一歩一歩構築している最中だと思われる。

そうした努力に中国に派遣された日本人社員たちが耐えられるのは、自社のビジネスモデルへの信頼感が深いからであろう。「日本でのあのやり方が原理的には正しい」と思えているからこそ、その原理を日本とは違う環境で実現するべく、小さな努力を積み重ねることができるのである。

中国への翻訳機能を充実する

しかし、いくら事業コンセプトやビジネスモデルの基本を維持しようとこだわっても、具体的な微調整は中国での現実に合わせるために必ず必要である。前項で、市場のターゲット設定や商品のカスタマイズという点を例示した通りである。

そうした微調整を、第2節では「翻訳」と呼んだ。原文が日本にあるものを、中国で通じるように翻訳するのである。日本語の原文と違う内容を中国で話そうとするのではなく、あくまで原文の翻訳なのである。ときには、翻案というべきほどに表現形は変えないと中国では通用しないかもしれない。それでも、日本での事業コンセプトとビジネスモデルにこだわった、翻訳なのである。

その翻訳機能を充実することは、日本型ビジネスモデルの中国展開のプロセスの第二の鍵である。

翻訳作業は、さまざまな側面で必要になるだろう。たとえばダイキン工業の場合、顧客の満足確保のためには現場の施工の品質などが重要となるのだが、その施工の常識的水準は日本の施工業者よりも低い時代が長く続いた。だから、ダイキン工業は検査を厳しくした。それが、「顧客に届いてからが勝負」というビジネスモデルの実現のためには必要だったのである。その結果、全社員数に占める検査人員の比率が、日本では五％程度で済むところが、中国では二五％にもなることがあった。これは、中国における施工業者の現実に合わせた、翻訳の結果といえる。

同じような意味で、コマツもクボタもダイキン工業も、サービス技術者の養成までも自社の仕事としてビジネスモデルの中に取り込んでいる。サービスをきちんと行える体制を整える、というビジネスモデルの基本を守るためには、そうした教育機能をビジネスモデルの中でとくに大切にすることが必要になるのである。これもまた、翻訳の一例である。

こうした翻訳機能を充実するためには、三つの条件が必要となる。一つは、中国の現場で何が起きているか、どこに不具合が発生しているか、それをスピーディに企業の側が知るための情報収集の機能がきちんとしていなければならない。翻訳の必要性がどこにどのように存在するかを知るための情報収集である。

しばしば、ビジネスシステム自体がこうした情報収集の機能を果たしている。技術者が現場に張り付く（コマツ、クボタ）、二四時間サービス体制をとる（ダイキン工業）、最終顧客のストレスを軽減できるビジネスシステムにする（日産）、ヤクルトレディが顧客と毎日会う（ヤクルト）、美容部員が顧客と話をし相談に乗る（資生堂）、などなど、現場で何が起きているかについての情報が大量に企業へ流れ込むような仕事の仕組みになっている。それは、翻訳のための情報ベースとしてきわめて貴重である。

翻訳機能の充実のために必要な第二の条件は、中国の現場で貯まっていく情報蓄積をもとに適切な翻訳を考え、実行できるだけの能力を、中国に持つことである。現場で翻訳できるように権限を委譲する、といいかえてもいい。

もちろん、そうした権限委譲ができるためには、委譲に足るだけの人材が中国の現場にいなければならない。そのためによく見られる人事的な政策は、一つは日本人派遣社員が長期間中国現地に駐在することであり、もう一つはその企業での勤務経験の長い中国人社員を現地のトップ層の中心的存在にすることである。

こうした人事施策のおかげで、翻訳の機能充実のための条件が整いやすくなる。まず第一に、翻訳が正確であるためには、その翻訳を実際に行う人間が中国の現実をよく知っている必要があり、かつ翻訳の原文である日本での基本を熟知している必要がある、という二つの「情報蓄積の深さ」という条件を満たすことができる。日本人社員の中国駐在期間の長さと中国人トップのその企業での勤務経験の長さが、二重の情報蓄積の深さを担保している。

翻訳の機能充実の第三の条件は、翻訳の結果が現地で受容されるための「現地での信頼感」の確保である。「あの人たちのいうこと、やることなのだから、大丈夫だろう」という信頼感がなければ、そもそも翻訳は最終的に機能しない。通訳に対して信頼がなければ、いくら美辞麗句が通訳の口から出てきても、「本当に会社はそう考えているのか」と疑われかねない。

「現地での信頼感」としては、現地の中国人社員たちの信頼感だけが重要なのではなく、関連業者や顧客からの信頼感も重要であろう。そうした多面的な「翻訳への信頼感」の確保のためにも、日本人社員の駐在期間の長さと中国人トップ層の勤務経験の長さが、ともに重要であろう。「時間の長さ」が情報の深さとコミットメントの深さを意味するがゆえに、信頼につながるのである。どちらか一方の長さだけでは、十分ではない可能性が高い。

構築プロセスは、持続力と徹底

こうした翻訳のプロセスを、長い時間をかけてステップバイステップで積み重ねながら、しかし徹底して実行してきたのが、中国で成功する日本企業の共通の特徴であるようだ。つまり、持続力と徹底が、日本型ビジネスモデルの中国展開の第三の鍵なのである。

この持続力を最も感じさせるのが、京セラドキュメントソリューションズである。京セラフィロソフィの浸透という、ビジネスモデルの思考と感情のベースに正面から取り組んだわけだから、中国人に理解されるのに時間がかかるのは当然かもしれない。同じように思考と感情のベースに積極的に取り組んだ「おもてなしの心」の資生堂もまた、長い時間をかけている。

しかし、思考と感情のベースだけが持続力を企業の側に要請する要因ではない。ビジネスモデルのさまざまな具体的な形を、中国の実情に合わせて構築していくプロセスは、中国への翻訳作業であると同時に、中国市場（製品市場も、労働市場も、関連業務の市場も）の説得プロセスでもある。日本型はたしかに中国のそれまでの常識的なやり方とは違うが、しかし合理性があることを市場に対して説得し続ける必要があるのである。

中国のみならずどこでも、そうした市場の説得には時間がかかるものである。その時間を、持続力を持って、一つ一つ説得材料を積み重ねながら、進んでいく必要があるのである。そして、しばしば説得力は徹底した実行から生まれるものである。

歴史は決して跳ばない。すべてのステップを踏んで歴史は進んでいく。市場の説得の歴史もまた、同じであろう。しかし、歴史は跳ばないが、加速することはできる。一つ一つのコマが動く速度を速くすることはできる。

中国経済が二一世紀に入ってから急加速して成長したことは、日本型ビジネスモデルの中国展開の加速にもなったようだ。市場が急拡大すると、一つ一つのコマが進む速度が速くなる。さまざまな実験を市場が受け入れる余地が大きくなるし、何よりも急拡大する需要を満たすためには日本企業は日本型の翻訳で行かざるをえなかった。しかし拡大する市場でそれがよい結果を残す。その市場での成果が現地での日本型への信頼感をさらに深くし、ますます市場の説得が容易になり、説得加速になる。

しかし、そうした市場の説得を加速できたのは、たんに市場が大きくなったから日本型を受け入れる部分も大きくなったということではなく、日本型ビジネスモデルの合理性の基盤を中国経済の加速の前までにかなり築いていた企業のみが、そうした市場の説得に成功できた、と思うべきであろう。この本で取り上げた企業の大半は、一九九〇年代後半からビジネスモデルの本格的構築を始め、それがある程度できてきた段階で中国経済の急成長期を迎えたのである。つまり、ビジネスモデルの基礎ができていたから、中国の急成長の波に乗れた。

その基礎を作るまでの準備段階では、持続力がとくに必要だったし、ステップバイステップの積重ね、それもきわめて徹底した積重ねしか道はなかっただろう。しかし、その準備作業こそが、歴史を加速させるために必要だったのである。

おそらく、ここに取り上げた企業のそうした持続力の背後には、自分たちの事業コンセプトとビジネスモデルを信じていたという事実があったと思われる。その「信じる気持ち」が、じつは「徹底」のための必要条件ではないか。ここに取り上げた企業の多くは、「そこまでやるか」とわれわれが感じるほど、徹底的にビジネスモデルの丁寧な構築に取り組んできたのである。

信じること、そして、そこまでやるかの徹底。

日本型ビジネスモデルの中国展開の核心を、この二点が象徴しているのかもしれない。

第2章 中国における日本企業
一つの鳥瞰図

藤原 雅俊

1 日本企業の国際化と中国

中国事業の重要性

日本企業の国際展開が活発化し、多極化している。とくに、東洋の比重が大きくなりつつある。その東洋の中で、日本にとってひときわ重要な経済的隣人となっているのが、中国である。

世界の工場であり市場でもある中国が隣国であることは、日本企業にとって地政学的な幸運だろう。たしかに、隣接するがゆえに生じる政治リスクはある。それは今まさに起きている問題であり、政治的緊張に触発された感情論も日中双方で噴出している。しかし、政治リスクを勘案してもなお、眼前で多様な事業機会に巡り会えるという意味で、日本企業は幸運な地理的関係にあると見立てたほうがよいと思われる。

事実、日本企業にとって中国の重要性は年々高まっている。日本の対世界貿易に占める対中貿易（香港を含む）の割合は、一九六二年の二・七％から、四・二％（一九七〇年）、五・四％（八〇年）、六・三％（九〇年）、一三・三％（二〇〇〇年）へと高まり、二〇一一年には二三・二％、日中貿易総額にして三一兆円に達している。この間の二〇〇四年には、輸出入額で見た日本の最大貿易相手国がアメリカから中国へと移った。投資の面でも、日本は二〇一二年に七三億ドルを中国へ投資しており、同国に対する世界最大の直接投資国となっていると、中国商務省が報告している。

在中日系現地法人の活動も活発化している。彼らに関する基礎データを示した図2-1を見ると、文字通り右肩上がりで推移してきていることがわかる。在中日系現地法人数は、一七九社（一九九二年度）から五八七八社（二〇一一年度）にまで増え、進出地域も、北京や上海などの直轄市や、広東省や江蘇省、山東省といった沿海部を中心としながら、安徽省や湖北省といった中部や、黒竜江省などの北部、さらには四川省や陝西省、重慶市など内陸部へも少しずつ広がってきている。一九九二年度にわずか四・四万人だった常時従業者数も、二〇〇三年度に一〇〇万人を突破し、一一年度には一六八万人にまで増えている。常時従業者で、この数である。

売上高は一七三六億円（一九九二年度）から三四兆円（二〇一一年度）に増え、利益率も高まり五％を超えている。これに伴って日本側の受取収益も増え、およそ五〇〇〇億円の資金が毎年還流している。中国が日本企業にとって重要な利益創出地になっているのである。

もちろん、過度な楽観視は禁物である。人件費は年々高まり、地場企業も力をつけてきている。低賃金の単純労働に基づくコスト優位を期待した中国進出は、もはや通用しない。コスト勝負では、地の利

図 2-1　在中日系現地法人に関する基礎データ

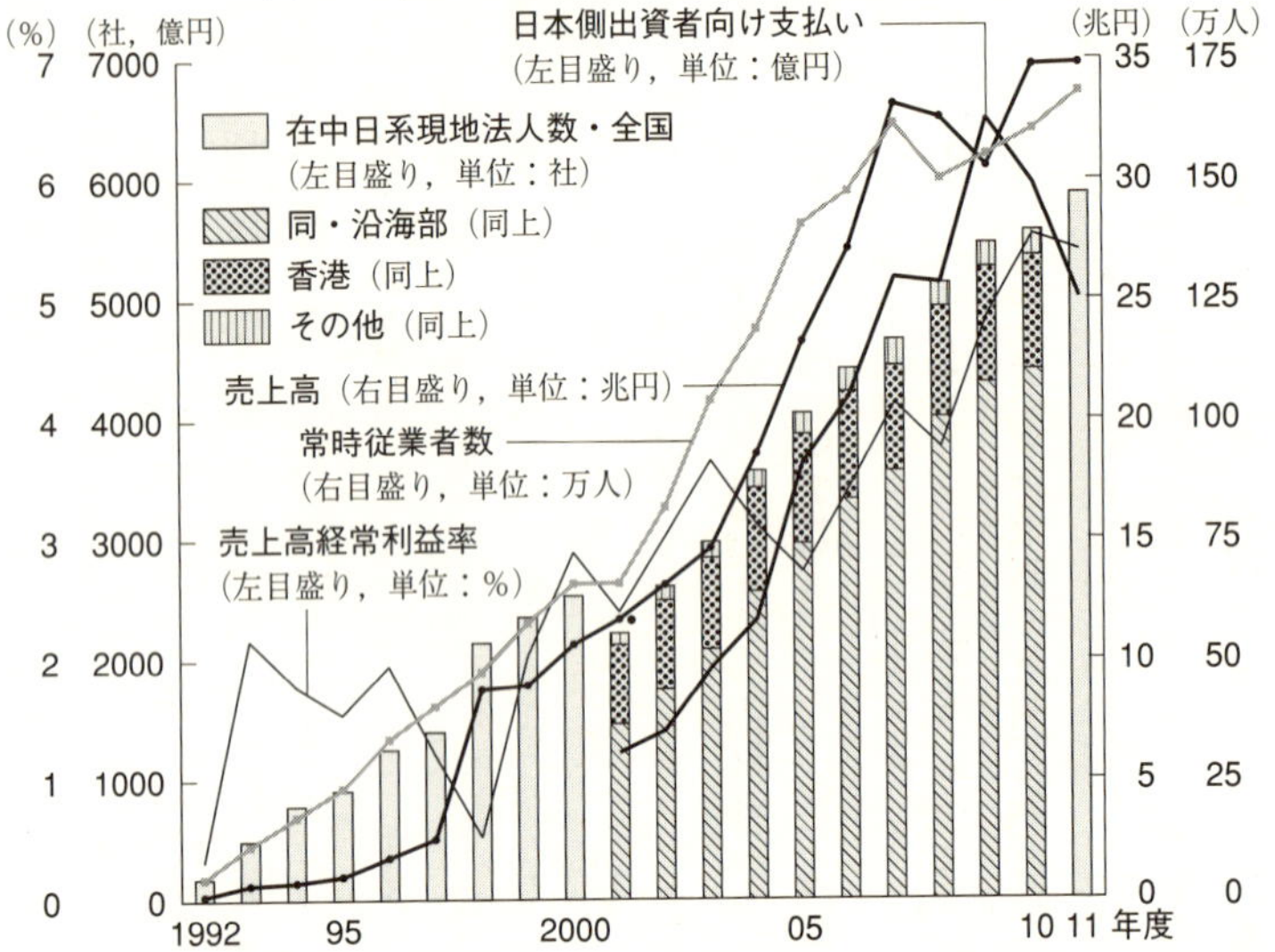

（注）1）沿海部とは，広西壮族自治区，広東省，海南省，浙江省，福建省，江蘇省，山東省，遼寧省，天津市，北京市，上海市，河北省の合計である。その他は，中部，内陸部，不明の合計である。

2）日本側出資者向け支払いが 2009 年度に急増しているのは，日本における税制改正により，外国子会社配当益金不算入制度が導入された影響であるとも推測される。

3）1997 年度以前のデータには，香港分が加算されていない。

（出所）経済産業省「海外事業活動基本調査」に基づき，一部筆者推計。

を活かせる地場企業が断然有利だからである。

しかし、上がる賃金は消費者市場の拡大を、台頭する地場企業は産業財市場の拡大を、それぞれ意味している。日本企業が新たな企業成長の展望を描くとき、中国が世界の工場に加えて市場の性格を帯びてきていることは、大きな意味を持つ。この変化に伴い、日系現地法人に求められる施策も多様性が増し、たんなる生産管理以上のかかわりが求められるからである。戦術的な管理で済んだときを終え、戦略的な経営が求められているのである。

本章は、これらの日本企業がいったいどのように中国に展開し、変容してきたのかを鳥瞰的に描くための章である。中国については、これまでも多くの論考が世に問われてきた。にもかかわらず、われわれが改めて中国を取り上げるのは、第一に、多くの日本企業が中国に展開してからある程度の時が過ぎた今であれば、中国展開の足跡を俯瞰し、その戦略論理を整理できると期待するからである。加えて第二に、政治的緊張が高まり感情に流されそうな今だからこそ、冷静な分析を行う必要があると考えるからである。

なお、本章でいう中国には、香港も含めていることに留意してもらいたい。日中間の貿易においては、香港を経由することが少なくないからである。含めない場合のみ、中国本土と呼んで区別することとしている。

東洋への重心移動

まずは日本企業による国際展開の全体像を見渡し、続いて中国への展開行動をその中に位置づけていこう。図2-2は、日本企業の対外直接投資額とその国・地域別構成比の推移を、対ドル為替レートとともに示した図である。直接投資額および投資先構成比については景気の影響を受けて上下に振れやすいので、三年移動平均をとって値を少しなだらかにし、一九八四年から二〇一一年までの傾向を眺められるようにしている。

世界全体に対する日本企業の直接投資行動を棒グラフで辿ると、一九八九年を頂点とする波と、二〇〇〇年代後半に盛り上がる波の二つがあることがわかるだろう。

図 2-2　日本の対外直接投資動向

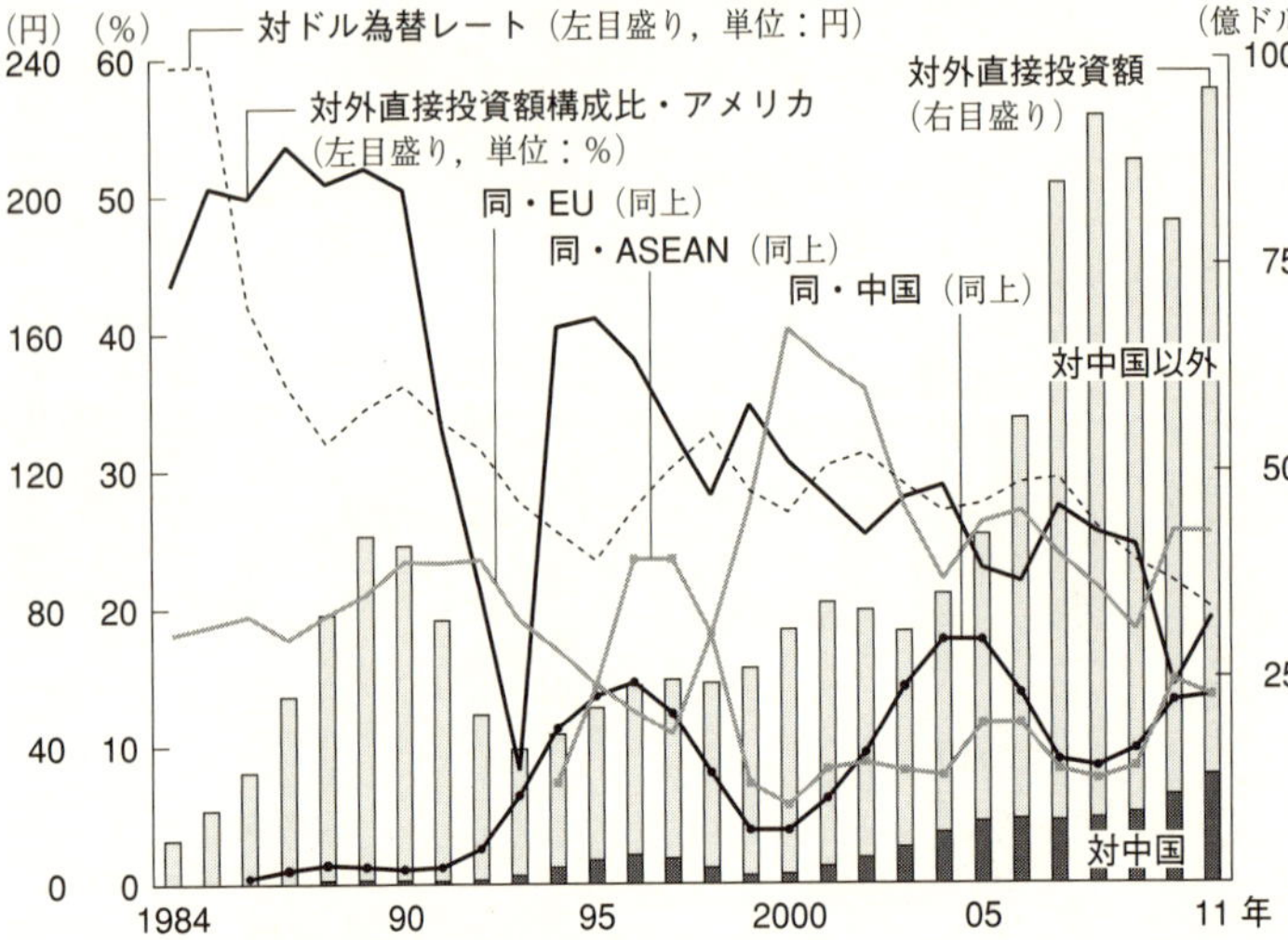

（注）　対外直接投資額および同構成比は，3 年移動平均にて算出。中国には香港を含む。
（出所）　日本貿易振興機構「直接投資統計」，および内閣府［2012］に基づき，筆者算出。

一九八九年を頂点とする第一波は、日本のバブル景気を反映したものである。折れ線グラフを合わせ見てわかる通り、この時期には、投資の半分がアメリカ一国に吸い込まれていた。三菱地所がロックフェラーセンターを、ソニーがコロンビア・ピクチャーズを買収したのが、まさに一九八九年であった。好景気に沸いて財テクが活発化し、巨額の資金がアメリカに注がれた。さほど意味のある国際展開ではなかった。

二〇〇〇年代後半から盛り上がる第二波は、第一波と二つの点で大きく異なっている。

一つ目の違いは、投資額の大きさである。二〇一一年の投資額は、第一波の頂点（三年移動平均値四二一億ドル）より二倍以上も大きな、九六一億ドル（三年移動平均値）に達している。二〇〇八年秋に起きたリーマンショックの影響で〇九年と一〇年に投資額を落としたものの、一一年には再び回復したのであった。

二つ目の違いは、投資先である。投資先の国・地域別構成比を示した折れ線グラフが表す通り、第一波において、日本企業の投資先はアメリカ一極集中であった。しかし長期的に見ると、アメリカへの投資比率はしだいに下がっていく。また、一九九九年に欧州統一通貨ユーロが誕生したことでEU（European Union）への投資が急増したけれども、それも次第に低下している。代わって伸びたのがアジアであった。二〇一〇年には、ASEAN（Association of Southeast Asian Nations）への投資額がアメリカへの投資額を超え、中国への投資額もアメリカに肉薄したほどである。

本章で何度も依拠する「海外事業活動基本調査」（経済産業省）を見ても、ここ一〇年における日本企業の行動は、欧米とアジアとで非常に対照的な動きを示している。二〇〇一年度から一一年度までの動きを見ると、アメリカとEUでは現地法人数があまり増加していない。アメリカでは二三九七社から二六四九社、EUも一九四六社から二四三三社に増えている程度である。同時期の売上高については、アメリカが五五兆円から四七兆円へと減り、EUは二五兆円から二七兆円へ二兆円ほど増えるにとどまっている。

一方アジアでは、この一〇年で現地法人数も売上高も急増している。ASEAN4+NIEs（Newly Industrializing Economies）3における日系現地法人数は三八三〇社から五三四九社へと一五〇〇社以上増加し、中国に至っては二一〇〇社から五八七八社へ二倍以上も増えている。売上高も、ASEAN4+NIEs3では二三兆円から四一兆円、中国でも一一兆円から三五兆円へ増えている。国際化の重心が、西洋から東洋へ移りつつあるのである。

東洋への重心移動の中で興味深いことは、ASEANと中国の相対的比重である。再び図2-2を見ると、一九九〇年代中頃は中国よりASEANへの投資のほうが多く、二〇〇五年以降もほぼ同じ比重で推移していることがわかる。日中の政治的緊張からしばしば「中国からASEANへ」と叫ばれることがあるけれども、データで見る限り日本企業はもっと賢明であって、中国一辺倒ではなく遥かに以前からASEANを同じ比重で捉えてきている。しかし、それは中国の放棄を意味しているわけでもないことを、多くの日本企業がわかっている。だからこそ、同じ比重で展開しているのである。

四つの波

続いて、中国への投資行動を確認しよう。図2-2の棒グラフの濃い色の部分の動きから中国への直接投資額を見ると、その拡大傾向が読み取れる。対中直接投資額（三年移動平均値）は、四・五億ドル（一九八八年）から一三一・二億ドル（二〇一一年）へと三〇倍以上の伸びを示しているのである。

その伸びの中にも、一九八〇年代後半、九〇年代中頃、二〇〇〇年代中頃、そして一〇年から一一年にかけて、という四つの時期に、それぞれ盛り上がる波があることに気づく。その波が、図では確認しづらいほど小さな第一波から、徐々に大きくなっていくことも特徴的である。これら四つの波は、同じく図2-2の投資先国の構成比を示した折れ線グラフにおいて、より顕著に表れている。これらはいずれも、為替レートの変化と中国の規制緩和という二つの外的要因に大きな影響を受けて起きたものであった。

一九八〇年代後半に起きた第一の波は、中国の開放政策と密接に関係している。一九七八年に市場経済化への道を歩み始めた中国は、広東省の深圳《シンセン》・珠海《ジュカイ》・汕頭《セントウ》と福建省の廈門《アモイ》の四カ所を経済特区として いた。その経済実験が成功したのを受け、さらに沿海一四都市（一九八四年）や山東半島・遼東半島（八八年）などを外資企業に開放したのである。第一波は、この開放政策を受けた波であった。日本国内の好景気もそれを後押しした。

しかしこの波は、一九八九年に天安門事件が起きたことで中国リスクが懸念されたため、すぐに引いてしまっている。今日からすれば、ごく小さな寄せ波であり、図でも視認することが難しい。図は、この小波よりも、その後に起きた三つの波をより鮮明に描いている。

一九九〇年代中頃を頂点とする第二の波は、中国が九二年に上海浦東地区を開放したことを受けてもいるけれども、むしろ円高との関係が深い。円は、一ドル一四四円（一九九〇年）から、一一一円（九三年）、九三円（九五年）まで値上がったのである。この影響で輸出競争力を落とした日本企業が、生産拠点を築くために中国に進出したのであった。

二〇〇〇年代中頃を頂点とする第三の波は、やや様相が異なる。このときもたしかに円高が進んだ。二〇〇二年に一二五円まで円安が進んだところで傾向が反転し、〇四年には一〇八円まで値上がった。ただし、その円高は一九九〇年代半ばに比べれば緩やかである。にもかかわらず、中国への投資が大きく伸びているのは、販売市場としての中国に期待して進出した日本企業が混在し始めたからである。

規制緩和も日本企業の中国進出を後押しした。かつて、中国に進出する外資企業は、中国企業と合弁を組むことが要求されてきた。しかし、それが現地での経営活動に足かせとなるため、中国進出を躊躇する外資企業も少なくなかった。そこで中国政府は、直接投資を呼び込むべく、独資での参入を許可し始めたのである。さらに中国は二〇〇一年一二月に世界貿易機関（WTO）に加盟し、〇二年には外資の参入規制をよりいっそう緩和した。これが日本企業に安心感を与え、長江デルタ地域（上海市、江蘇省、浙江省）を中心とする中国進出を後押ししたのであった。

独資での事業展開は、経営の自由度を確保する上で非常に重要な点であった。『中国進出企業一覧』（三菱総合研究所）によると、一九九〇年末時点で対中直接投資を行っていた日本企業の投資形態は、全一二九二件のうち合弁が九五七件（七四・一％）であり、独資は一三八件（一〇・七％）にとどまっていた。それが、独資展開がより許されるようになったとたんに変わっていく。二〇〇五年に拠点を構えていた在中日系現地法人四一一六拠点を見ると、合弁一七〇〇件（四一・三％）に対して独資二〇三〇件（四九・三％）となり、独資が合弁を上回るのである。それだけ独資展開が渇望されていたということを意味している。

二〇一〇年ごろから始まる第四の波は、伸びゆく販売市場を期待した進出もさることながら、再び円高の影響を強く受けた進出という色彩も濃い波である。このときの円高は、じつに深刻であった。二〇〇七年に一ドル一一七円だった為替レートは、一二年には八〇円を切ったのである。高騰幅の大きさという意味でも、為替の絶対的水準という意味でも、一九九〇年代半ばの円高よりも遥かに深刻であった。この第四波は、本章執筆時点でも進行中であり、いつが頂点になるかは不明である。日中間の政治的緊張によって低く抑えられる可能性もあるのかもしれない。

しかし冒頭で記した通り、日本は中国に対する世界最大の直接投資国であり、日本企業は一六〇万人以上の常時従業者を中国で雇用している。これは、中国政府が日本企業を厳しく締め付けると、多くの中国人従業員にも被害が及ぶことを意味している。つまり、中国にとっても日本企業は重要な存在であり、過剰な抑圧が常態化するとは考えづらい。行きすぎた悲観視もまた控えるべきなのだろう。

2 在中日系現地法人の活動変化

進出業種の変遷

日本企業による中国への直接投資行動は、前節で記したように過去四度の波を経てきた。興味深いことは、その都度に異なる産業が牽引役になっている点である。それを示しているのが、電機、輸送機械、一般機械、卸売・小売（商業）という主要四業種の対中投資を描いた図2-3である。年ごとの上下動をなだらかにするため、前図と同様、ここでも三年移動平均をとって各業種の推移を作図している。この図では、依拠するデータに集計上の違いがあるため、二〇〇四年度（年度ベース）までと〇五年（暦年ベース）以降の動きを分けている。また、二〇〇四年度までの商業を、〇五年からは卸売・小売で引き継いで作図している。

はじめに、一九九〇年度から二〇〇四年度までの動きを確認すると、まず盛上りを見せたのが商業であった。これは、先述した中国の開放政策に加えて、バブル景気で日本から溢れ出たカネが中国に流れ込んだ財テク的性格のものだろうと推測される。

商業に続いて目立った波を見せるのが、日本経済の双翼をなしてきた電機であり、輸送機械である。まず電機が、円高に敏感に反応して一九九五年度を頂点とする波を見せ、その後いったん落ち着いたも

図 2-3　業種別対中投資行動

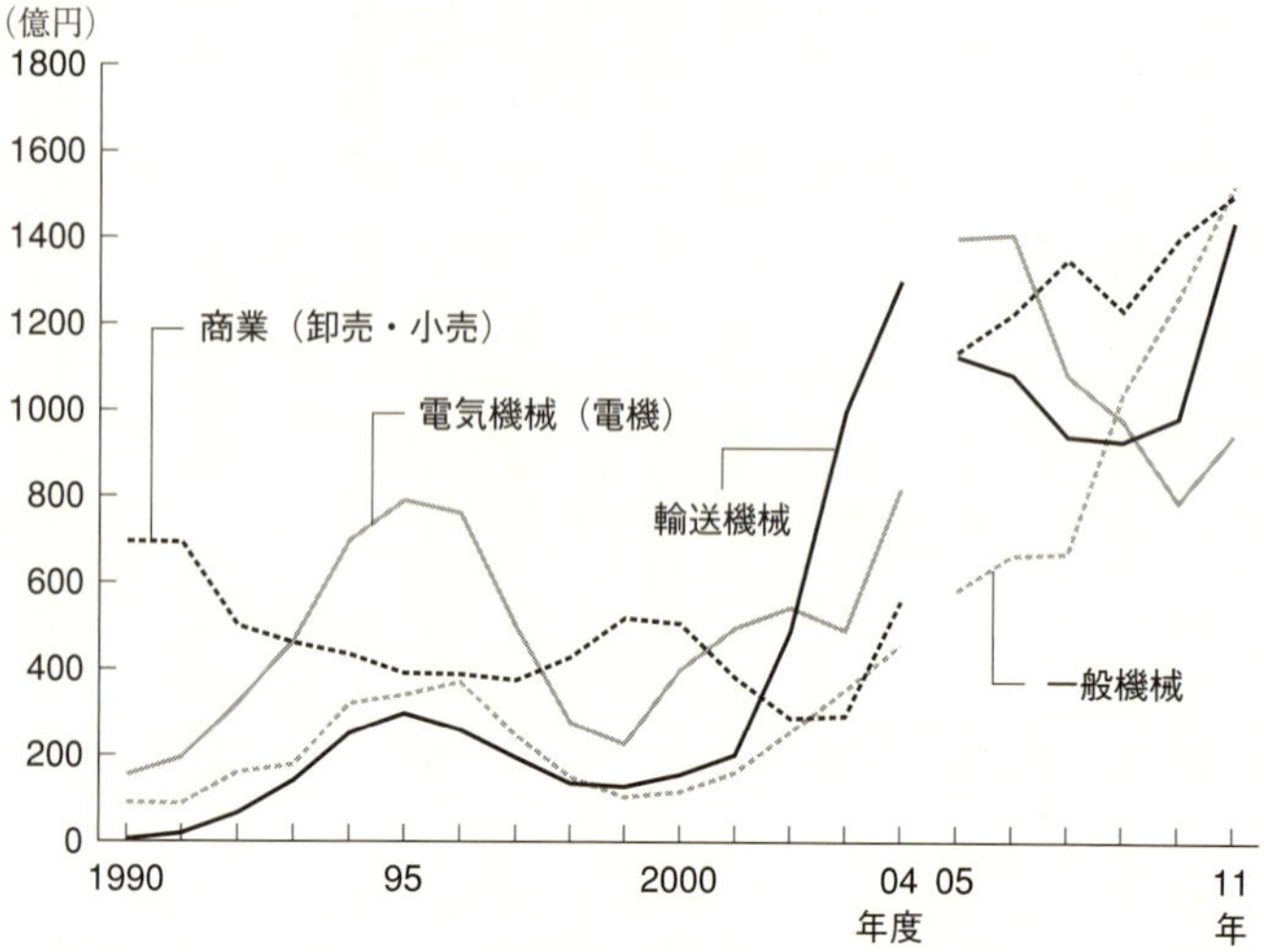

（注） 2004年まで年度ベース，05年から暦年ベース。3年移動平均により筆者算出。

（出所） 財務省「対外及び対内直接投資状況」各年版，および日本銀行「国際収支統計」各年版より筆者作成。

のの、二〇〇〇年代に入ってまた拡大している。円高への反応が顕著であることから、主として生産拠点を求めた中国進出だろうと理解できる。

その電機を輸送機械が上回る。輸送機械は、一九九〇年代を通して穏やかに推移していたものの、二〇〇三、〇四年度と一気に投資額を拡大させた。二〇〇三年は日産自動車が東風汽車と組んで東風汽車有限公司を設立した年であり、続く〇四年は、トヨタ自動車が広州豊田汽車有限公司を設立して、中国展開を本格化させた年である。この両社の動きとデータはよく符合している。

続いて、二〇〇五年からの動向を確認すると、今度は一般機械器具および卸売・小売業が伸びてくる。一般機械器具とは、工作機械や建設機械を思い浮かべればよい。そしてその後、卸売・小売業が伸びる。二〇一一年における卸売・小売の投資額は、図の三年平均値で見ると一五〇三億円で一般機械（一五二五億円）を下回っているけれども、実測値では一七四八億円で全業種中最大の投資額であった。二〇一二年の投資額一七二〇億円（実測値）も、輸送機械の二二七六億円（実測値）に次ぐ大きさである。

電機、輸送機械、一般機械、そして卸売・小売という投資主体の変化は、日本企業に対して中国が持つ意味の変遷を見事に映し出している。電機や輸送機械は、主に生産拠点の構築を目的とした投資であった。それは輸出用生産拠点としてのみならず、中国市場向け生産拠点にもなった。一般機械の伸びは中国国内の建設ラッシュおよび人件費高騰に伴う機械化需要を反映し、そして卸売・小売業の伸びは、まさに中国における内需の高まりを映している。生産展開に加えて販売展開が始まったのである。

ここで特記しておきたいことは、中国の意味合いは一般に「工場から市場へ」といわれることが多いけれども、厳密に記せば、少なくとも今日までの日本企業にとって、その表現は必ずしも正しくないということである。なぜなら、中国現地からの輸出は、長期的推移で見ると、いまだ微増傾向を示しているからである。つまり、日本企業にとって中国の意味合いは、工場から市場への転換というよりもむしろ、今までのところは工場プラス市場であり、それに応じて日系現地法人の活動も生産活動から製造販売活動へと重層的に変容しているのである。この点について、次に確認しよう。

生産から製販へ

図2-4は、図2-1に示した在中日系現地法人の売上高を販売先に応じて三分類して棒グラフで示し、

図 2-4　在中日系現地法人の販売活動動向

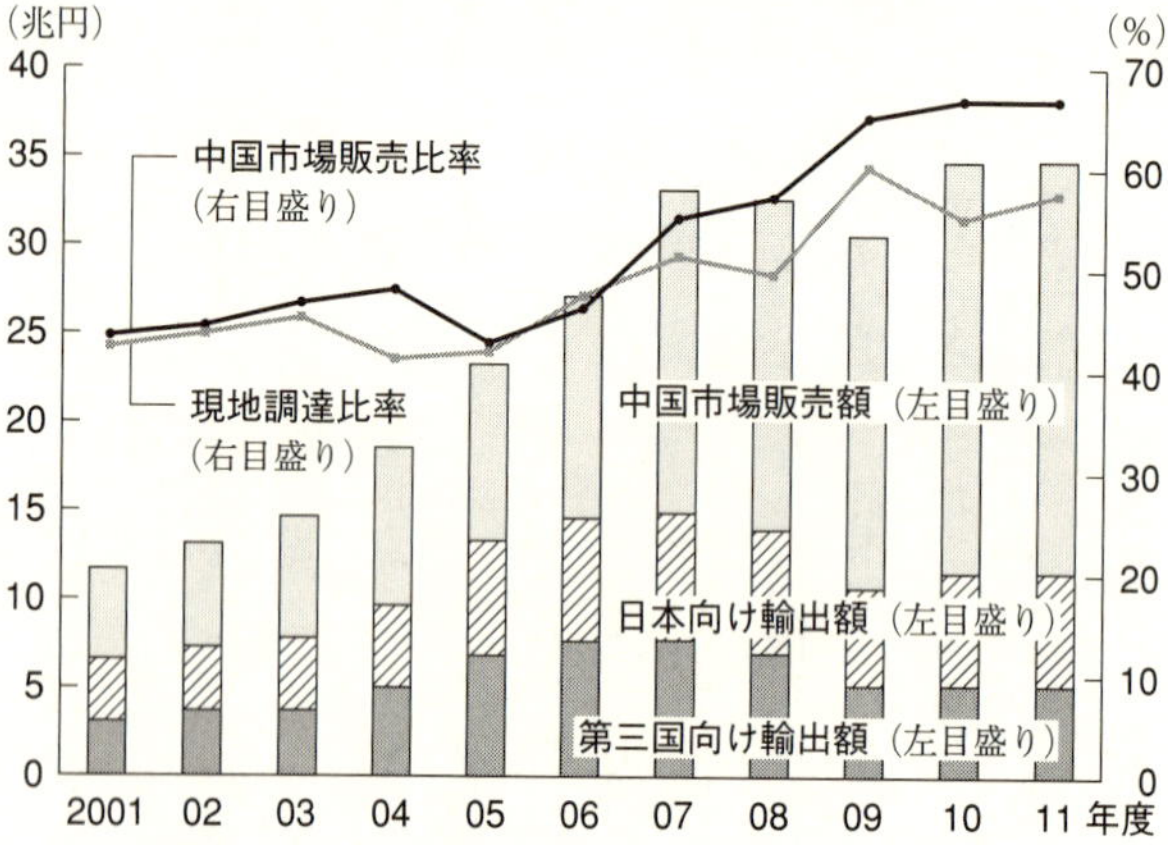

（注）　現地販売額を中国市場販売額として表記した。
（出所）　経済産業省「海外事業活動基本調査」に基づき，一部筆者算出。

そこから算出した中国市場販売比率の折れ線グラフと、参考情報として現地調達比率の折れ線グラフを掲載した図である。

まず、売上高の総額を再び確認しておくと、日本企業の中国展開が進んでいることが改めてわかる。在中日系現地法人の売上高は、二〇〇〇年度に一〇兆円を超え、〇五年度に二〇兆円を超える。それからわずか二年後の〇七年度には三〇兆円を超え、直近の一一年度には三四兆円を記録しているのである。

続いて、売上高の地域別構成を見よう。二〇〇一年度における在中日系現地法人の日本と第三国向け売上高の合計は六・五兆円であり、中国市場での売上高は五兆円であった。このときすでに、輸出と中国市場での売上げとが拮抗しつつあった。それから六年後の二〇〇七年度になって、中国市場での売上げが一八兆円に達し、輸出総額の一五兆円を上回る。その後、中国市場での売上げは、二三兆円（二〇一一年度）へと一気に五兆円も増えていった。折れ線グラフを見てわかる通り、在中日系現地法人は売上高の約七割を中国で上げるようになったのである。

この図の中で見逃してはならないことは、在中日系現地法人の輸出合計額自体が大きく落ち込んでいるわけではないことである。たしかに二〇〇七年から〇九年にかけて減少している動きがあるけれども、それは二〇〇〇年代後半に上振れしたコブが沈静化した動きとして読み取れる。沈静後は、二〇一〇年、一一年と、日本向け・第三国向け輸出額は再び微増で推移している。つまり、在中日系現地法人は、生産拠点としての役割を果たしながら、中国における販売展開を上重ねしてきているのである。その中で、市場としての意義がとくに急速に色濃くなってきているということである。

中国で市場という意味合いが強まっているのは、最終財市場が拡大しているということに加えて、素材や中間財市場も拡大しているからである。「海外事業活動基本調査」によれば、製造業の六割を超える在中日系現地法人が、自社の主力製品を中間財だと回答している。これは、二〇〇八年度の調査開始時点から継続的に得られている回答である。

中国における素材や中間財市場の拡大は、今見てきたような在中日系現地法人の現地販売活動を活発化させただけでなく、日本からの輸出活動をも活発化させている。それを示しているのが、図2-5である。この図は、製造業を素材、中間財、最終財の三工程に分け、各工程別に見た対中輸出金額の推移を棒グラフで、それぞれの貿易特化指数を折れ線グラフで示した図である。

まず棒グラフで輸出金額の動きを見ると、最終財より中間財の輸出金額のほうが、はじめから大きく推移していることがわかる。部材供給列島としての意味合いのほうがもとから強かった、ということであろうか。そしてこの中間財輸出の伸びが著しい。二〇〇〇年代から急拡大していく製造業全体の中で

図 2-5　製造業における生産工程別輸出動向と貿易特化指数

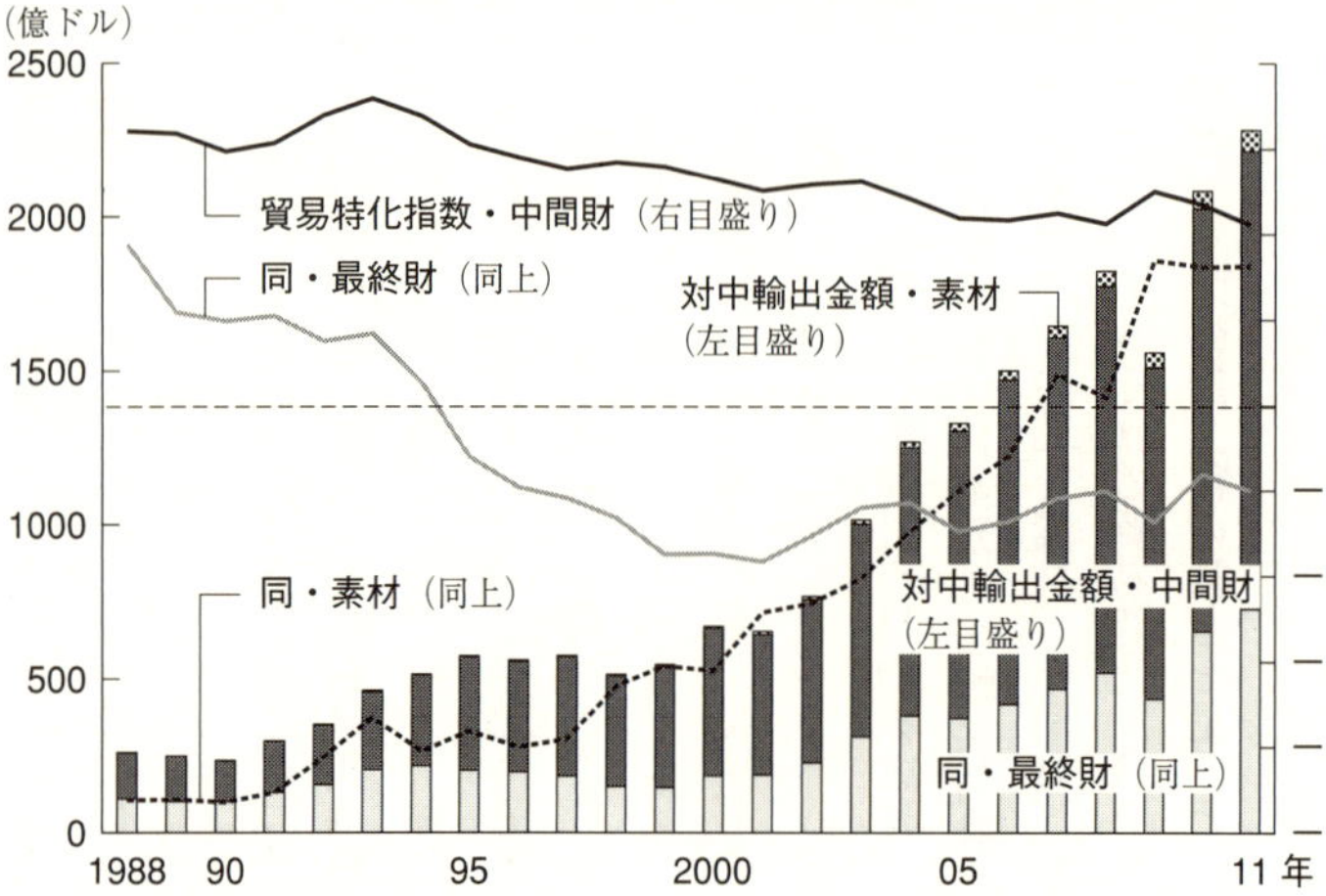

（注）　香港を含む。
（出所）　RIETI-TID（データベース）より，一部筆者計算。

も、中間財がひときわ目立って伸びているのである。それに比べれば規模は小さいものの、素材の輸出も伸びてきている。

次に、折れ線グラフで示された貿易特化指数に目を移そう。貿易特化指数とは、（輸出金額－輸入金額）／（輸出金額＋輸入金額）によって算出する指数のことで、相手国に輸出のみ行っている場合は一、相手国から輸入のみ行っている場合はマイナス一を示す。つまり、値が正なら輸出超過、負なら輸入超過、ゼロであれば輸出入が拮抗していることを意味する。このことを踏まえて、素材と中間財の貿易特化指数を見てもらいたい。素材の指数は右肩上がりに推移し、二〇〇七年に輸出超過となっている。中間財の指数は、微減傾向ながら一貫して輸出超過である。

これはまさに、日本が部材供給列島としての顔を持っていることを意味している。製品の最終組立地としての中国が確立すればするほど素材や中

図2-6　1社当たり売上高および平均利益率（2011年度）

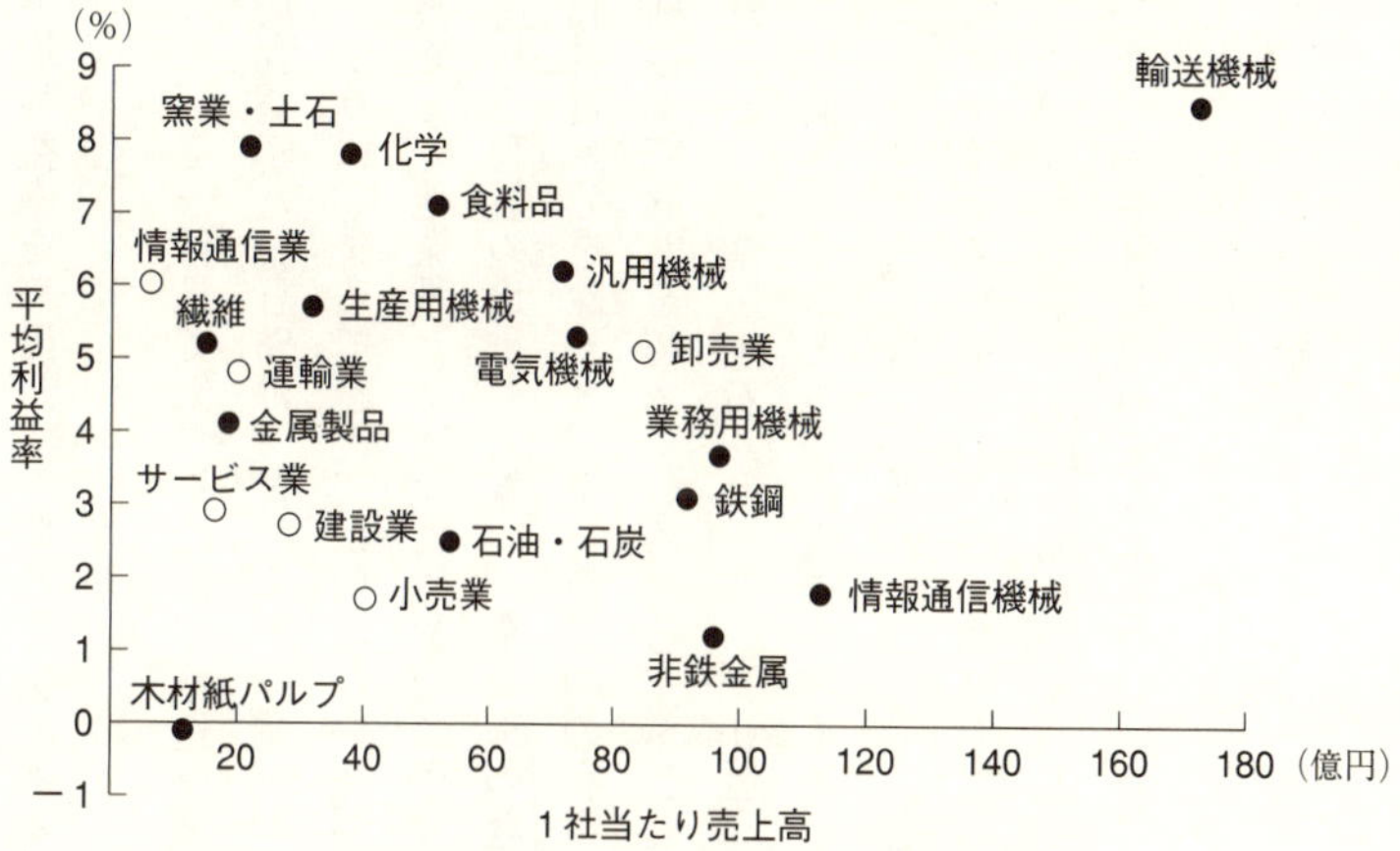

（注）　利益率は，売上高経常利益率。●は製造業，○は非製造業。
（出所）　経済産業省「海外事業活動基本調査」より，一部筆者計算。

間財市場が拡大し、部材供給者として日本企業の活動が活発化するという構図であろう。

利益率の業種比較

拡大する中国市場に対し、日本企業はこのように輸出活動を活発化させると同時に、現地法人による現地販売を拡大させてきた。生産活動から製造販売活動へと重層的に変容してきた在中日系現地法人の成長は、すでに図2-1で見た通り、利益を伴ったものであった。一九九八年度に〇・五二%だった在中日系現地法人の経常利益率は、右肩上がりで推移し、二〇一〇年度に五%を超え、二〇一一年度には五・四%を記録したのである。健闘しているといえよう。

では、いったいどの業種でどの程度の利益率を実現しているのであろうか。それを二〇一一年度のデータで示したのが、図2-6である。この図は、業種別の在中日系現地法人一社当たり売上高と業界平均利益率を算出して布置した図である。黒丸が製造業のデータであり、白丸が非製造業を示している。

この図を一目見て気づくのが、輸送機械の圧倒的な存在感である。一社当たりの売上高一七二億円、平均利益率八・五％は、どちらも全業種の中でトップである。図の縦軸の上端と横軸の右端を結んで右肩下がりに、まるで越えてはいけない境界線があるかのごとくに見える中で、輸送機械は、その境界線を突破し、他業種とはまったく異なる飛び地に位置しているのである。そしてこの輸送機械は、全業種に占める利益の比重も大きい。全業種の経常利益総額に占める輸送機械の割合は三割に及び、輸送機械の利益貢献分を除くと、全業種平均の利益率が約一％ポイント低下するほどである。

利益率で五％を超えているのは、全二一業種中一〇業種を数える。輸送機械に次いで高い順に業種をあげると、窯業・土石（七・九％）、化学（七・八％）、食料品（七・一％）と続く。日本では不振業種として指摘されることの多い電機も、五％を超えている。もちろん、振るわない業種もある。情報通信機械（一・八％）や非鉄金属（一・二％）の利益率は非常に低く、木材紙パルプ（マイナス〇・一％）に至ってはマイナスを示している。業種で見ると、やはりというべきか、相当なばらつきがある。このばらつきは、日本企業の中国展開が必ずしもすべてにおいて順調であるわけではないことを意味している。

では、在中日系現地法人はいったい何に悩んでいるのだろうか。近年の在中日系現地法人が抱える悩みとして大きいのは、よくいわれている通り、人件費の上昇と地場企業の台頭の二つである。次節では、この二点について確認しよう。

3 悩みと懸念を超えて

上がる人件費

第一の悩みは、人件費の上昇である。二〇〇四年に最低賃金規定が公布されて以降、中国の賃金は顕著に上がり続けている。二〇〇三年から一三年にかけて、その最低賃金は北京で五四五元から一四〇〇元、上海で五七〇元から一六二〇元、深圳で六一〇元から一六〇〇元へと高まった。一〇年間における年平均伸び率は、それぞれ九・九%、一一・〇%、一〇・一%である。賃金は、他都市でも同様に高まっている。二〇一二年には中国二三地域で最低賃金が引き上げられ、その平均上昇率は約二〇%に達していた（在中国日本大使館［二〇一三］）。

この動きに伴い、在中日系現地法人の人件費も高まっている。表2-1は、中国各都市における日系現地法人の月額基本給について、実額とベースアップ率を比べた表である。表に掲載した五都市の月額基本給は、いずれも年平均一〇%前後の高い伸び率を示し続け、その実額も高い水準に達している。実額で見ると、やはり北京と上海が多くの職種で高い。しかし他の三都市も高い伸び率で推移してきており、一部の職種では北京と上海を超える基本給を記録している。

これら中国各都市の人件費の高さは、アジアにおける他の新興成長国と比べると、より顕著となる。たとえば、蘇州における一般工職の月額基本給は、ハノイ（ベトナム）やビエンチャン（ラオス）の三倍、そしてプノンペン（カンボジア）の四倍の高さである。その結果であろう。日本貿易振興機構が二

表 2-1　在中日系現地法人の人件費負担（都市別）

都市	業　種	職　種	2012 年度基本給（人民元）	前年比ベースアップ率（%）		
				2010 年度	11 年度	12 年度
北京	製造業	一般工職 中堅技術者 中間管理職	2,943 4,689 9,121	7.1	12.9	11.1
	非製造業	スタッフ マネージャー	5,301 12,390	6.7	7.9	8.8
上海	製造業	一般工職 中堅技術者 中間管理職	2,837 5,273 9,191	9.3	11.2	11.0
	非製造業	スタッフ マネージャー	5,205 11,938	8.3	10.7	9.4
蘇州	製造業	一般工職 中堅技術者 中間管理職	2,305 4,943 10,978	12.6	14.6	13.2
広州	製造業	一般工職 中堅技術者 中間管理職	2,495 4,442 8,044	17.1	13.9	11.4
	非製造業	スタッフ マネージャー	5,357 11,907	7.1	8.6	9.8
深圳	製造業	一般工職 中堅技術者 中間管理職	2,079 4,104 8,220	14.5	14.3	11.9
	非製造業	スタッフ マネージャー	4,036 9,050	8.4	9.6	9.4

（注）各職種の定義はそれぞれ以下の通り。

一般工職：正規雇用の一般工職で実務経験 3 年程度，ただし請負労働者および試用期間中の者は除く。

中堅技術者：正規雇用の中堅技術者で専門学校もしくは大卒以上，かつ実務経験 5 年程度。

中間管理職：正規雇用の営業担当課長クラスで大卒以上，かつ実務経験 10 年程度。

スタッフ：正規雇用の一般職で実務経験 3 年程度，ただし派遣社員および試用期間中の社員は除く。

マネージャー：正規雇用の営業担当課長クラスで大卒以上，かつ実務経験 10 年程度。

（出所）日本貿易振興機構「在アジア・オセアニア日系企業活動実態調査——中国編」各年度版。

〇一二年に実施した調査によれば、中国での活動を縮小・撤収させる日本企業のじつに七〇・八%が「コスト上昇」を理由にあげているのである。低廉な単純作業を担う生産拠点としての中国の魅力は、薄れつつある。

人件費上昇の背景には、多発する労働争議・ストライキもある。中国地方政府の労使仲裁機関が対応した労働争議件数は、二〇一二年にはついに一五〇万件を超えた。毎日四〇〇〇件を超える労働争議が各地で起きている計算になる。こうした争議行為を抑止するために、各都市で最低賃金が引き上げられているのである。

たしかに賃金の引上げは、争議行為を抑止する一つの大きな施策である。しかし興味深いことは、日本企業が賃金以外にも争議行為の原因を見出し、予防策を打っている点である。在中国日本大使館が一八〇社を対象に質問票調査を行ったところ、有効回答数一三九社のうち八五%が、過去の経験から「従業員とのコミュニケーションの充実」をストライキの最も有効な予防策としてあげているのである（在中国日本大使館［二〇一二］）。これは、次点となった「同地域等との給与水準の適正化」（四三%）を大きく上回っている。実際、二〇一一年においてストライキに直面した日系現地法人六社のうち四社が、その原因を「従業員とのコミュニケーション不足」だったと答えている。

コミュニケーションを充実させるために日系企業がとっている具体的な活動内容もまた興味深い。「処遇等の面談やヒアリング」を通じた職務関連の充実化策に対しては全体の二〇%を下回る回答数しか集まらない一方で、食事会や運動会、旅行といった交流については、八〇%近くもの回答数が集中しているのである（複数回答あり）。職務に直接関係する充実化策よりも、一見すると関係しない充実化策に解を求めるあたり、過去の日本企業への先祖返りとでも表現できる姿が見受けられる。

これを、運動会や旅行などとは古臭く前近代的だ、と馬鹿にしてはいけない。協働体験を通じた感情の共振が翌日からのコミュニケーションを円滑にすることは、多くの人々に頷いてもらえるだろう。そのための一手段である。かつて多くの日本企業社内で見られた交流策が、中国で今、展開されているのである。

伸びる地場企業

在中日系現地法人が抱える第二の悩みが、地場企業の台頭である。日本貿易振興機構によれば、中国本土に展開している日系現地法人の五三・四%が「競合相手の台頭」を経営上の問題点として指摘している（日本貿易振興機構「在アジア・オセアニア日系企業活動実態調査――中国編」二〇一一年度版）。ここでいう「競合相手の台頭」とは、主に地場企業とのコスト面での競合を意味している。中国経済の発展とともに地場企業が力を蓄え、とりわけコスト競争力を高めてきているのである。

かつて、在中日系現地法人の多くが頭を抱えた問題は、売掛金の回収にあった。二〇〇二年時点における調査では、有効回答数の七五・三%にも上る一三四社が、販売活動上の最も大きな問題点として「売掛金の回収」をあげていた（日本貿易振興会［二〇〇二］）。このころは、戦略云々よりも、戦術的なカネの回収業務が重要だったのであろう。誤解を恐れず端的に記せば、経営よりも管理に施策の重心があった。

売掛金の回収問題は、その後、おおむね解消されてきたようである。同振興会による追加調査を見ると、売掛金の回収問題は相対的に弱まってきている。別機関の調査結果を見ても、「債権回収への不安」をあげる現地法人は、五一％（二〇〇一年）から、四四・六％（〇三年調査）、三六・九％（〇五年調査）へと低下している（日中投資促進機構［二〇〇七］）。

この問題に代わって深刻になってきたのが、コスト競争力を持った地場企業の台頭なのである。こうなると、たんなる低賃金労働によるコスト優位を訴求した中国進出は、もはや通用しなくなる。コスト優位性の追求となれば、地の利を活かせる地場企業が断然有利だからである。力を蓄えた中国地場企業の中には、その主戦場を低級品から中級品へと広げつつある企業もある。

地場企業が台頭してくる中で、在中日系現地法人が試みている施策は、いまや常套句ともなった「高付加価値化」である。先述した日本貿易振興機構「在アジア・オセアニア日系企業活動実態調査――中国編」（二〇一二年度版）においても、全体の六四・七％もの在中日系現地法人が「品質・付加価値面での差別化」を狙うと回答している。高品質・高付加価値はこれまでも日本企業が訴求し続けてきた点であり、この調査結果は、日本企業が自らの強みを活かした事業展開を中国でも試みようとしていることを示している。

ただ、考えるべき問題はその先にある。高品質化と高付加価値化は、必ずしも同義ではないからである。高品質化に伴ってコストが上がり、結局のところ付加価値が落ちるということは十分ありうる。他方で、高品質化を訴求せずに付加価値を高めることも十分に可能である。もちろん両方を同時に実現することも見込める。すなわち、「品質・付加価値面での差別化」と一口にいっても、さまざまな手段が考えられるのであり、それだけ多様性がある分、各社の経営判断がいっそう強く求められるのである。

減速する経済成長、しかし

今指摘してきたように、中国では人件費が高騰する一方で、地場企業も台頭してきている。加えて、中国の経済成長も鈍化しつつある。中国国家統計局が二〇一三年四月に発表したGDP成長率（一〜三月期）は前年同期比七・七％であり、市場予測を下回っていた。続く四〜六月期も、同七・五％の成長率だったと発表された。二桁成長を謳歌した時代は、もう期待しないほうがよいだろう。

経済成長の鈍化を見込む理由の一つが、人口動態の変化にある。それを示すのが図2-7である。この図は、中国における人口推計と人口ボーナス指数を描いた図である。人口ボーナス指数とは、生産年齢人口（一五〜六四歳）を従属人口（一四歳以下および六五歳以上）で割って算出する指数のことで、値が高いほど経済成長に有利だと考えられている。図を見てわかる通り、指数は一九七〇年代から上昇し始め、二〇〇〇年代に入って再び大きく伸び、二を超えていった。相対的に低い社会保障負担と、豊富な労働力に支えられながら、中国経済は急成長を遂げてきたのである。しかしこの指数が、少子高齢化によって二〇一〇年代後半から下がり始めると予測されているのである。

人口問題のみならず、住宅価格や所得格差、金融リスク、さらには公害といった問題も深刻化している。このような問題がより深刻化すれば、社会が混乱し、中国の経済成長はいっそう減速するともいわれている。たしかに中国展開をためらう気持ちが起きそうである。

しかし、である。経済成長率は鈍化したとはいえ、それでも七％台である。中国経済の減速は、超高度成長が減速して調整期に入っていくとしても、成長率が突如としてマイナスになって何年も続くというような話ではないだろう。

図 2-7　中国の人口推計

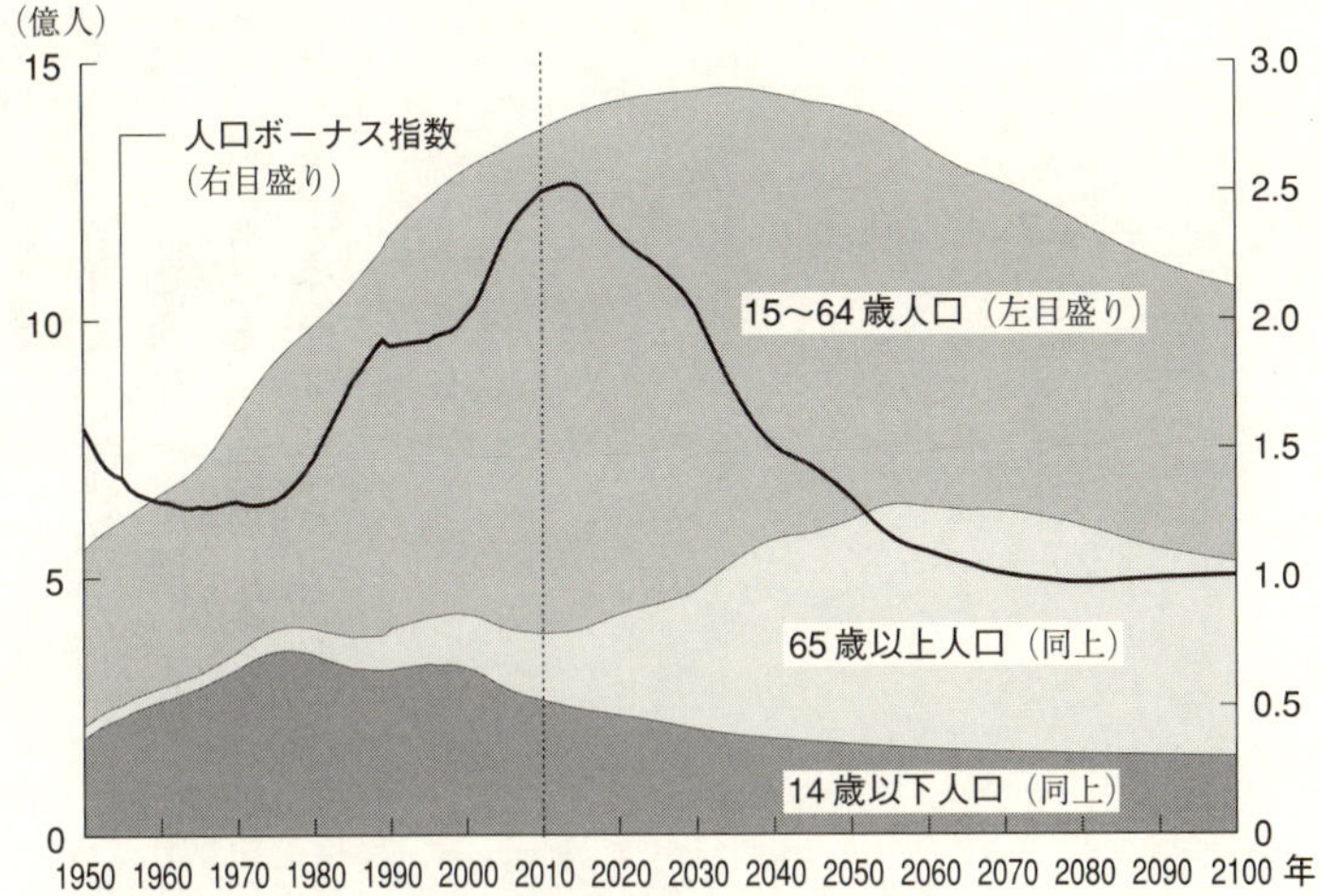

（注）　香港を含む。2011 年以降の人口数値は，中位推計。
（出所）　United Nations［2011］に基づき筆者算出。

さらに記せば、たとえ成長が鈍化したとしても、巨大な経済規模はそこに残ると考えられる。図2-7の推計によれば、二一〇〇年になっても中国の人口は一〇億人を保つからである。

見方を変えれば、先述したような中国の諸問題は、日本企業の新たな貢献機会を生み出していると捉えることもできる。中国の高齢化は、日本が先に辿る道の後追いであって、日本での経験を活用する余地は十分にありうる。深刻化する公害問題は、日本企業の環境技術を必要とするようになってきている。上がる人件費は一般消費者市場の拡大を意味する一方で、生産工程の自動化動機を刺激し、日本企業が得意とする工作機械関係の需要を増やしている。台頭する地場企業も、産業財市場を拡大してくれている。いまだに沿海部を中心としている日本企業の中国展開は、中部や内陸部への展開余地を十分に残しているともいえる。こう考えると、中国における多様な事業機会は、将来も枯渇せずに存続すると見込まれるのではなかろうか。

もちろん、在中日系現地法人が抱える二つの悩みや経済成長の鈍化により、経営の舵取りは難易度を増すだろう。経済的な追い風は弱まり、在中日系現地法人自らの経営力が今まで以上に求められるようになる。だからこそ、中国の日本企業がいったいどのようなビジネスモデルで事業展開してきているのかを振り返って分析することは、重要な意味を持つのである。

第2部

事例分析篇

第3章 コマツ

GPSと現場の匠の育成

首藤聡一朗

1 中国事業の概要と中国建機市場におけるKFS

中国事業の概要

小松製作所（以下、コマツ）の中国進出が本格化したのは一九九五年である。中国に直接投資を行って、済寧と常州に工場を開設した。そして、翌一九九六年には上海に「小松（上海）有限公司」を設立した。二〇〇一年には中国地域の統括会社である「小松（中国）投資有限公司」を設立している。

コマツは、本格的に中国進出を行うにあたって、数ある建機の中から主戦場として油圧ショベル市場を選定した。一九九五年当時、中国で使われていた建機は、中国現地メーカーが作っていたホイールローダーが大半を占めており、油圧ショベルはほとんど普及していなかった。油圧ショベルは高価であり、同じトン数で比べるとホイールローダーより三倍近く高かった。しかし、土建現場を見ると油圧ショベ

図3-1　コマツの地域別外部顧客向け売上げ

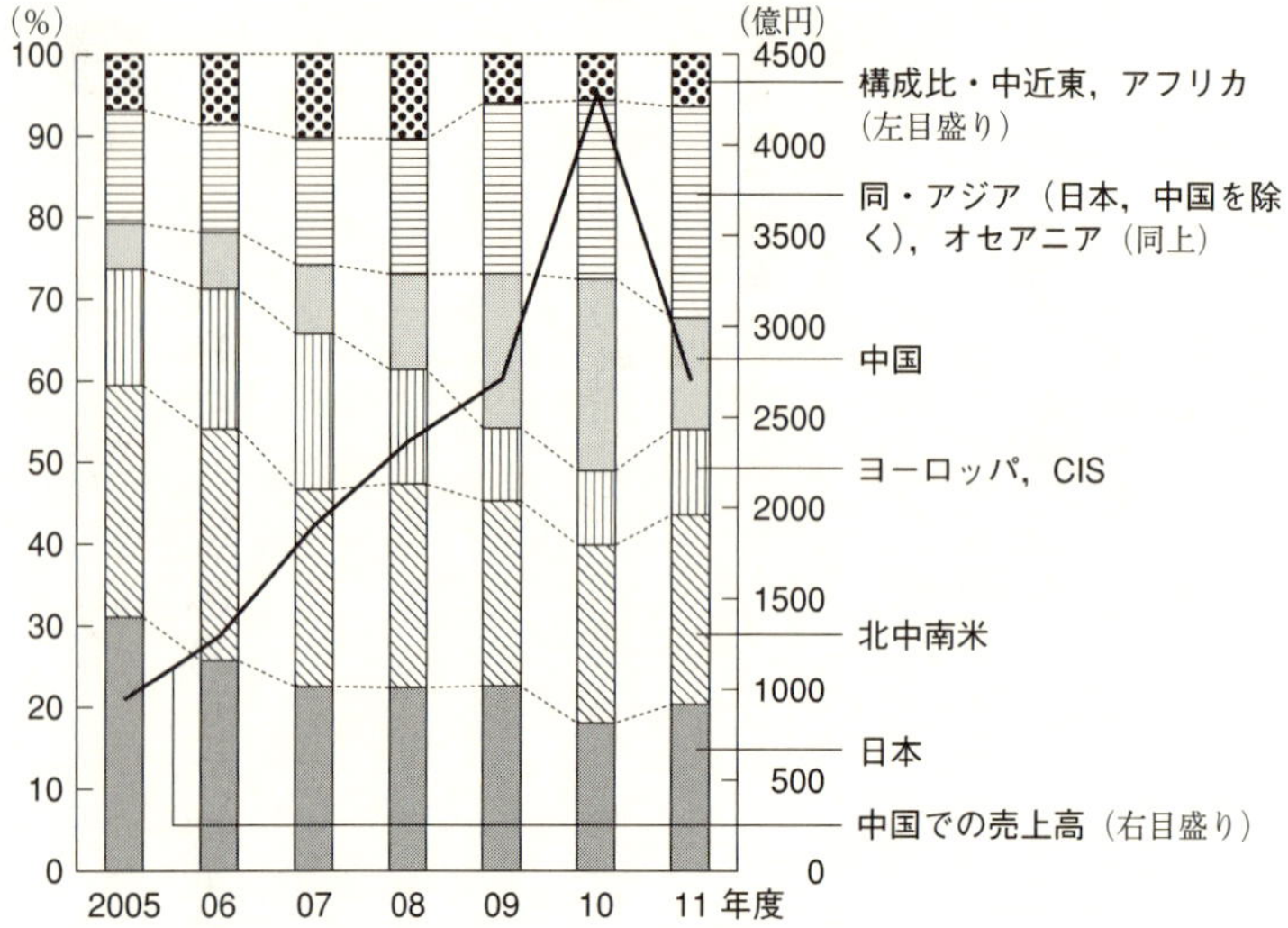

（出所）　有価証券報告書より筆者作成。

ルが必要なところでもホイールローダーが使われていたため、油圧ショベルのニーズはあると判断された。また、地場メーカーが熾烈な価格競争を繰り広げているホイールローダーで争うより、技術的に難しくそれゆえコマツの優位性が高い油圧ショベルで、という判断もあった。

二〇〇〇年代から中国の建機市場は急拡大していくが、コマツはその中で売上げを急拡大させてきた（図3-1）。

その過程で、コマツが主戦場として選択した油圧ショベルは中国においても普及していった。二〇〇二年における油圧ショベルの中国における販売台数は二万二〇〇〇台であったのが、一一年には二一万七〇〇〇台までになり、金額ベースでは全建機の販売額の三〇％弱を占める最大の製品セグメントになっている（三菱東京UFJ銀行［二〇一二］）。

二〇〇〇年代を通じてコマツは油圧ショベル

市場において中国でのトップシェア争いを繰り広げ、競争の激化とともにシェアを少しずつ落としていったものの、一一年でも中国国内生産台数ベースで三一重工（一二％）に次ぐ第二位（一一％）である。とくに、高い技術力が必要とされる三〇トン以上の大型のものについては三〇％のシェアを有する（三菱東京ＵＦＪ銀行［二〇一二］）。競合の韓国系メーカーや地場メーカーと比べ、コマツの建機は高価格なため、金額ベースではその差がより大きいと推察される。

中国建機市場の特徴

このようにコマツは中国市場で成功してきたのであるが、その成功について考える前に、まず中国における建機市場について整理しておく。

まず特徴の第一は、急成長市場であるという点である。中国経済の急速な成長による建設需要の伸びに伴って、建機の需要も大幅に伸びたのである。図3-2からは、その伸びのはなはだしさを読み取ることができる。

コマツが中国に資本投下を行い、本格的に中国進出を始めたのは一九九五年であるが、その年の中国における需要は微々たるものにすぎない。しかし、二〇一〇年代後半には世界の建機需要のかなりの割合を占めるようにまでなっている。

また、建機購入者に占める新規顧客の割合が多い。そして、買い手の九割は個人である（坂根［二〇一一］）。急激に伸びる建設需要を捕らえようと、建機が個人で新規購入され、使用されていったのである。

図 3-2　主要 7 建機の需要の推移

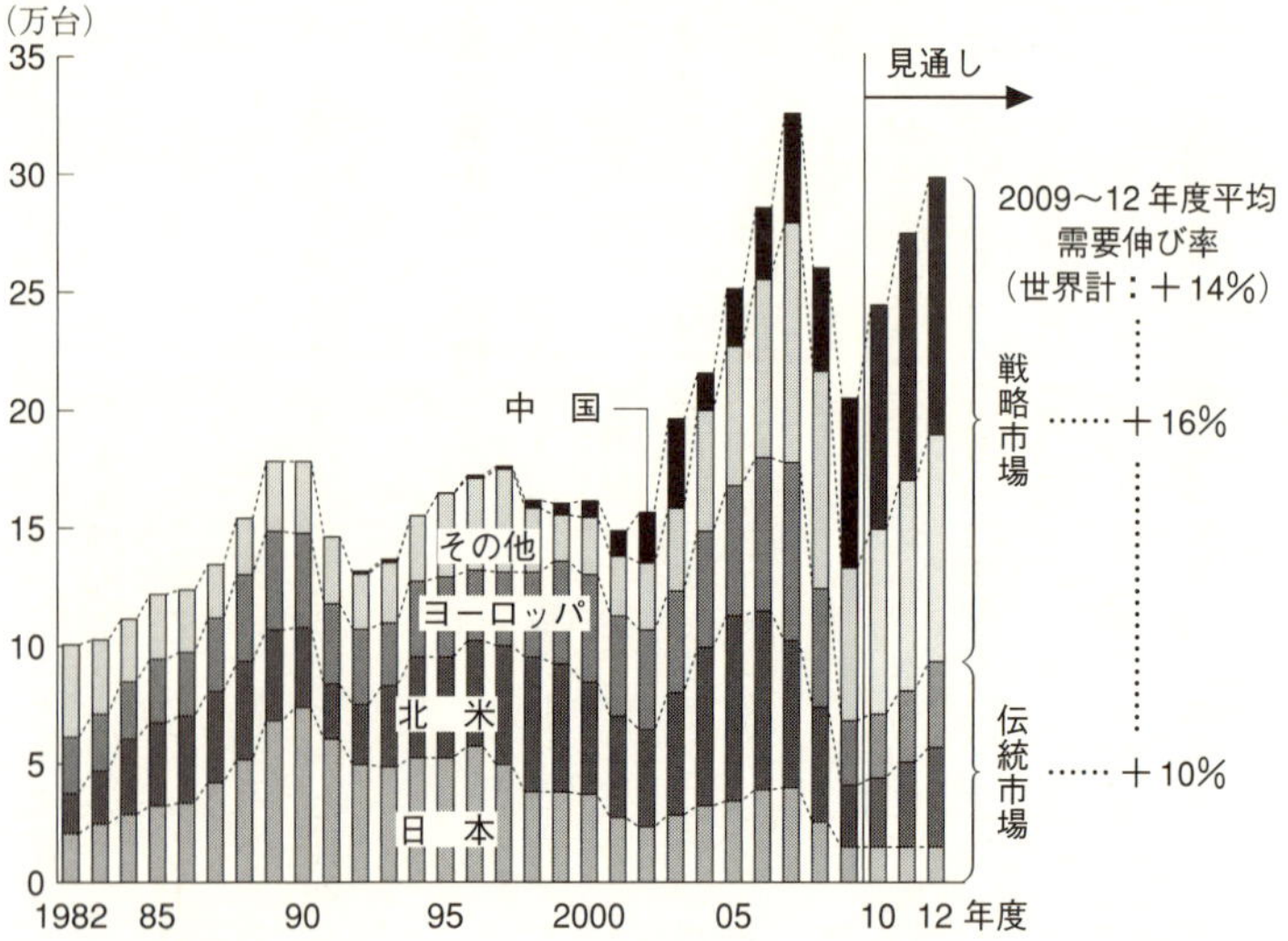

（注）　戦略市場とは，中国，アジア，CIS，中近東，中南米，アフリカ，オセアニアを，伝統市場とは，日本，北米，ヨーロッパをさす。

（出所）　コマツ・経営説明会資料（2010 年 4 月 27 日），19 頁。

中国市場の第二の特徴は、需要変動が激しいという点である。その理由として、中国においては他の国々と比べ、より政治と経済が密接に関係している点が考えられる。政府の大規模な景気刺激策によって公共事業や民間の建築需要とそれに伴う建機需要が急進し、その逆に、中国政府が引締めを行うと需要が急激に落ち込むのである。たとえば、二〇〇四年春に国内バブルを心配した中国政府は、全国約一万カ所で進行していた工業団地開発プロジェクトのうち約六〇〇〇の計画に対して強制的にストップをかけた（坂根［二〇一二］）。このことで、図3-2からもわかるように、建機に対する需要は急減した。

　中国市場の第三の特徴は使用される環境の過酷さである。ハードウェア面から考えると、まず、稼働時間の長さがある。中国での建設機械の年間稼働時間は二一〇〇時間を超えるといわれている。これは、北米の一二〇〇時間、日本の八〇〇時間と比べてかなり長い（土田［二〇一二］）。さらに、物理的環境も悪い。たとえば、油や水にも不純物が混じっていることが多いため、フィルターが詰まりやすいのだという。

中国市場の第四の特徴は、建機が使用される国土の広さである。そのため、広大な国土をカバーするアフターサービス網を作り上げる必要がある。また、国土が広いとその自然環境も多様であるため、同じ中国であっても建機が使用される環境はまったく異なることがある。

中国市場におけるＫＦＳ

市場の特徴から、中国建機市場におけるＫＦＳ（key factor of success）が見えてくる。まず、より条件が厳しい中での継続稼働の重要性である。建機は稼働してこそ、地面を掘る、土を運ぶなどの付加価値を生むことができる。そのため、建機が故障して動かなくなると、再度動くようになるまで、建機使用者にとっての機会損失が生じてしまう。ある論文によれば、一〇〇トンクラスの建機だと一時間動かなくなるだけで四〇〇万～五〇〇万円、ユーザーの売上げが減るともいわれている（土田［二〇一二］）。このことは中国だけに限らないのであるが、中国では建設需要がその供給を上回る時期が長かったため、その機会損失が大きくなってしまう傾向がある。

また、中国では継続稼働を行う上での条件がより厳しかったということもある。まず、稼働時間の長さは、建機にかかる負荷を大きなものとする。さらに、自然環境の過酷さゆえに建機への負荷がさらに大きいものとなる傾向があった。また、購入者に初心者が多いため、無理な使い方をして負荷をさらに強めた。

建機を継続稼働させるためには、アフターサービスの体制をしっかり整えることが必要になる。建機は、その使用時に激しい負荷がかかるため、メンテナンスが必要不可欠となる。消耗品扱いの部品も定期的に交換しなくてはならないし、不具合が生じてうまく動かなくなることも少なくない。そのため、使用者自らがメンテナンスを行うことはもちろんではあるが、メーカーにもアフターサービスをしっかり行う必要が出てくる。しかも、広い国土において、である。使用者に初心者が多く、使用者自らのメンテナンスが難しかったであろうことも含めて考えると、メーカーおよびその関係代理店が提供するメンテナンス体制が中国における建機メーカーの競争の大きなポイントになったことは疑いない。

正確な需要予測と柔軟な生産量変動能力もKFSの一つといえる。需要予測というと、どのようにして市場の減速を察知し、不良在庫を抱えないようにするのかが焦点と思われがちであるが、中国市場においてはどれくらい市場が拡大するのかという予測とその予測に対応できる生産能力の拡張もまた、とくに二〇〇〇年代の中盤から後半において、重要であった。需要の伸びにどれくらい付いていくことができるかが競争の焦点の一つとなったのである。

2　ビジネスモデルの全体像

ビジネスシステムの全体像

図 3-3　コマツの中国におけるビジネスシステムの全体像

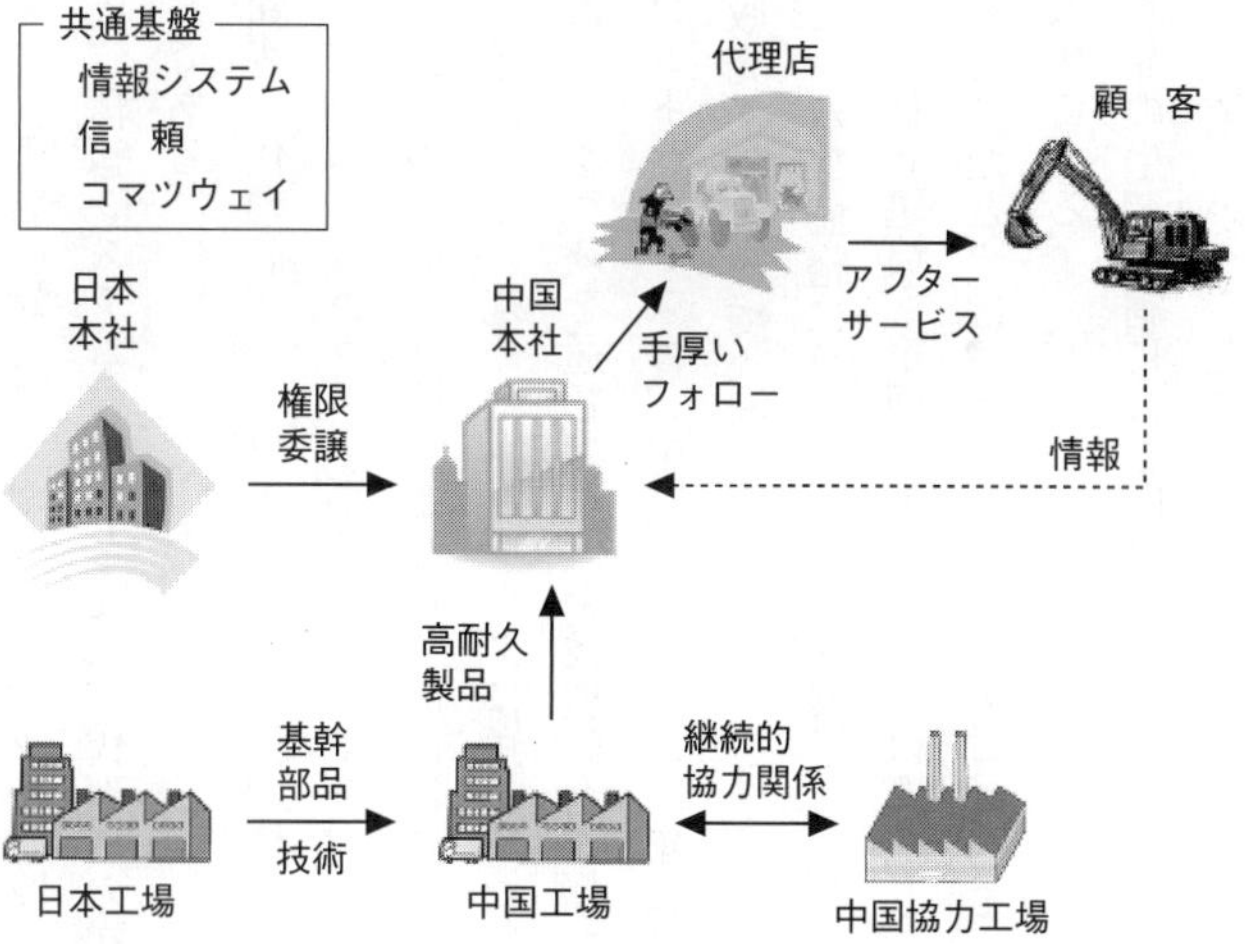

では、これまで述べてきたような特徴を持つ中国市場において、コマツはどのようなビジネスモデルを構築して売上げを伸ばしていったのであろうか。この点について、まず具体的な仕事の仕組みであるビジネスシステムについて考える。コマツの中国におけるビジネスシステムの全体像は、図3-3のように模式的に示すことができる。

顧客を起点に説明を加えていくと、まずユーザーに建機を販売している代理店がある。代理店は販売を行うだけではなく、保守・修理というメンテナンスもユーザーに対して行っている。また、要望に応じて顧客に合わせた簡単な改造（アドオン）も行っている。債権回収も代理店の仕事である。

コマツは、中国において一省一代理店制をとっており、二〇一二年現在三三の代理店が存在する。それぞれの省に置かれた代理店は、基本的にコマツの製品だけを売る専属である。代理店の入替えはあまりなく、基本的に長期継続的関係を築いている。統廃合で減ったものも含めて、実際に入れ替わった代理店は一〇もないという。
その代理店に対して、中国のコマツが手厚いフォローを加えている。具体的には、サービス技術者の養成、情報システムの構築と提供、代理店の在庫をゼロにすることによる業務面と資金面での負担軽減、などである。

顧客、代理店、コマツという三者間の情報共有およびその整理・活用のために使われている情報システムがコムトラックスである。コムトラックスとは、コマツの建機に装備された車両管理システムである。建機の位置や状態などを自動的にモニタリングして、その情報をコマツの構築した電子ネットワークに送信する。電子ネットワークに送られた情報は、リアルタイムで顧客・代理店・コマツに送られる。コムトラックスを通じて建機を代理店が遠隔コントロールすることも可能である。

コムトラックスは、中国では二〇〇四年に標準装備された。[1] 標準装備とは、基本的にそれ以後コマツの販売するすべての新車に取り付けるということである。決して少なくはない費用はコマツが負担した。[2] 新車価格にコムトラックス分の価格を上乗せすることはしなかったのである。競合のキャタピラーや日立建機も車両管理システムは開発し、オプションとして販売していたが、標準装備にするのが遅れた。たとえば、キャタピラーがProduct Linkという車両管理システムを標準装備にしたのは二〇〇八年である。

製品の生産体制に目を向けると、そこでの関係者はコマツ中国工場、コマツ日本工場、中国における協力企業ということになる。油圧部品、トランスミッションなどの基幹部品は日本工場で作り、それ以外の部品は現地の協力企業で作ってもらっている。基本的にコマツの中国工場で行っているのは組立作業だけである。

収益モデル

コマツの販売価格は高額である。二〇トンクラスの油圧ショベルで一〇〇万元（約一三〇〇万円）ほどであり、新車価格としてはキャタピラーと並び、最も高いといわれている。現在、中国でトップに立ったとされる三一重工でさえ約二割安い（『週刊東洋経済』二〇一一年九月一七日）。韓国系メーカーや地場メーカーと比べるとその差はさらに広がる。この販売価格の高さはコマツの利益率の高さに寄与している。[3] 相談役（当時）の坂根正弘はコマツの中で中国での利益率が最も高いのではないかと述べている（『財界』二〇〇九年七月七日）。

もちろん、顧客が納得しなければ高価格というのは販売の際にネックとなってしまう。じつは顧客にとっても、結果としてコストパフォーマンスがよいのでコマツの建機は中国で売れているのである。

まず、メンテナンス費用も含めたトータルコストで考えると、コマツの建機のほうが安く上がることも多い。建機の頑強さおよびサポート体制の充実ゆえ、故障することが少なく、また故障したとしても修理が速いためである。建機においては、機種にもよるが、トータルライフでは初期費用の数倍～一〇倍程度のメンテナンス費用がかかり、また故障前のメンテナンスコストに比較して故障後の修理コストは一・五～二倍程度かかるといわれているが、故障が少なければそのコストは低くなる。その頑強さとメンテナンスのよさに加え、さらに、コムトラックスで収集された情報によってその建機がどのような形でどれくらい稼働していたかが保証されるため、中古市場におけるコマツの買取額も他メーカーのものと比較すると高い。

また、コムトラックスよって収集された情報を活かして代理店が無駄の少ない建機の動かし方をコンサルティングするため、燃料費というユーザーが支払うコストも小さくなる。コマツ会長の野路國夫によれば、二〜三割も下がる例もあるのだという（『日経ビジネス』二〇一一年二月三日）。

さらに、中国においては個人が銀行から融資を受けて建機を購入することが多いのだが、その際の資本調達コストも割安となる。コムトラックスと現地に密着した代理店網が存在するため、ユーザーの状況をきちんと把握できるからである。また、コムトラックスで位置情報と稼働状況がわかり、いざとなれば代理店側で契約に基づいて建機のエンジンを止めることができるため、盗難のリスクが低く、保険料も安くなる。

3 継続稼働の実現（1）　メンテナンス体制の確立

継続稼働を実現した諸要素

中国においてコマツが成功したのは、その市場の特徴から導かれる、①継続稼働の実現、②正確な需要予測と柔軟な生産量変動能力、というKFSがほかより優れていたためである。

まず、継続稼働についてであるが、外資系メーカーと地場メーカーとの比較になってしまうが、故障しないで動く時間の平均（MTBF）が、外資系メーカーの場合は一〇〇〇時間以上であるのに対して、地場メーカーは三〇〇〜六〇〇時間である。次に述べるオーバーホールと同様、コマツの場合は、外資

図 3-4　継続稼働のための仕組み

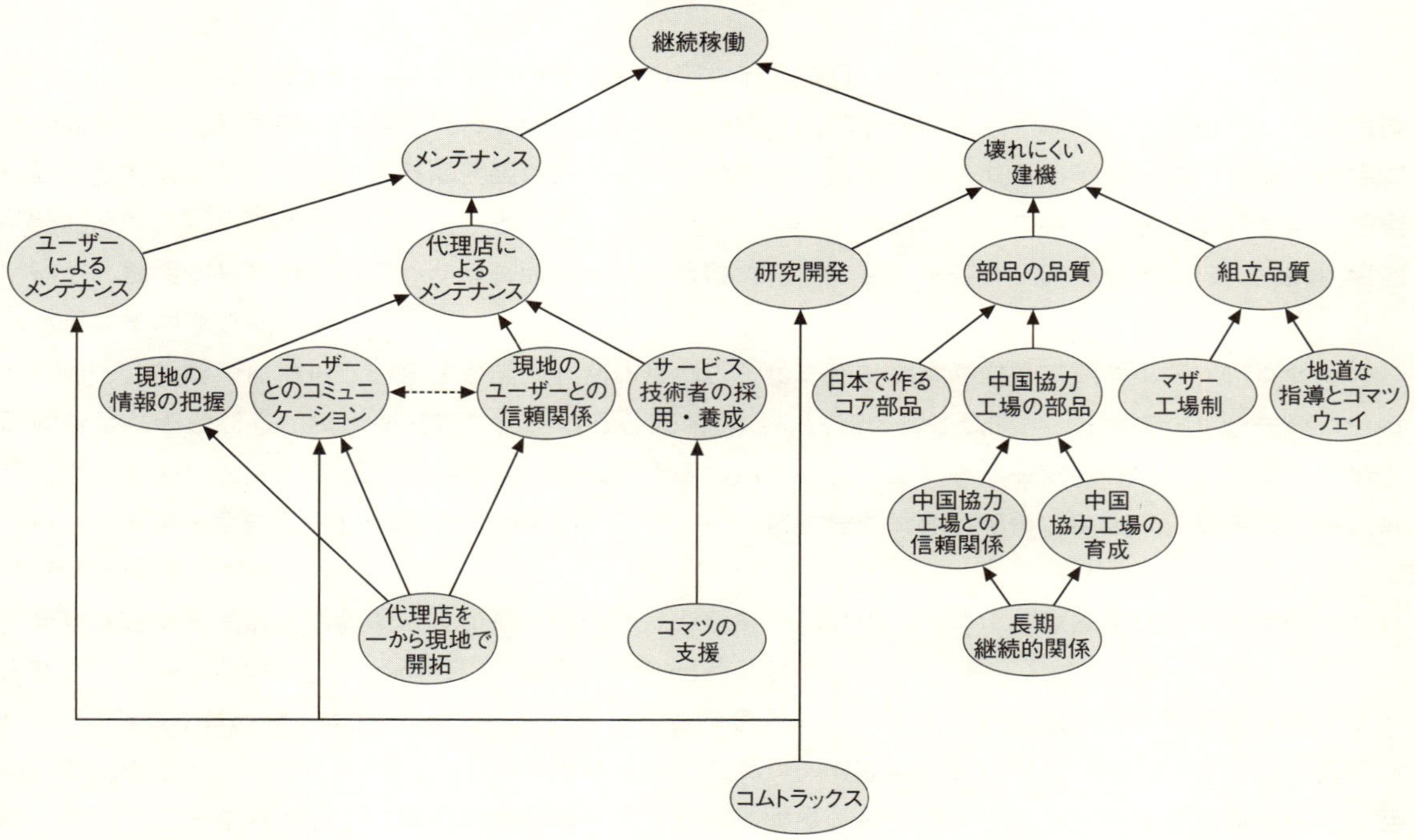

系メーカーの平均よりさらに長い可能性も大いに考えられる。また、オーバーホールが必要となる時間は、外資系が八〇〇〇～一万二〇〇〇時間であるのに対し、地場メーカーは四〇〇〇～八〇〇〇時間である（三菱東京UFJ銀行［二〇一二］）。コマツの建機のオーバーホールが必要となる時間は、外資系の平均よりもさらに長く、一万五〇〇〇時間程度であるという（二〇一一年一二月一九日インタビュー）。継続稼働を実現できた背景にはさまざまな要素が関係している。それらの要素間のつながりを示したのが、図3-4である。

まず、保守・修理の両方を含めた意味でのメンテナンス体制が重要である。建機は、機体のさまざまな部分に大きな負荷がかかる。さらに、建機が故障してしまったら、その事業者は仕事を続けることができない。そのため、故障を未然に防ぐための消耗部品の交換も含めた保守（予防保全）が重要となる。もちろん、故障してしまった後の修理も大切である。いち早く事業者が仕事に戻れるようにリカバリーしてあげる必要がある。

また、製品自体の故障しにくさも重要である。故障しにくい建機を作り上げるためには、①研究開発、②部品品質、③組立品質という三つのポイントがある。そもそも製品設計自体が適切でなければ、頑強な製品が作れない。その意味で研究開発がポイントとなる。部品品質も重要である。設計が求める品質の部品でなければ期待する性能は出せないし、組立品質に悪影響を与えてしまう。もちろん、部品品質がよくても組立品質が悪ければ壊れにくい建機を作り上げることはできない。

代理店によるメンテナンス

メンテナンス体制と壊れにくい製品は継続稼働を実現する両輪ではあるが、メンテナンス体制がより重要であると考えられる。壊れにくい製品だけでは勝負できないのは、コマツと同じように製品に関しては高い信頼を寄せられているキャタピラーが中国市場のシェアではトップファイブにも入らないことからもわかる。

コマツの建機には、ユーザーが自ら行うセルフメンテナンスを支援する仕組みもある。コムトラックスによる建機の「健康診断」である。自動的にかつリアルタイムにきめ細かい情報が、グラフなどを活用したシンプルでユーザーに見やすい形で提供される。最近は、パソコンをあまり使用しないユーザーのために、携帯メールで知らせる機能を追加したりしているものもある。

しかし、建機はユーザーだけではメンテナンスし切れるものではない。代理店によるメンテナンスがどうしても必要になる。コマツの代理店は定期的に顧客のところまで行ってメンテナンスを行っている。そして、必要であれば補修部品の交換を行う。代理店網を構築するにあたっては中国以外の海外で付合いのある有力な代理店を中国に連れてくるという選択肢もあり、キャタピラーは実際にそのような代理店政策をとったが、コマツは中国現地の人々に代理店になってもらった。それも、既存の建機の代理店を通じて販売するのではなく、一から自前の代理店網を作り上げていった。

中国現地の人に代理店になってもらうメリットは現地密着という点にある。そして、現地密着には、情報面と信頼面という二つの面で優れた部分がある。まず、情報面に関していえば、人々や慣習、商習慣などの現地の情報を熟知した人々に代理店になってもらえるということがある。また、その時々のその地域の情報、たとえば次はここで工事が始まるといった情報なども収集しやすい。

メンテナンスに関連していえば、より重要なのは顧客とのコミュニケーションとその背後にある信頼関係の構築である。董事長や中国総代表といった立場で、現地でコマツの中国進出の舵取りをした茅田泰三は、次のように述べている。

「建築機械の特性上、直すというのが鍵になる。その際、代理店と顧客との間のコミュニケーションと信頼関係が重要。機械が壊れる前の日頃のコミュニケーションがうまくとれているか、お客様が相談できる関係を築けているか」(二〇一一年一二月一九日インタビュー)。

故障してからの修理は、その問題の事前の解決と比較して費用と時間がかかる。そのために、実際に建機が故障してしまう前の些細な異常でも察知して処置を行うのが顧客満足の上でも重要になるが、そこで必要なのが代理店と顧客との関係性の構築なのである。

その信頼関係を中国人である顧客との間に構築するには、同じ中国人に代理店になってもらったほうがよいと茅田は述べている。

「販売のネットワークをつくり、顧客からの信頼を得るのは簡単なことではありません。この作業を実際に行うのは、コマツの私ではなく、中国人が行うのです。つまり、中国人と中国人の問題になるのです。相手を信頼するか、コマツを信頼するかというのも、代理店を含めた、あるいは中国人と中国人の商売のベースが中国にあると私どもは思っています」(『東亜』二〇〇四年六月)。

しかしもちろん、現地での代理店開拓に伴うデメリットもある。まず、立上げ時点での代理店のノウハウの乏しさである。この点に関してコマツは、メンテナンスのノウハウが少しでもある人々に代理店になってもらうようにした。逆にいえば、メンテナンスのノウハウはないが、営業のノウハウはあるという人は選ばなかったのである。代理店になってくれた人の経歴は多様であったが、中には、たとえば過去に中国国営企業で実際に建機を作っていたりメンテナンスや管理を行っていたりしていた人たちがいた。また、重機や建機などの大きな機械に関する経験はなくとも、自転車やバイクなどを直す、町の修理屋さんなどのような人たちもいた。

また、代理店の資金力の乏しさも問題の一つである。そこで、基本的に代理店の運転資金はコマツが面倒を見た。しかし、「ベイ」といわれる修理のポイントは自分で作らなければならず、これを作れるかどうかが代理店になる条件とされた。この条件は、修理ができる人というフィルタリングの役割を果たしたと考えられ、この点にもコマツのメンテナンス重視の姿勢が見られる。

代理店支援――コムトラックスとサービス技術者育成

コマツは、代理店網がコマツの中国における成功の鍵と考え、さまざまな形で支援しているが、情報面で大きかったのが、コムトラックスである。茅田は、「コムトラックスがあって一番嬉しいのは代理店。コムトラックスが代理店のサポートシステムになっている」(二〇一一年一二月一九日インタビュー)といい切っている。

コムトラックスは、代理店にとって重要な業務であるアフターサービスを行う際に役立つ。まず、定期メンテナンスや故障の修理の際には、建機が使われている現場に行く必要があるが、GPS機能を使ってその場所を特定することができる。国土の広い中国でより有効な機能である。また、コムトラックスによって収集された情報から導かれるワーニングもメンテナンスを行う際の助けとなる。

顧客とのコミュニケーションにコムトラックスで収集されたデータを使えるというのもメリットである。たとえば、コムトラックスで収集した情報とその分析、いわば顧客に対する建機の使い方のコンサルテーションが、すでにコマツの建機を使っている顧客との話のネタとなる。[4]

代理店がメンテナンスを行うには、顧客と信頼関係を築いてコミュニケーションするだけではなく、実際にサービス技術者が保守・修理を行う必要がある。メンテナンスを重視するコマツは、国によって数字は異なるが、その国の登録台数当たりのサービス技術者数の基準を設けている。中国においては二五台に一人である。二〇一一年末で考えると、中国での登録台数は約一二万台であるので、五〇〇〇人を超えるサービス技術者が必要となる。建機の需要が急拡大する、ひいては必要な人数が急激に増加する中国において、サービス技術者をそれぞれの代理店自らが育てていくのは簡単なことではない。

そこで、コマツは代理店のサービス技術者の育成に力を入れている。まず、二〇〇四年度より行われている山東交通学院との提携がある。コマツの代理店が採用した技術者育成専門のクラスを学院に作ってもらったのである。期間は半年で、一年に二回開かれる。受講者は年々増え、二〇一一年末時点では一回の受講者は約三〇〇人、一年で考えると六〇〇人程度になる。すでに二〇〇〇人以上がこのクラスを卒業した。過去の卒業生は、各代理店に戻り、学院で身につけた技能を教えるなど、職場の中心的な存在となっている。現在ではその費用は代理店との折半になっているが、初期はコマツが負担した。コマツがこのような取組みを行うことで、その重要性に代理店も気がつき、代理店自らがサービス技術者を学院に派遣するようにもなっている。

また、コマツに代理店のサービス技術者を呼んでの研修も行っている。早くも一九九八年には常州にトレーニングセンターを設立していた。また、日本のコマツウェイ総合研修センタに代理店のサービス技術者を呼んで研修することもある。

このような充実した教育を受け、その後も経験を積んだサービス技術者に対して、ライバル企業が引抜きを進めてもおかしくない。実際に、コマツの代理店の数倍の給与を払うからという話もあるという。ところが、コマツのサービス技術者の離職率はわずか数%程度にすぎない。この離職率の低さの背景には、コマツを支えているのは自分たちだという誇り、そしてコマツも自分たちに対して将来にわたり強く支援してくれるという信頼があるのだという。その信頼を生むのが、コマツの代理店のサービス技術者に対する教育・再教育への多大な投資である。たとえば、コマツは二〇一一年に総工費約二〇億円をかけて常州に総合研修センタを備えた「テクノセンタ」を開設した。この投資について茅田は、「コマツがこれから一〇年間真面目にコミットメントしますよ、という意思表示でもある」(二〇一一年一二月一九日インタビュー)と述べている。

4　継続稼働の実現（2）　壊れにくい製品

壊れにくい設計

コマツの優位性である継続稼働のためには、製品自体の壊れにくさも重要である。壊れにくければ、ユーザーの不満が抑えられるだけではなく、代理店の業務も軽減される。では、どのようにしてコマツは壊れにくい製品を作り上げたのか。先にあげた、①研究開発、②部品品質、③組立品質、という三つの観点から述べていく。

コマツが壊れにくい製品を設計することができる理由としては、①研究開発費の絶対額の大きさ、②開発・生産の一体化、③ユーザー情報の収集と活用という三点をあげることができる。

まず、研究開発費の絶対額の大きさであるが、中国で主要なライバルであった日立建機と比べると、二倍以上の開きがある。もちろん、製品ラインナップの幅の違いもあり、さらに開発体制など他のさまざまな要素が存在するため、この研究開発費の違いが製品の壊れにくさと直接につながるわけではないが、壊れにくさも含めた製品性能のさまざまな面に作用している可能性を指摘できる。

また、コマツはそれぞれの機種につき、開発機能を持つ工場を「マザー工場」、それ以外で同機種を生産する工場を「チャイルド工場」と位置づけている。中国の工場は現在のところ、「チャイルド工場」である。中国にも開発拠点は存在するが、その主な業務は市場不具合対応、量産における日本とのコミュニケーション窓口、部品のローカライズ検討などである（山田［二〇一一］）。

そしてマザー工場では、開発機能と生産機能の一体化が原則とされている。多くのマザー工場が存在する日本において、開発機能だけではなく、生産機能も国内に残し、緊密な連携を図っているのである。これにより生産工程まで見据えた設計ができ、生産工程での不良を抑えることができる。

さらにコムトラックスによって収集されたユーザー情報をうまく活用することで、壊れにくい製品を設計することができる。中国のコマツの建機に標準装備されたコムトラックスから、どのような環境でどのように建機が動いているのかという情報が送信され蓄積されていく。しかし同時に、人間による情報収集・分析も重視している。開発や設計に携わる技術者が中国に来て、建機が使われている現場に足を運んでいるのである。

部品と組立て――基幹部品と中国での協力企業、教育

次に、部品品質に関してである。コマツの部品品質が高い理由としては、基幹部品に関しては優れたものづくりの土壌を持つ日本で自ら作っている点、そしてそれ以外の部品に関しては中国でのサプライヤーと長期協力的関係を築きながらともにレベルアップしていった点があげられる。

まず、コマツはエンジンや油圧部品などの基幹部品を自ら作っている。対して、キャタピラー以外のライバルメーカーは、外部から購入している。これに比べれば、コマツは機械のトータルバランスを考えながら部品を作ることができるのである。

基幹部品を日本国内で作っている理由は、ほかではドイツにしか見られない企業集積が日本国内にはあり、そこに「何十社ものすばらしい協力企業がいるから」であるという（『週刊東洋経済』二〇一一年

るのである。

九月一七日)。コマツは、協力企業を組織した「みどり会」所属企業と長期継続的協力関係を築いてい

この関係は中国でも同じである。「中国みどり会」の結成自体は二〇一一年まで待たなければならなかったが、常州工場の場合で考えると、協力企業との関係は平均で一四~一五年程度にもなるという。中国みどり会に入った企業とそれ以前から関係のあった企業とは重なるケースが多いが、中国みどり会企業からの部品が中国における調達の九割程度を占めている(『週刊東洋経済』二〇一一年九月一七日)。

一九九五年にコマツが中国に本格進出した当時、コマツの要求する最低水準を満たす工場は中国に存在しなかった。そのため、コマツは協力企業を開拓し、ともにレベルアップしていく必要があった。

とはいっても、レベルアップには時間がかかるため、最初は現地調達といっても日系企業からの割合が大きかった。コマツは国内では協力企業に出資しないが、中国に進出した日系企業の現地法人には、出資することが珍しくなかった。それは、銀行や取引先からの信頼を得やすくするためということもあったが、経営改善の指導を行いやすくするためでもあった。コマツから技術人材を経営幹部として送り込み、約三年かけて中国で利益を出しながらコマツの求める品質を維持する経営を教え込んだ。たとえば、地場の部材を使って原価低減したがっていた企業には、コマツが自社の材料試験室で品質を確認した部材を紹介したという(『週刊東洋経済』二〇一一年九月一七日)。

その後、地場企業の割合も増やしていった。中国みどり会における日系企業と地場企業の割合はほぼ五対五となっている(二〇一一年一二月二〇日インタビュー)。コマツはそれらの協力企業に対して、日々ともに協力して、互いに切磋琢磨しながら仕事をしていく中で信頼関係を構築していった。ある地

場企業は、雑誌の取材に対して次のような趣旨の発言をしたのだという。

「コマツより大口の取引先はあるが、コマツを第一の優先としている。コマツが減産になり発注が減ったとき、『大丈夫ですか』とコマツから電話がかかってくる。そんな企業はほかにはない」（二〇一一年一二月二〇日インタビュー）。

このようにコマツは、協力工場の経営にもきっちり責任を持ち、目を配る。短期的視点から、部材を買いたたいたりはしないのである。

たとえば、協力工場の経営データを半期に一度定期的に役員会でレビューした上で、営業利益率が低い企業は三％以上に達するように指導を強化し、どうしても難しければ取引価格を上げてあげるという。また中国では、現地での労務費の高騰を受け、賃上げデモのような経営リスクを回避するという意味もあって、主要工場に四割もの賃上げを促し、コスト増の部分については部材売価への転嫁を認めた。さらに、協力企業に対しても技術指導を行い、何か問題があればその解決方法も教えている（『週刊東洋経済』二〇一一年九月一七日）。

教育についても、自社の人間だけではなく、協力企業の人間も巻き込む形で行っている。社内での研修に協力企業も参加させ、試験の不合格者に対しては日本のコマツのマザー工場から技術者を派遣してもらい、合格するまで鍛え上げるということさえある（二〇一一年一二月二〇日インタビュー）。

もちろん、協力企業のレベルアップは技術指導や教育という直接的手段のみで果たされるわけではない。コマツの基準ややり方に合わせることができるよう懸命に努力する中で，QCD（quality, cost, delivery）が向上し，そしてQCDという指標の背後にある価値観や考え方を学んでいく。

不良の少ない組立てに関しては，まずコマツがとったマザー工場制が寄与している。日本の工場がマザー工場となり，レイアウトも含めてマザー工場とできるだけ同じ形で中国工場が設計された。生産設備や生産管理の仕組み，情報システムも日本と同じ最新鋭のものとした。そして，工場の立上げ時にはマザー工場の人間が来て，さまざまな支援をしていった。

しかし，それだけではもちろん十分ではない。工場で働く人々が重要である。コマツでは，工場で働く人々に対してさまざまな研修・教育メニューを用意している。指導員候補を日本に派遣して養成したり，日本で行われる技能大会に派遣したりということも行っている。また，日々仕事を行っていくにあたって，日本人が率先垂範し，何度も言って聞かせ，また査定にも工夫を凝らしている。また，コマツの経営理念と具体的な行動基準を記した「コマツウェイ」も，コマツ流のやり方・考え方の理解の促進に一役買っている。

とはいえ，人が育っても離職率が高ければ意味がない。しかし，コマツ工場における離職率は，高い工場でも一〇％程度であり，正社員に限ると五％程度であるという。離職率に影響を与える給与は，その地域のトップクラスとなるように設定されている。また，不況で生産が落ち込んだときも，安易に従業員を解雇するのではなく，好況時に備えて教育訓練を継続している。

5　急拡大市場への対応　正確な需要予測と柔軟な生産量変動能力

図 3-5　中国建機業界全体，およびコマツと日立建機の売上げの推移

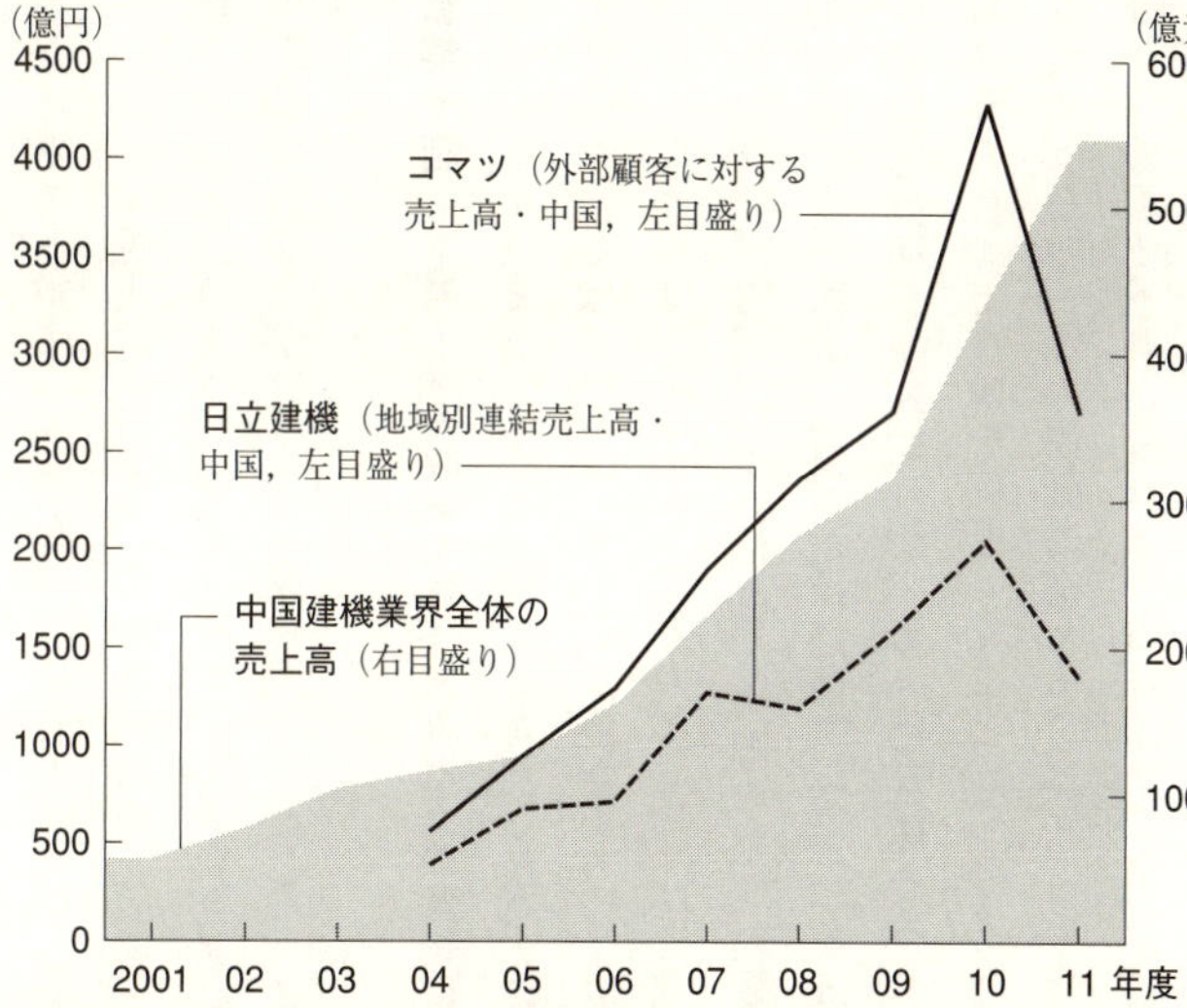

（出所）　コマツおよび日立建機の財務諸表，三菱東京 UFJ 銀行［2012］。

急拡大市場への対応の重要性

中国においてコマツは、継続稼働という顧客のニーズをこれまで述べてきたような仕組みで実現してきた。しかし、中国という、政治と経済が密接に関係し、さらに二〇〇〇年代に急成長した市場においてシェアを保ち続けるためには、需要の変動に合わせた供給も重要となる。図3-5は、中国建機業界全体および、中国でトップシェア争いを続けたコマツと日立建機の売上げの推移を示したものである。

データの項目が違うので単純な比較には注意が必要だが、二〇〇四年まではコマツと日立建機の間にそれほどの差はない。しかしながら、二〇〇〇年代後半に向けて中国建機業界全体の成長速度が加速するにつれ、両者の差が大きくなっていく。日立建機には、中国建機業界の成長スピードに付いていかれず停滞したり伸び悩んだりしている年があるのに対し、コマツは二

〇一〇年まで一貫して成長を続けている。つまり、急成長した中国市場においては、市場ではなく供給が売上げのボトルネックになっていた可能性があり、需要拡大を見越して供給能力を拡大したことがコマツのシェア拡大に寄与した面があると考えられる。もちろん、車と同様に、アクセルを強く踏み込むには、いざというときにブレーキが利くという自信がなければ難しい。つまり、正確な需要予測と柔軟な生産量変動能力がコマツの成功の一因として考えられるのである。

需要予測――データを収集する仕組みとその背後にある組織能力

海外のさまざまな国々でコマツと苛烈な競争を繰り広げているキャタピラーは、中国市場における需要予測においてはコマツに劣るところがあり、それも中国における同社の伸び悩みの一因になっているという。たとえば、キャタピラーのある幹部は二〇一一年三月にアメリカで開かれた証券アナリストとのミーティングで、「わが社には、中国の強い需要に対応できるほどの生産能力は残念ながらなかった」と述べたそうである（『週刊東洋経済』二〇一一年九月一七日）。ところが、その一方、二〇一二年には中国市場の急減速を読み切れず、多くの在庫を抱えてしまっている（土田［二〇一二］）。コマツがうまく生産調整を行って在庫を回避したことから考えると、これはいまだに中国における需要予測においてコマツに及ばない一つの傍証と捉えることができよう。

コマツの需要予測が優れている理由として、①コムトラックス、②流通在庫ゼロ、の二つの仕組みをあげることができる。そして、それらの背後にデータを解釈し、徹底的に有効活用するコマツの組織能力がある。

コマツは、コムトラックスから寄せられる詳細な稼働情報をもとに、建設業界の実需をリアルタイムで読み、いち早く建機の需要予測に活かす。坂根の著書でも、二〇〇四年春の経済引締めによる影響をライバルメーカーよりもかなり早く察知して、工場を三カ月間ストップし、在庫が積み上がるのを防いだケースや、その逆に、〇四年以降にいわれるようになった「いずれバブルが崩壊する」という中国経済についての懐疑論・弱気論に惑わされず、現実の建機稼働データに基づいて建機需要の伸びを判断してきたということが書かれている（坂根［二〇一一］）。前者のケースがコムトラックスの効果として引合いに出されることが多いが、後者も市場が急成長を続けた二〇〇〇年代後半に強気の設備投資を行い、需要の伸びとともにコマツの販売台数を伸ばしたという意味で重要である。

また、需要予測そして予測に基づく生産計画の柔軟な変更は、コムトラックスで収集される稼働状況だけではなく、当然、新車売上げや在庫の情報も組み合わされて行われる。新車売上げは、代理店とコマツを結ぶ情報システムによって即座に把握できる。そして、在庫情報の把握には、代理店在庫ゼロという仕組みが活きている。代理店には製品在庫がないため、コマツの手元にあるものがすべてであり、当然その数の動きについてはコマツがリアルタイムで情報を得ることができるからである。

とはいえ、コムトラックスを導入しさえすれば、代理店在庫をゼロにしさえすれば、需要予測が可能になるというほど単純な話ではない。現実には、稼働データからの読みはかなり難しく、その分析、およびその分析を受けて迅速な行動に移るという部分にこそ、コマツの強みがあると考えられる。

柔軟な生産体制――部品の内製と現地サプライヤーの活用

需要予測を正確に行っても，それに対応できない生産体制であれば，まったく意味がない。結果から見ると，コマツはライバルと比較してより市場の変化に対応した柔軟な生産量調整を行うことができた。その大きな理由は，メインコンポーネントの内製率の高さと現地サプライヤーの活用度の高さにあると考えられる。

コア部品まで内製しているのはコマツとキャタピラーだけである。コマツは国内で内製している分，外部企業の生産量や生産計画に制約されず，柔軟に生産量を調整することができる。野路は二〇一〇年一二月に雑誌の取材に対して次のように答えている。

「油圧ショベルの作業部分の動力が油で，この油の量を調整するのがバルブです。（略）中韓勢はバルブなどを日本から買い続けざるを得ない。今のように需要が盛り上がると各国企業の取り合いになります。一方，コマツは内製しているので部品不足に陥らず，製品供給を続けられます」（『日経ビジネス』二〇一〇年一二月一三日）。

また，コマツが中国において現地協力企業を育て上げ，情報共有の仕組みを作り，信頼関係を構築してきたことも，生産量調整に寄与している。まず，信頼できる協力企業が中国に存在しない場合，在庫していない部品・原材料は中国外から調達するしかない。その分，製造のリードタイムは長くなってしまう。たとえば，日立建機の日本での協力企業は，中国における生産量の違いもあり，コマツの協力企業と比較すると中国への進出が遅れているようである（二〇一一年一二月二〇日インタビュー）。そのため、地場資本のメーカーでは対応できない部品に関しては、日本から持ってこざるをえなくなっている。

また、ＥＤＩ（electronic data interchange）等を活用して生産計画やコムトラックスからのものなどの情報共有を行っているので、企業の境界をまたいだ生産量調整がスムーズにできる。さらに、協力企業と深い信頼関係が築かれているため、すでに紹介した協力企業の発言に見られるように、需要が急伸長し、複数のメーカーに納品している協力企業の生産能力が逼迫した際には、コマツへ優先的に出荷してもらえるということもある。

6　ビジネスモデルの源流とポテンシャル

品質重視

最後に、これまで述べてきたビジネスモデルの過去および将来との関係について触れる。

人と同様に、企業においても過去の大きな経験がその後の行動に大きな影響を及ぼすことがある。コマツの建機事業に関していえば、まずキャタピラーの日本上陸に対抗する目的で行われた乾坤一擲の品質改善運動である、一九六一年からの「Ⓐ対策」があげられる。その後、Ⓐ対策の流れを受けて、アメリカ進出成功のために行われた一九七二年からの「Ⓑ対策」も大きなプロジェクトであった。これらのプロジェクトの経験はコマツのＤＮＡとなっているが、それは二〇〇六年に編纂された「コマツウェイ」によって明文化されている。ここでは中国におけるコマツのビジネスモデルのポイントとそれらの過去とのつながりを紹介していく。具体的には、①品質重視、②顧客の使用データの収集と分析、③サプライヤーとの協力関係、の三点である。

コマツの社運を賭けたⒶ対策の目的は耐久性の向上であった。当時社長であった河合良成は、自身の著書の中で次のように述べている。

「Ⓐ対策の第一の目標は、品質上キャタピラーに負けないブルドーザーをつくることであった。（略）『品質改良』といってもいろいろあるが、まず第一は、耐久性である」（河合［一九七〇］二五六頁）。

具体的には、当時三〇〇〇時間でオーバーホールが必要であったものをキャタピラーと同様の五〇〇〇時間使えるようにする、機能率（いわゆる稼働率）を九〇％以上にするなどの目標が掲げられた（コマツ二〇〇一プロジェクト委員会［二〇〇二］）。これらの目標は、まさに今日コマツが中国で実現し、競争優位につなげている点である。このプロセスで取り組まれた品質管理活動（QC）は、その後もTQCという形で発展的に継続され、デミング賞受賞にもつながった。

中国での代理店との関連で興味深いのは、たんに生産現場だけではなく、サービス部門なども含めたより広い概念として品質管理活動が捉えられている点である。製造現場だけではなくサービス部門での品質管理も重要という点は、コマツが世界に進出していく過程でさらに強く認識されることになる。輸出拡大にあたっては、「二台目以降はサービスが売る」というスローガンを掲げて、海外サービス網の強化に力を入れていった（河合［一九七〇］）。この考えは、Ⓑ対策にも受け継がれることになる。Ⓑ対策推進の一翼を担った坂根は、「これからのグローバルマーケットを考えると、『信頼性』の概念が重要で、それも商品自体の『固有の信頼性』だけではなく、プロダクトサポートの組織力による『使用の信頼性』の概念を導入すべきだ」と提案し、その考えのもとプロジェクトを進めていった（坂根［二〇〇九］九四頁）。この考えは「コマツウェイ」にも色濃く反映され、「モノ作り編」の「七つの項目」の一番目には「品質と信頼性の追求」が掲げられている。また、「お客様の現場をストップさせた時には、サービス代理店のエンジニアが最短納期で修理対応できるよう、生産工場においても、補給部品の納期対応を最優先に協力すべき」とし、もし新車の納期と補給部品の納期がバッティングしてしまった場合、補給部品のほうを優先すべきと記されている。

このような考えのもと、コマツはメンテナンス体制の構築に実際に力を入れてきた。たとえば、一九六四年に営業サービス活動の強化のため「小松営業研修所」を建設し、コマツのセールスマンはもちろんのこと、ディーラー所属のサービスマンも含めての教育を開始している。その後もディーラーに対する教育は継続され、ディーラーのサービス員をコマツが諸コースを設定して計画的に教育するとともに、各支店配属のコマツのディーラー指導員による技術講習なども行っている（小松製作所［一九七一］）。これらは、中国におけるサービス技術者に対する教育が、コマツにとって昔から行ってきた当たり前のことであるということを示唆している。また、教育以外でもディーラーに対して、設備の合理化近代化、サービスポイントの拡充などを推奨し、そのための資金も援助している（小松製作所［一九七一］）。

顧客の使用データの収集・分析・活用とサプライヤーとの協力関係

コマツの中国における成功においては、コムトラックスによる顧客の建機使用データの収集・分析・活用がさまざまな形で寄与しているが、これもⒶ対策にその源流が見られる。キャタピラーに対抗するには、それまでとはまったく異なる製品が必要であったため、直接技術者を全国の作業現場に派遣し、ユーザーの声を収集した。それらの情報の中には、耐久性をはじめとする製品性能向上のために有用な情報が無数にあった（小松製作所［一九七一］）。

このような顧客情報の収集と分析はⒷ対策でも行われた。たとえば、坂根は、ユーザーを訪ねて稼働日報を見せてもらい、補修の頻度やかかった費用を細かくチェックしていって製品改善に役立てたという。坂根は、この活動とコムトラックスは同じだと述べている。

「データさえしっかりしていれば、『何をすべきか』がおのずと浮かび上がります。（略）「Ⓑ活動」（Ⓑ対策――引用者注）は大きな成果をあげ、コマツが海外市場に飛躍するきっかけにもなりましたが、その裏側にはこうした地道なデータの収集があったのです。コムトラックスもこれと同じです。継続的なデータ収集は、競争上の優位性になるはずです」（坂根［二〇一一］一五三頁）。

また、この経験と発想は、建機が使われる現場観察の重要性も、同時に示している。技術者による現場観察という、現在中国で行われている活動にもつながっているといえるのである。現場観察の重要性は、「コマツウェイ」にも記されている。「現場主義」という柱の中で、まず「どのような問題でも、実際に自分の足で現場に行き、自分の目で現実、現物を確かめない限りは、問題を本当に理解したとはいえません」と強調している。加えて、「見える化」の重要性を指摘しながらも、それは目的ではなくあくまで問題発見を行う手段であると述べている。その上で、抽象的な表現ではなく、「データで語るよう心がけよ」と数値データの活用を促している。

中国において、サプライヤーとの協力体制は、壊れにくい製品を作るという意味でも、需要に対して柔軟に対応するという意味でも重要なのであるが、これもⒶ対策のときにすでに強調されていた。製品品質を上げるには部品品質を上げなければならないため、当時は小松会という形で組織されていた協力企業にQCへの協力依頼と技術指導が行われた。

中国においてもコマツは、部材を買いたたいたりせず適正な利益を確保できるよう協力企業と共存共栄を図っていると述べたが、その源流も日本に見られる。二〇〇七年のみどり会の対売上高営業利益率は平均で七%に達しており、コマツとともに加盟企業も利益を享受していることがわかる。これは、中国での協力企業に適正な利益を確保してもらう取組みと同根のものである。また、中国における減産時における面倒見のよさも日本譲りといえる。中国で日本から進出する協力企業に資本を注入する理由に金融機関との兼合いをあげたが、日本でもかつてコマツ幹部がみどり会経営者を同行して金融機関を訪ね歩いたという（坂根［二〇一一］）。コマツウェイの中でも、「ビジネスパートナーとの連携」として、販売代理店と並んで、ものづくりの協力企業との問題意識の共有と連携の必要性が明記されている。

ビジネスモデルのポテンシャル

最後に、コマツのビジネスモデルのポテンシャルについて述べて、本章を締めくくることとしたい。具体的には、①将来の中国におけるビジネスモデルの有効性、②中国におけるビジネスモデルがコマツ全体に与える影響、という二つの観点から考えていく。

まず、中国における有効性についてであるが、コマツが今後も中国において二〇〇〇年代後半のような成長率と高い売上げを続けることができるかという点に関しては不透明な部分がある。建機市場は、建設需要の動向に強く左右され、今後も中国において建設需要が伸びていくのかという点については現状では予測が難しい。

しかしながら、建機市場が成長するにせよ縮小するにせよ、その市場の中でコマツが競争優位を発揮していくという点については、疑いないように思われる。競争優位の源泉の一つは経営資源であり、その経営資源の模倣に時間がかかるほど競争優位は持続する。コマツが現在の競争優位の源泉としている経営資源、たとえば代理店網によるメンテナンス体制、日本と中国における協力企業、コマツ自身の技術力などは、コマツがその構築に、それぞれ相対的な長短はあっても、長い時間をかけてきたものばかりであり、競合が一朝一夕に真似できるようなものではない。加えて、ビジネスモデルの各要素が緊密に連携しており、その一部だけを真似てもうまく機能しないため、より模倣が難しくなっている。

また、コマツの中国での成功の理由としてコムトラックスが注目されることが多いが、同じ仕組みを導入すれば競合がコマツと同じことができるかといえばそうではない。コムトラックスの情報をさまざまな形で活用する組織能力こそが重要であり、この組織能力の蓄積には時間がかかると考えられる。

次に、中国におけるビジネスモデルがコマツ全体に与える影響についてであるが、これが意外と大きいように感じられる。まず、コムトラックスで収集した情報を製品開発に活かすことができる。中国の国土は広く、その環境は多様である。その中国のさまざまな環境の中で使われている建機に取り付けられているコムトラックスが、燃費やパーツごとの稼働状況などの詳細な情報を送り続けていることは、「コマツの実験室ではテストできないような多様な環境から現場実験のデータを送り続けているのに等しい」（土田［二〇一二］）。そして、そのような情報を受けて開発した建機は、他の国々においてもそれぞれ通用するものとなる。

加えて、日本をはじめとするビジネスモデルに与える影響がある。つまり、製品ではなく、ビジネスモデルそのものとしての中国の重要性である。坂根は、「中国のような巨大で成長性が高く、激烈な競争が起きている市場は、さまざまな新しいアイデアが日々生まれて現実に試されている実験場でもある」と述べている。たとえば、流通在庫ゼロという体制を作り上げたのは中国が初であり、その仕組みはアメリカなどの他市場にも広げられている（坂根［二〇一一］）。

そのような「実験場」で経験を積むことは、コマツの社員の成長にもつながる。その経験が同じような新興市場で活きるだけではなく、成熟した日本ではなかなか経験できなくなってしまった、大きな責任のある仕事を自らの力で成し遂げるという経路を通じて成長を促すと考えられるのである。

参考文献

河合良成［一九七〇］『孤軍奮闘の三十年』講談社。

コマツ・株主説明会資料、二〇〇八年一一月。

コマツ・経営説明会資料、二〇一〇年四月二七日。

コマツ・ホームページ（二〇一二年度第二・四半期説明会での質疑応答、http://www.komatsu.co.jp/CompanyInfo/ir/results/2012032q/qa.html#q2, 二〇一三年九月確認）。

小松製作所社史編纂室編［一九七一］『小松製作所五十年の歩み――略史』小松製作所。

コマツ二〇〇一プロジェクト委員会編［二〇〇二］『世界への飛躍と技術革新――コマツ八〇周年記念誌』コマツ二〇〇一プロジェクト委員会。

『財界』二〇〇九年七月七日。

坂根正弘［二〇〇九］『限りないダントツ経営への挑戦――強みを磨き弱みを改革 増補版』日科技連出版社。

坂根正弘［二〇一一］『ダントツ経営――コマツが目指す「日本国籍グローバル企業」』日本経済新聞出版社。

『週刊東洋経済』二〇一一年九月一七日。

土田憲司［二〇一二］「コマツ――逆転のシナリオ」伊丹敬之・西野和美編著『ケースブック経営戦略の論理 全面改訂版』日本経済新聞出版社。

『東亜』二〇〇四年六月。

『日経ビジネス』二〇一〇年一一月一三日、二〇一一年二月三日。

三菱東京ＵＦＪ銀行企業調査部（香港）［二〇一一］「中国建設機械業界の現状と今後の展望」産業トピックス、二〇一一年八月（香港駐在報告 HKIR.2012-27）。

山田透［二〇一一］「中国・新興国市場におけるコマツの開発戦略」『Business Research』二〇一一年一一・一二月号、一二一-一二八頁。

●注

1 日本での標準装備は二〇〇一年。

2 新車価格が一〇〇〇万~二〇〇〇万円、コムトラックスが一〇〇万円程度といわれている。

3 コマツ・ホームページに掲載されている、二〇一二年度第二・四半期説明会での質疑応答によると、同四半期における中国での利益率は、一三・五%(コマツの建設機械・車両部門全体の利益率)よりも高いという。

4 メンテナンスの話からは外れるが、これらのデータを活かして自然に顧客に新しい製品を売り込むこともできる。

第4章 ダイキン工業

空調文化を伝え、人基軸を貫く

西野 和美

1 中国事業の概要

ダイキン工業の概要

ダイキン工業は、エアコンのような空調製品が事業の基幹をなす企業である。現在、ダイキン工業全体としての売上高（二〇一二年三月期）は一兆二一八七億円であり、その中で空調・冷凍機事業の売上高は全体の八五％を占める一兆四一四億円、営業利益率は五・八％となっている。

中国での売上高は全体の一八％ほどの一八七五億円であるが、その大部分がやはり空調事業によるものである。中国での売上高は、とくに二〇〇五年ごろから急速に伸びており、〇六年度には七一二億円の売上高であったのと比べると、六年間でじつに三倍近くの規模となった（図4-1も参照）。また、利益率も比較的高く好調である。井上礼之会長への『日経情報ストラテジー』のインタビュー記事によれ

図 4-1　ダイキン工業の地域別売上高

（単位：億円）

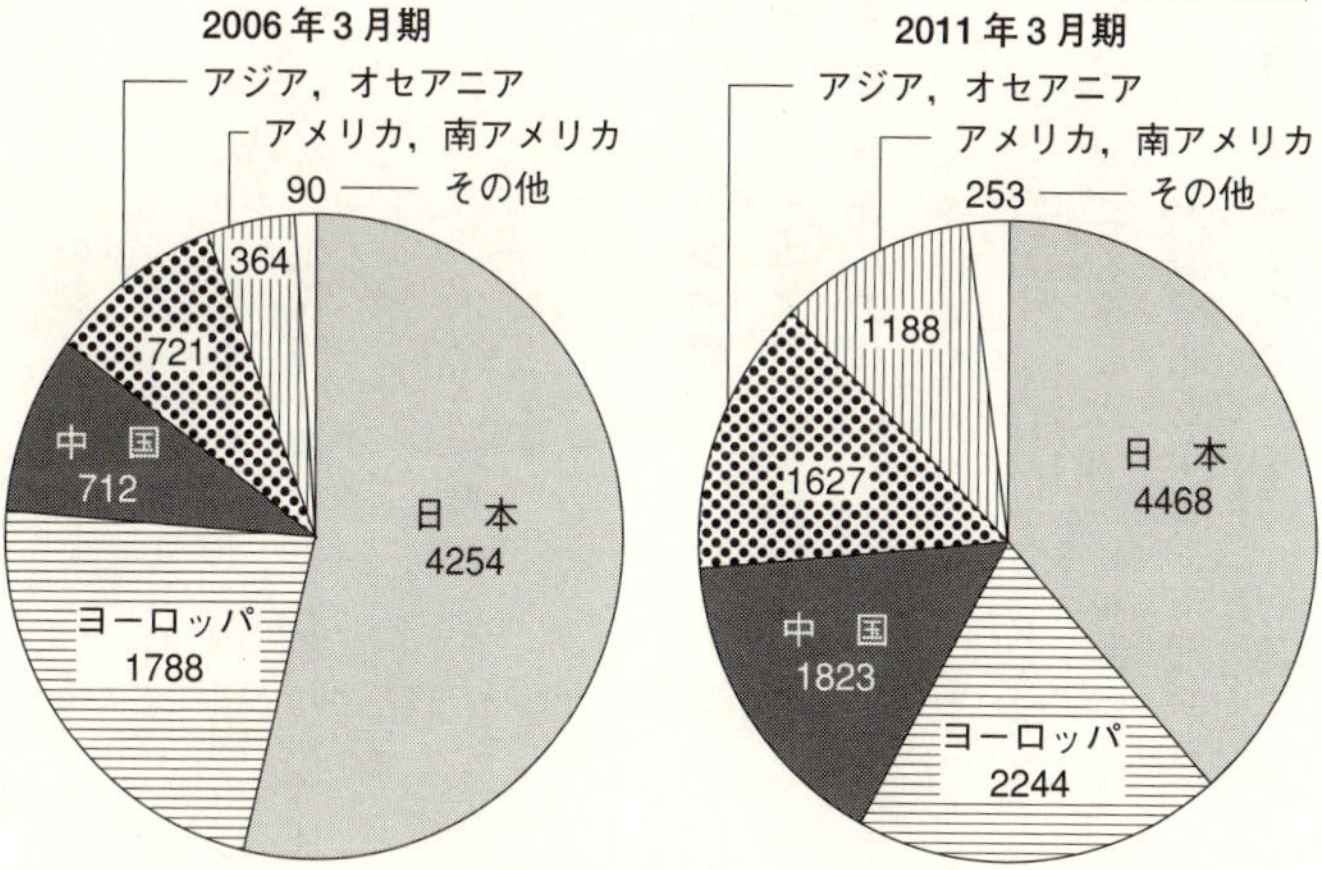

（出所）『日経ビジネス』2011 年 7 月 11 日。

ば、中国の空調事業はこれまで、じつに二〇％以上の営業利益率を上げてきたという（『日経情報ストラテジー』二〇一一年一月）。

中国へは一九九五年に本格進出し、二〇〇一年には北京に中国での統括会社となる大金（中国）投資有限公司（以下、大金中国）を、ダイキン工業が全額出資する形で設立した。[1] 同国でも、業務用では、パッケージタイプ[2]から、マルチタイプ[3]、天井埋込みカセットタイプ[4]など、幅広いタイプのエアコンを扱っている。

家庭用についても、一般に家電量販店で販売されているような壁掛けタイプのルームエアコンのみならず、マルチタイプ、そして二〇一一年からは床暖房・給湯・空調をセットにしたヒートポンプ式温水暖房システムなど、多様な製品ラインナップとなっており、業務用と合わせると約一二〇〇種類にも上るという。[5] 後述のように、中国の大手空調機器メーカーである珠海格力電器有限公司と業務提携が行われた結果、二〇〇九年より高効率で低価格のインバータエアコンの生産ができるようになり、ボリュームゾーン向けへの製品も販売している。

中国における空調事業に関していえば、近年の日本メーカーは総じて苦しい闘いを強いられている。しかし、その中でダイキン工業は、中国市場での業務用エアコン、そして二〇一〇年ごろからは家庭用エアコンでも、比較的好調であるという。ビル用では中国で五〇％以上のシェアを獲得してきたといわれている（『プレジデント』二〇一〇年七月一九日）。家庭用ルームエアコンも二〇〇九年ごろより中価格帯に進出し、一一年には販売台数が六〇万台に達する見込みであるという（『日経情報ストラテジー』二〇一二年一月）。

中国のエアコン市場

中国では近年エアコンが急速に普及しており、現在では世界最大の需要地となっている。日本冷凍空調工業会の調査によれば、二〇一一年のエアコンの世界全体の需要のうち、中国が三七三五万台と、その四〇・八％を占めている。そのうち、ルームエアコン（ウィンド型と小型のセパレート型、家庭用マルチエアコン）が三四八五万台、パッケージエアコン（ルームエアコン以外）が二五〇万台となっている。

急速な発展による最先端のビル群の出現、とりわけ一九九八年に中国の不動産市場が開放されてからというもの、上海や北京など都市部から広がった商業ビルやマンションの建築ラッシュは、瞬く間にエアコン需要を莫大な数に引き上げることにも貢献した。現在も需要の伸びは大きく、二〇一一年の世界全体の需要の伸びが七・八％であるのに対し、中国は一四・二％もの伸びを示している。[6] エアコンメーカーにとって、中国が大変重要な市場であることは間違いないであろう。

そうしたこともあって、中国のエアコン市場には現在、手強い競争相手がひしめき合っている。たとえば業務用エアコン市場では、アメリカのキャリア社、ヨーク社など、一カ所で空調の集中管理を行うセントラルタイプを製品ラインナップの中心とするメーカーが、以前から力を持っていた。

商業ビルの場合、セントラルタイプであれば一棟まるごと一つの空調システムとなるが、一つのビルにオフィスやレストランなど商業施設が混在し、使用（営業）時間がまちまちである場合には、いっせいに冷暖房を切るとトラブルが生じる恐れがある。そのため、最近ではダイキン工業が得意とする個別運転マルチタイプ[7]が勢力を拡大しているが、空調方式の選択も含めて、いかに施工主や設計士に自社のシステムや製品を選択してもらうかが競争する上での鍵となっている。

一方、家庭用エアコン市場は、かつては日本メーカーが数多く参入しローカルメーカーと激しい競争を繰り広げた時期もあったものの、近年ではローカルメーカーが力をつけ、美的、格力、ハイアールなどがシェアを伸ばしている。こうしたルームエアコンは、販売店のほか、都市部では日本と同様、国美電器や蘇寧電器などといった家電量販店でも販売されている。このように中国国内メーカーの安価なルームエアコンが台頭したことで、高機能・高品質だが相対的に価格の高い日本メーカーが苦境に立たされるという構図となっているのである。

中国への進出

順調に成長を続け、二〇一〇年度からは中国での空調事業の売上高を三年連続で増収し続けているダイキン工業であるが、じつは中国に進出するのは日本の空調メーカーの中では遅いほうであった。

一九九〇年代、日本の家電メーカーなどは次々と中国での空調事業を立ち上げていった。しかしながらそれらの日本メーカーは、中国企業との合弁や技術提携のあり方、そして日本とは異なる商習慣など、さまざまな問題に直面することとなった。そのような中、ダイキン工業は一九九三年三月に中国進出を常務会で議論したが、決定には至らず引き続き議論が続いたという。中国進出が最終的に決定したのは、一九九四年六月に前出の井上が社長に就任してから一年後の、九五年のことであった。

当時、ダイキン工業のグローバル展開としては、中国が最も遅れている状況であったという。リスクの大きさも十分に勘案しつつ、しかしそれ以上に、グローバル化の時代が到来するという見通しが確かなものとなった中で、国内外で同時に空調事業を展開していく必要性を強く感じていたことが、中国への本格進出を後押ししたのではないかと考えられる。

一九九五年一一月、ダイキン工業はミシンメーカーである上海協昌を合弁相手として、上海大金協昌空調有限公司（以下、上海大金）を設立し、上海を中心に進出した。合弁相手がミシンメーカーとなったのは、日本メーカーの中では後発であったため、同業種のメーカーがなかなか見つからなかったという背景もあったようである。この合弁は、業種が違うために直接相手企業の技術や販売網を使えはしなかったが、一方で非常に信頼できる企業であり、生産や販売などをダイキン工業に任せてくれるというメリットもあったという。

こうして中国は、ダイキン工業としては空調ではベルギー、タイに続く三つ目の海外生産拠点となったが、この中国進出は当初はきわめて慎重ともいえるものであったようだ。というのも、合弁会社の設立後、まずは生産準備や人材育成、そして基本戦略の策定と販売ルートの開拓などといった中国事業の準備を行い、合弁での生産が開始されたのは、一年以上が経過した一九九七年三月だったのである。

このような準備期間を経て、中国市場におけるダイキン工業のビジネスモデルはでき上がっていった。

2 ビジネスモデルの構築

中国事業の成功要因

ダイキン工業が、日本メーカーの中では後発ながら中国で順調に業績を伸ばすことができたのは、参入当初から、中国では新機能かつ高品質の製品を、顧客がきちんと理解し安心して購入および使用のできるよう、徹底した努力をしていたからだと考えられる。

ダイキン工業は、中国での事業においても顧客に直接機能を説明するなど、顧客との間で活発なコミュニケーションがとれるようなインターフェイスを構築している。広大な中国市場で、日本製品の機能の高さをいかに顧客に理解してもらうかは、大変重要ではあるが難しい課題でもある。中国市場は広大であるが、ダイキン工業では逆に顧客一人一人ときちんとコミュニケーションをとり、製品をきちんと理解した上で購入してもらい、その後も製品に満足し続けてもらえるような仕組みを作っているように見受けられる。このインターフェイスの作り方こそが、継続的に利益を出しつつ、売上高を増加させていく秘訣にもなっている。

ダイキン工業の現在の中国事業のビジネスモデルは図4-2の通りとなる。大金中国はエアコン事業

図 4-2　ダイキン工業の中国事業のビジネスモデル

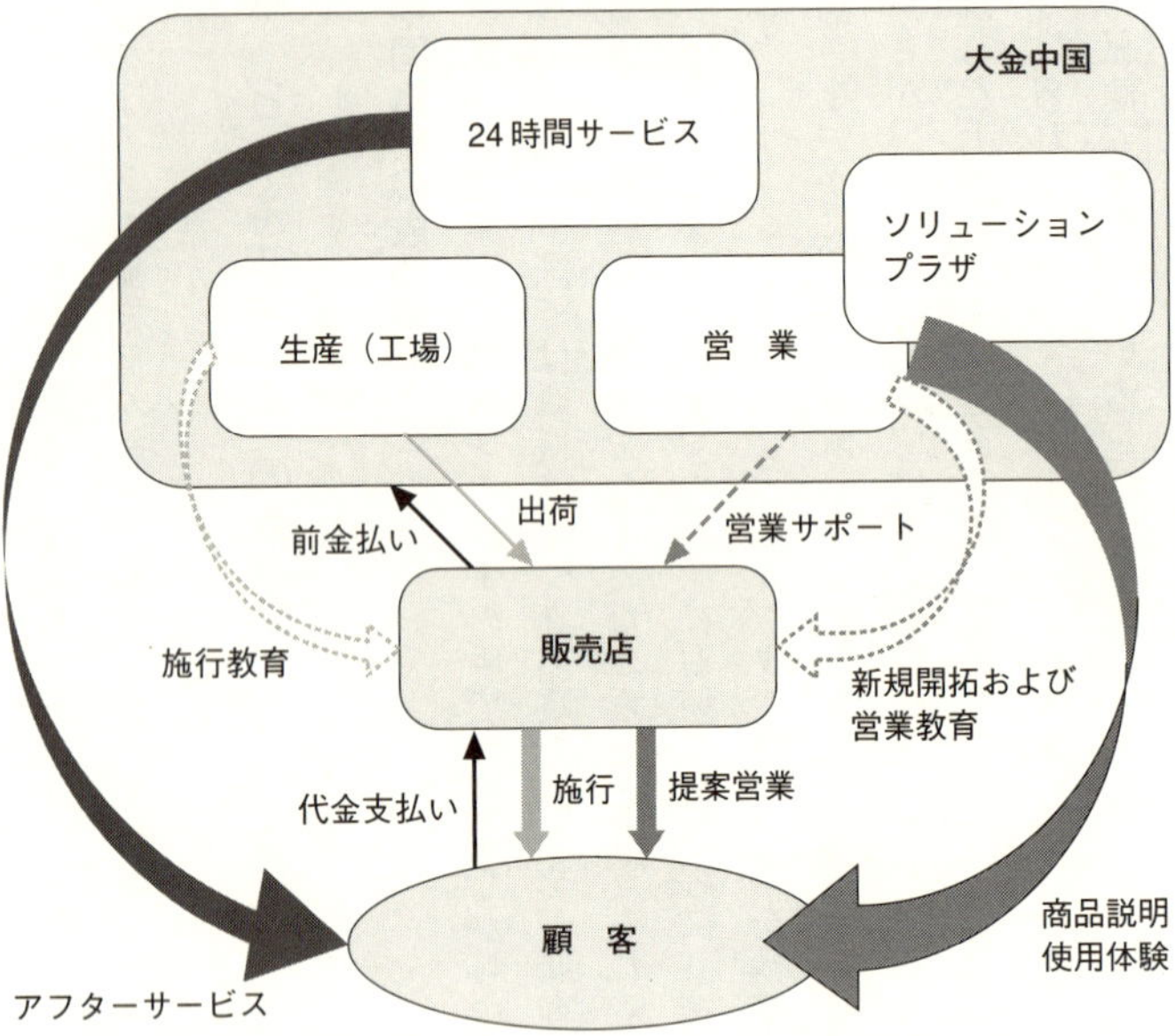

に関して、大別すると営業、生産、アフターサービスの三機能を持っている。営業や出荷は基本的に販売店を通しているが、顧客とダイキン工業との直接的なコミュニケーションを重視すると同時に、きちんと販売代金を確保し、ダイキン工業、販売店の双方が利益を確保できるような工夫をしているところが特徴的である。そして、製品の先進性とともに、アフターサービスを含めたコミュニケーションの質のよさが顧客のダイキンへのロイヤルティを高めるとともに、顧客間での口コミをも誘発させて、ダイキン製品の認知やブランド価値の向上にもつながっていったと考えられる。

　こうした顧客とのインターフェイス重視のビジネスモデルは、基本的には日本で築き上げてきたものと同様であるし、その構築の過程はやはりかつて日本で行ってきたやり方を踏襲するものであったと考えられるのである。

高品質で高い信頼を

ビジネスモデル構築のためには、まずターゲット顧客と提供する価値を明確にすることが肝要であるが、ダイキン工業の場合も、参入時にはそれが大きな課題であったという。

ダイキン工業が中国市場に参入したころには、中国の業務用空調といえばセントラルタイプか、さもなくば家庭用エアコンを複数台設置したり、床置き型の大きなエアコンを壁際に置いたりするような状況であった。上海の中心部でも、大きな床置き型エアコンが飲食店の一番奥に鎮座しているのが当たり前の光景だった。ダイキン工業が日本で展開しているようなマルチタイプやパッケージタイプといったエアコンは、中国国内ではまだ見られなかった。

一方、すでにエアコンで中国市場に参入していた日本メーカーは、主に家庭用壁掛けエアコンを扱っていた。家庭用エアコンの需要は伸びていたものの、それらのメーカーはローカルメーカーとの激しい競争にさらされていた。ローカルメーカーは圧倒的な低価格で、市場を席巻していたからである。

ダイキン工業は誰をターゲットとして、どんな製品を投入すべきか。中国事業を本格的に始動させるにあたり、社員たちはまず上海の街を徹底的に歩いて何が求められているかを考えたという。飲食店を覗くと、どこも大きな床置き型エアコンが一番奥の真ん中を占拠しているせいで、店の面積を狭めている。もしあれがなくなれば、もっとテーブルを置いて客を呼べるはずだから店側も喜ぶだろう。そもそもダイキン工業は床置き型ではなく、天井にはめ込むカセット型エアコンで成長した会社である。中国でもそれでいこう、ということになった。

井上社長（当時）も、その方針を了承した。業務用エアコンが普及する通常のパターンは、床置き型から、壁掛け型、天井吊り型、そして天井埋込み型のパッケージタイプ、の順である。しかし中国では、携帯電話やパソコンのように、途中の段階を一気に飛び越して最新機種が普及する傾向があると考えたのである。

ダイキン工業は、中国市場参入にあたり、あえてエアコンのボリュームゾーンである家庭用エアコンへは向かわず、業務用エアコンに特化し、その中でも最新式を求めるような顧客をターゲットにしようということになった。日本でも先端となる業務用エアコンを中国市場に投入し、価格で勝負するのではなく、新しい機能と高い品質で勝負しようとしたのである。

「現地の社員たちも『先行している他社と同じ失敗をしたら、遅れて進出した意味がない。それなら来ないほうがよかった。せっかく来たのだからダイキンらしく戦おう。全く違う大きな夢にかけてみよう。天井文化を作り出そう』という威勢のよい声が上がり、『よし、その意気で行こう』となったわけです」（井上［二〇一一］六二－六三頁）。

こうしてダイキン工業では、中国市場でもその高い品質を評価されるようなブランドを目指すことにした。幸いなことに、新しいものが好きであるとか、よいものであればぜひ購入したいと考える顧客層はすでに存在しており、そういった顧客層に受け入れられていくことで、ダイキン（大金）エアコンの存在が広く知られるようになっていったようである。

利益が確保できる仕組み作り

上海大金が中国で売り出そうとした業務用エアコンは、しかしながら、日本でも最新の製品であるがゆえに当時の中国では馴染みのないものであった。そのため顧客にそのよさを理解してもらい販売につなげていくのは大変根気がいり、難しいことであろうと考えられた。上海大金としては、機能の高さや品質のよさを顧客に伝えるのはもちろんのこと、業務用エアコンは物件ごとに設計や施工など仕様をカスタマイズする必要があるので、それにきちんと対応できるだけの知識と技術、熱意が必要であった。かたや、支払いに関しては「契約時に三分の一、試運転をして三分の一、あとは一年様子を見てから」という商習慣もあるといわれている中国ビジネスでは、当時、売掛金の回収をきちんと行うことが難しかった。そのため、メーカーと顧客の間に卸などの業者をいくつも入れたら、代金の回収がより困難になると思われた。先行した日本メーカーの中には、既存の空調機器代理店と契約して流通拠点の拡大を狙った企業もあったが、中国特有の商習慣のため売掛金がうまく回収できなかったり、気づいたら代理店に在庫が山のように積み上がっていたりなど、さまざまなトラブルに見舞われるところもあった。

こうした中国の現状を目の当たりにした上海大金の社員たちは、中国ではあえて既存の代理店や卸業者は通さず、販売店での直販方式をとることとした。そして、その販売店も、一から開拓して増やしていくという道を選んだ。また、ただ販売数量を増やすことよりも、まずはきちんと利益を上げることに注力しようと、事業に取り組んだという。

販売店の経営者を募集するにあたっては、彼らの前職にはとくにこだわらなかった。販売店募集のため、初年度は中国各地で五〇〇回もの説明会を開催したが、口コミなどを通じて別業種から応募してくる人が多かったようだ。多くは、新しいビジネスチャンスに強い関心を示して集まってきた人々だった。親戚中から資金をかき集めてきた人も少なからずいたという。

ところが、審査に通っていったん販売を開始したとしても、すべてが販売店になれるわけではなかった。販売店として認定される前に、取扱店（育成店）として営業の仕方等を教育される段階がある。教えられたことを守って営業活動を行い、きちんと売上げを上げられるようになってようやく販売店となれるのである。

こうした準備段階を経ないとダイキンエアコンの正規販売店として独り立ちさせない、ということは、販売拠点拡大という点からすれば不便なやり方であったが、上海大金の経営陣は、日本と同様にダイキンエアコンの商品知識とその売り方を熟知した人たちを育てることを優先させた。そのため初期はなかなか販売店の数が増えず、二〇〇二年でも中国国内に五〇〇店もなかったという。

また、確実な利益確保の実践のため、上海大金では「値引きしない」「購入代金は前払い」といった方針を販売店に浸透させようとした。当時、このような決まりではビジネスをやっていくのは厳しいといわれる可能性も高かったが、値引きをしない代わりに一定の利幅がとれることを販売店に約束することで、徐々に理解を得ていった。さらに直販であることから、余分な手数料等もとられないため、販売数が増えるにつれて徐々に利益を上げることができるようになっていった。

上海大金では、販売店に対して後述のようにいろいろな支援をしながら、商品が売れれば確実に利益が確保できることをきちんと証明し続けた。そうすることで販売店からの信用を獲得し、販売店のモチベーションを向上させることを目指したのである。

上海大金は、規模の拡大には慎重であったが、このように利益が出る体制を作ったおかげで一九九八年には単年度黒字を達成し、九九年には累積損失を一掃するまでになったといわれている（『日経ビジネス』二〇〇三年三月一七日）。

経営の一元化

二〇〇〇年に入り、ダイキン工業は大きな手を打った。統括会社の設立である。二〇〇〇年時点で中国国内に空調と化学を合わせて五つの生産拠点と一八の販売拠点を設立していたが、営業活動等に大きな制約が課されるようになってきていた。そのため、中国での親会社となる大金（中国）投資有限公司（大金中国）を、前述の通り、ダイキン工業が全額出資する形で二〇〇一年九月に北京に設立した。

統括会社とは、中国における投資会社（親会社）であり、その投資先企業（傘下会社）のためにさまざまな行為を行う権利を中国政府から特別に与えられる会社である。中国では「投資性公司」と呼ばれている。具体的には、傘下企業の配当を原資に再投資できる投資機能と、同傘下企業の製品の仕入れ、販売、アフターサービス、物流業務、原材料の共同仕入れ、販売促進、人事管理・教育、法務・知的財産管理、財務・監査業務に加えて、親会社としての広報活動、情報収集、中国政府との交渉や、製品の輸出等の統括機能を有する。

したがって大金中国は、傘下となる中国国内の各合弁会社と資本関係を持つとともに、それら合弁子会社が生産する空調機器や化学製品を中国全土に向けて販売することが可能となった。販売会社を統括会社に集約することで、各拠点の横の連携を可能にさせ、全国的な販売促進活動を行うこともできるようになった。さらには、空調・化学を問わず各合弁会社で得られた利益を他の合弁会社に回すとか、人事交流を行うなどといった、中国国内での経営資源の配分をより効率的に行うことができるようになり、ダイキン工業の中国事業の経営の一元化がよりしやすくなった。こういったことで、合弁相手や地域の違いによって、中国での戦略がぶれたり、サービスの程度が異なったりすることを極力避けようとしたのである。

中国はたんに広大であるというだけでなく、進出した地域によって地方政府の方針も違い、規制や政策も頻繁に変わるため、進出企業として一元的な経営を行うことがそもそも難しい国である。こうした事情を踏まえつつも、ダイキンエアコンの販売とサービス、そしてさまざまな販売促進活動を通じて中国国内にダイキンブランドを浸透させ価値を高めていくためには、一つのビジネスモデルで一気通貫させ、どこでも同じ品質の製品とサービスを提供できるような仕組みが必要であった。それが統括会社の設立につながったと考えられる。

3 顧客とのインターフェイス

提案営業

ダイキン工業は、ターゲットとなる顧客一人一人とのコミュニケーションを重視し、顧客とのインターフェイスを手厚くするようなビジネスモデルの構築を中国でも行ったが、その基軸ともなる顧客への営業の仕方も、ダイキン工業が日本で行ってきたやり方を踏襲した。それが「提案営業」である。

提案営業とは、販売店（空調プロ店、と彼らは呼んでいる）とメーカー側が一体となった「オーナーダイレクト・ソリューション営業」であるという。それは、販売店自らが機器や配管等システム設計の図面を描き書類を作成して、直接、顧客（施工主や設計士）に対して提案のできるような営業スタイルのことである。

そのため、まず販売店には、空調システムの提案書作りの方法を、研修などを通じて徹底的に学んでもらった。そして、物件ごとに一緒に顧客を訪問し提案する過程で、ダイキンエアコンを選んでもらうためにはどうしたらよいか、顧客に満足してもらうにはどうしたらよいか、一緒に考えたという。販売店の営業人材の育成については、研修に加えて実践をも重視したようである。

営業活動においては、上海大金（その後、大金中国）の営業部隊がまず新規顧客を探してきて、販売店に紹介するというような工夫も行った。販売店側には、上海大金が顧客まで紹介してくれるし、一定の利幅も約束してくれるということから、上海大金への信頼が生まれた。反対に上海大金側には、探してきた顧客と販売店との間に介在することによって、販売店がエアコンをきちんとした形で提案できているか、施工までの一連のやり取りが滞りなく進んでいるかなど、両者の取引プロセスをチェックできる効果があったようである。

一方、顧客となる施工主や設計士は、提案されたエアコンがいったいどのようなものか、最新式であるがゆえによくわからないことが多かった。そのため、製品機能はもちろんのこと、設置のメリットや設計や間取り等にどのように影響するのかなど、上海大金が直接そういった潜在顧客に向けた商品の説明会を頻繁に開催することで、潜在顧客のダイキンエアコンへの認知度を高めようとするとともに、提案営業のサポートを行った。

これらを滞りなく行っていくためには、上海大金としてもまず優秀な中国人の営業マンを少しでも多く育てることが急務であった。販売自体は販売店に任せるとしても、新規顧客の獲得は上海大金の営業部隊が率先して行う必要があり、販売店の人材教育も当然のことながら彼らの仕事であったからである。

そのため本社に依頼して、日本から第一線で活躍している営業マンを派遣してもらい、中国人の営業マンにつきっきりで指導することで育成を図った。どうやって建築案件を探してきて新規の顧客にアプローチするのか、どのように販売店と一緒に顧客へ説明を行うのかのみならず、どのような態度で顧客に接するのか、どのような説明をすると顧客が納得してくれるのかなど、通訳は随行させたものの、直接の行動を通じて事細かに営業のノウハウを中国人の営業マンに伝えたのである。

あえて日本でもトップの成績を持つ営業マンが中国に行き、日本で行ってきたやり方そのままを中国でも実践する。中国人の営業マンは、その姿を見て理解し、自分のものとすることによって成長する。営業人材の育成としては手間と時間のかかるやり方かもしれなかったが、ダイキン工業の営業のやり方を中国でも根づかせようとしたのである。こうした人材育成はダイキン工業特有の「べたつき」営業という方法で、現場で直接営業のノウハウを伝えるものなのだが、これを中国でも日本同様に行ったといわれている。

こうして鍛え上げられた中国人営業マンは順次、マネージャーとして後進の指導や育成にあたった。

これにもまた、実践でやり方を見せながら指導するという方法をとったようである。このように、ダイキン流で徹底教育された営業マンを徐々にではあるが増やしていき、上海大金の営業部隊を増強するとともに、販売店の営業人材の育成も行っていったのである。こうした急速に人員数の増大は望めないやり方をとったのも、営業人材をきちんと育てていくことを第一としたからであると考えられる。

二四時間サービス

同時に上海大金が力を入れたのは、アフターサービス体制の整備である。参入時には中国ではまだサービスという概念が浸透しておらず、いったん買った製品に対する保証とかアフターサービスということへの理解はなかなかなされなかったが、上海大金では参入のわずか二年後である一九九七年から、「二四時間サービス」を開始していた。

これは、空調機器に何かトラブルがあった際に、GPSで最寄りのサービス部隊が連絡を受け、現場へ直ちに駆けつけるというものであり、業界初であった。このようなアフターサービス体制を中国で構築することに対しては、当時同業他社からも無謀なことと思われたという。しかし上海大金としては、高品質を実感してもらうためには中国国民にまだ馴染みのないアフターサービスを早く充実させることが重要であると考えたようである。

このアフターサービス事業は、大金中国設立後の二〇〇三年には業界ではじめて独資サービス会社として中国政府から認可を受け、華北、華東、華南の三社が設立された。これまで上海大金に集約していたサービス体制を、さらに大きく展開させようとしたものと考えられる。このアフターサービス事業においてもダイキン工業は、日本でのアフターサービスのノウハウを全面的に移転し、中国の顧客に対しても二四時間・三六五日、日本と同様のサービスを提供している[8]。ただし中国では、業界初ということで他社の空調製品の故障修理等の依頼も多く寄せられたことから、他社製品に対してもサービスメンテナンスを行う認可を取得している。

井上会長も著書の中で次のように述べている。

「中国では通常は売った機械が故障しても顧客側の責任になることが多いのですが、『メーカー側が責任を持ちます』という方針を打ち出し、自前のサービスを強化しています。サービス会社を三社、作ったのはそのためです。保守・メンテナンス・サービスというソリューション・ビジネスで稼いでいくことにしたのです」（井上［二〇一一］六六頁）。

また現在は、いざというときの二四時間サービス体制のほかにも、施工を含めたトータル品質の保証ということで、品質検査を五回にわたって行うというサービスも提供している。施工中はもとより、施工後にも定期的に検査を行うことで、エアコンの品質を保証するというものである。工場でも、中国国内から調達した部品はすべて、受入れ時に品質チェックされる。そのため、工場従業員における検査部門の人員の割合は、日本では約五％である一方で、中国では約二五％に上るという。

これらのサービスや徹底的な品質管理の効果もあってダイキンブランドの価値は向上し、先進技術には金を惜しまず高価な買い物でも支払いの確かな優良顧客を、次々と獲得していった。二〇〇二年の利用分野別でのダイキンエアコンのシェアは、小型機の多い個人事務所や店舗のシェアが四%程度である一方で、官公庁二四%、学校二一%、通信基地二〇%、銀行証券四〇%、チェーンストア二四%であった（『日経ビジネス』二〇〇三年三月一七日）。

上海や北京など大都市では、この時期に近代的なビルが次々と建設されたが、その中にダイキンエアコンが徐々にではあるが設置されるようになっていった。上海の繁華街のビルにダイキンエアコンが設置されたときには、その設備の先進性から、新しもの好きな人々の間に口コミで「大金」ブランドが広がったという。高価格のため急速に普及することはなかったが、高価格だが手厚いサービスが受けられるがゆえ、ダイキンエアコンを設置することが一種のステータスと感じられるようになってきたようだったのである。

加えて、中国都市部での急激な開発と二〇〇二年ごろからの著しいマンション建設ブームも、中国事業の展開に追い風となった。不動産投資が急速に増大したのである。そこでダイキン工業は、業務用のパッケージタイプやマルチタイプから、一般向けの家庭用マルチタイプへと、顧客層と扱う製品のラインナップを一気に拡大することとなった。

ソリューションプラザ

こうした状況下で新しい試みとしてなされたのが、体験型のショールームであるソリューションプラザの開設であった。最初のソリューションプラザは二〇〇四年秋に北京に開設されたが、きっかけは北京の中国人社員からの提案だったという。新しい空調機器のよさなどを体感してもらうため、彼らは営業活動の一環として北京から製造拠点である上海工場に顧客をわざわざ連れていき現物やその製造工程を見学してもらっていたのだが、それはさすがに遠い、という理由であった。

そこで北京の中心地に小さいながらもソリューションプラザをオープンさせたのが大変好評であったため、翌二〇〇五年春にはさらに大規模なものを上海にも開設した。それは上海の目抜き通りである准海路沿いのビルにあり、総面積一八〇〇平米でダイキン工業としても最大規模の常設ショールームであった。場所の選定や展示内容については、中国人社員たちが中心となって意見を出したという。

このソリューションプラザでは、中国での最新主力商品が展示され、大型ビル用の空調システムから住宅用省エネ空調機まで、あらゆる商品を一覧することができるようになっている。さらに、はじめての試みとして、四〇名のセールスエンジニアを常駐させ、空調機と省エネの関係や空調の快適性にかかわる技術などについて来場者に理解を深めてもらい、最新の空調システム導入につなげられるよう専門的なアドバイスを行えるようにしたことも、特徴的である。

ここは、販売店がビルの施工主や設計士など顧客を連れてきて、実物を見ながら商談を進める場として用いられるほかに、マンション建設ブームに乗って富裕層向けに家庭用マルチタイプの販売を始めたこともあり、一般の顧客が気軽に最新の空調を体感できる場としても活用された。インバータ技術の解説から、業務用の最新モデルの室内機・室外機およびそのシステムの展示など、製品の陳列にとどまらず、最新の空調技術が顧客に理解され、またそれを体験できるように、模型などを使ってわかりやすく展示・説明されている。

一般に、中国での家庭用エアコンの購入は、日本の場合と少し事情が異なっている。たとえば、マンションは契約者へスケルトン状態で引き渡されるため、家庭用エアコンは各戸の契約者がそれぞれ購入をして、販売店等がその施工を行うこととなる。こうした中、とりわけ一つの室外機で複数台のエアコンを設置できる家庭用マルチタイプは、施工工事が大がかりで富裕層向けの商品であるため、彼らへの直接的なアピールはとても重要であった。

ソリューションプラザの開設は、ダイキンエアコンの販売促進に大いに貢献したようである。それは業務用のみならず、家庭用に対してもインパクトは大きかった。たとえば家庭用マルチタイプは、二〇〇三年に販売開始したものの当初あまり売れなかったという。しかし、ソリューションプラザの開設以降、その特徴とよさを直接伝える営業活動を行ったところ、二〇〇五年には約一五万台売れたという。ソリューションプラザでは、室内機を埋め込んですっきりとした天井のもとでくつろげるようにしたり、床暖房の販売開始後は床暖房も一通り揃ったリビングでその暖かさを実感できるようにしたりした。また、ダイキンエアコンを組み入れた設計コンテストを行い、優秀作品として富裕層の自宅の写真を掲示したりするなど、生活シーンを具体的にイメージできるような展示方法にしたことも、裕福な人々への販売促進につながったようである。

こうした工夫によって、説明だけではわかりにくかったダイキンエアコンの機能や先進性を、業務用・家庭用いずれについてもその顧客となる人々へよりわかりやすく伝えることができるようになったとともに、より親しみのあるブランドとして感じてもらえるようにもなっていったのだと考えられる。

4　ビジネスシステムの工夫

流れのコントロールの強化

ダイキン工業は顧客とのインターフェイスを重視し、販売店や二四時間サービス、ソリューションプラザなどを自力で構築し、顧客への提案やサービス対応、商品の魅力の訴求などに直接関与してきた。そして、その背後のビジネスシステムについても、生産から流通まで、システム全体として日本よりもさらにコントロールを強くしようとしているように見受けられる。二〇〇一年の統括会社の設立や、〇三年の独資のサービス会社三社の設立、これらはまさに、中国事業におけるモノやカネ、そして情報の流れすべてを、大金中国自らがトータルにコントロールできるようにしようとするものであったと思われる。

空調機器についても、生産から販売までのモノやカネ、情報の流れを大金中国が一貫してコントロールできるようにしている。販売店においても「値引きしない」「購入代金は前払い」が徹底されているので、商品や代金の流れがきちんと把握できるようになっている。また、顧客とのインターフェイスにおいて得られたニーズ情報等は、大金中国でもきちんと把握され、日本にはない鮮やかなゴールドやレッドの家庭用エアコンなどの新製品開発や、ソリューションプラザでの展示方法の工夫に反映されている。アフターサービスも大金中国の完全子会社が行うので、そこで蓄積された情報は外部に漏れることなく、開発や生産の現場にフィードバックされている。

また、川上となる研究開発においても、二〇一〇年には上海工場敷地内にR&Dセンターを設立している。

エアコンの生産体制

こうしたビジネスシステムの中でも、生産が担う役割は大きい。ダイキン工業は、中国での生産では、たんに人件費が下がることによるメリットを享受するにとどまらず、製造工程や原材料調達などにおいてさまざまな工夫を積極的に行うことで、トータルでのコストダウンを実現しているようである。

ダイキン工業は、一九九七年から上海でエアコンの生産を開始した[9]。ここで製造されるエアコン用の電子部品は、半分以上が日本からの輸入である。しかしながら、コンプレッサー（圧縮機）、モーター、プリント基板の八割は中国で作られているという。コンプレッサーは後述のように蘇州工場での自社生産であるが、冷媒制御の技術（インバータ技術）は日本で開発され、ソフトウェアとして基盤に落とし込まれていると見られる。

上海工場では、日本の工場で分散していたラインを集約することで、効率化が図られている。日本においては堺（金岡）工場や滋賀工場に設置されているラインを上海工場では一カ所にまとめることで、業務用エアコンをより早く生産することを可能にしているのである。

また、このラインでは日本と同様に混流生産が可能で、一つのラインで複数の商品の生産ができる。とりわけ業務用エアコンは、さまざまな建築物や条件に適合できるように多品種展開をしているので、効率化を図って上海工場にも同様のラインが入っている。そのため従業員も多能工としての訓練を受けている。業務用エアコンは、電子部品が品種に応じて異なりそれらの入手に時間がかかることもあって、注文を受けてから施工までに早くても三カ月かかるが、実際に受注してから取付工事をするまでにはビル等の建物の建設を待たなければならないこともあるので、さほど大きな問題にはならないという。

そして、ダイキンエアコンが高品質であるためには生産時の徹底した品質追求が不可欠である。操業当初より、塵一つない環境での生産を実現させるよう、工場長をはじめとする人々によって絶え間なく努力が払われてきた。徹底した品質管理を行うことで、現在では日本工場よりもクレームが少ないといわれるレベルにまで品質を向上させている。

加えて、エアコンの施工（機器設置、配管などの工事）も重要であるため、上海工場の敷地内に施工のトレーニング施設を作り、施工する人材の育成も行っている。それというのも、エアコンの品質は工場で完成する空調機器としての品質のみで決まるものではなく、施工の質もトータルの品質に大きな影響を及ぼすからである。せっかく最先端のエアコンを購入してもらっても、取り付け方が悪かったり、見えないからと安物の管を使ったり、配管工事に手抜きがあったりすれば、後々のトラブルのもととなる。ダイキンエアコンが高品質であるためには、施工技術の高さと信頼性も不可欠である。そのため各販売店から施工担当者を派遣してもらい、研修によってダイキンのエアコン施工技術を身につけてもらっているという。

コンプレッサーの生産体制

生産における効率化は、エアコンのみならずコンプレッサーについても同様である。さらには、原材料コストの低減に関してもさまざまな工夫が行われているようである。

コンプレッサーは、二〇〇三年一一月に大金中国の傘下企業として設立された大金機電設備（蘇州）有限公司のもとで、〇四年九月より蘇州工場にて生産されている。蘇州工場の従業員は、二〇一一年には約二〇〇〇名、うち日本人は四名である。製造しているコンプレッサーは、家庭用エアコンやマルチタイプ用のスイングタイプと呼ばれるもののほかに、スクロールタイプ、スクリュータイプである。

蘇州工場設立時より、サプライヤーとして現地の企業、それも腕のよい職人のいる企業を探しては採用していたといわれている。蘇州市の周辺には、すでにそのような地場の部品企業があったからである。規模が小さくても腕のよい職人のいる企業でやる気のあるところを探しては、サプライヤーとして「育てる」ことを行った。サプライヤーに対しては、モノを納入してもらい、検査してから代金を支払うという契約にしているため、やる気のあるところであれば零細企業でも入ってこられるようにしている。

加えて、日本ではサプライヤーが優秀であるのでパーツを完成品として納入してもらっているが、中国では品質管理の観点からそのような調達はせず、工場で内製化を進めているようである。そのためにはさまざまな原材料の調達を自ら行う必要があったのだが、最初は現地の鋼板等が規格に合わず使用できなかったために、中国企業にスペックがダイキン仕様に合うようにオーダーしていた。しかしそれではコストがかかる。次第に、中国企業の通常のスペックでも何とか使えないかを試行錯誤し始めたという。

まず、コンプレッサーの図面の再チェックを日本の開発部門にしてもらい、評価基準の根拠が曖昧なところを改めて検証してもらった。さらに、他社コンプレッサーを分解することで、自社製品がオーバースペックではないかを検証した。すると、エアコンのグレードや品番によっては、従来通りのスペックでなくてもよいことがわかってきた。そこで蘇州工場の開発陣は、日本側に対して適正なスペックに基準を下げるよう、コストダウンの観点から説得を行った。蘇州工場には試験機も設置されているので、蘇州で実際にさまざまな実験を行い、その計測データを日本に送っては検討を重ねた。その結果、中国でのスペックが定まり、中国の鋼板等の原材料をより安価に調達することが可能になったという。

こうした努力の結果、工場でのパーツの内製化も進んでいる。コンプレッサーは、エアコン部品のコストのうち三〇～三五％ほどを占めるが、中国ではそれを二〇％ほどに下げることができたという。

5　空調世界一企業へ

拡大路線

二〇〇二年に会長となった井上は、〇三年に中国の生産・販売に対して三年間で一三〇億円の追加投資を行うことを決定した。それを受けて、それまで上海、西安、恵州の三工場体制であったのが、さらに三工場を建設、二〇〇四年に稼働を開始した。これによって業務用パッケージエアコンの現地生産能力が年間二〇万台から五〇万台へ、セントラル空調の熱源については二〇〇〇台から七〇〇〇台となった（『日経産業新聞』二〇〇四年一〇月一八日）。

さらに二〇〇〇年代の後半になると、グローバルにM&Aを仕掛けていった。二〇〇六年五月にはマレーシアの空調大手のOYLインダストリーズの買収を決定した。傘下にアプライド（大型空調）事業[10]

図 4-3　中国事業の売上高推移

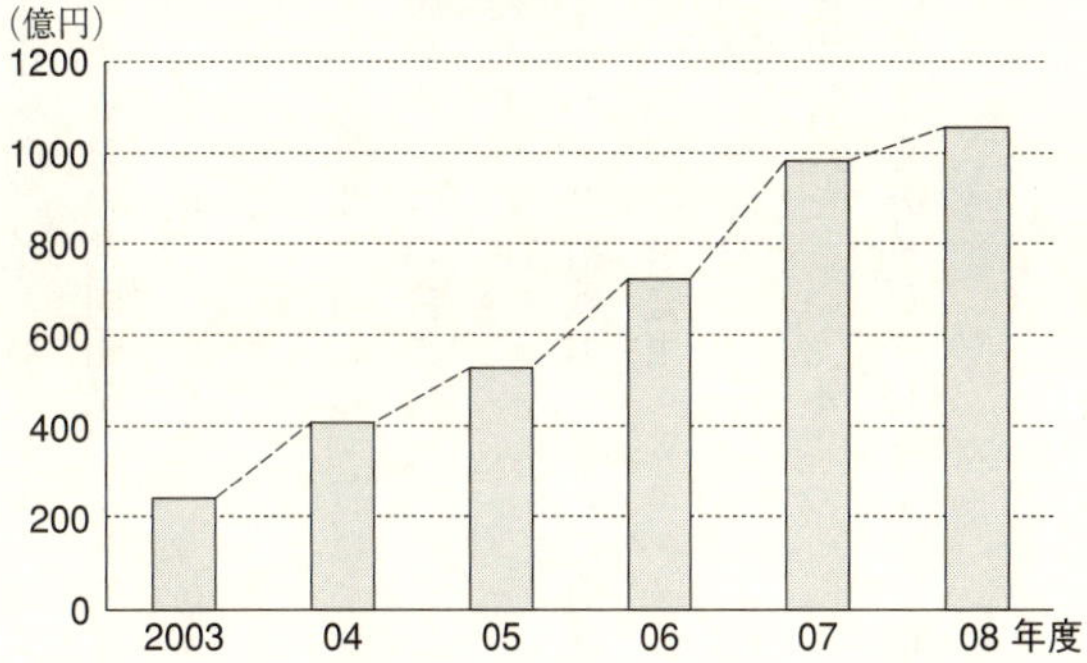

（出所）　ダイキン工業・資料。

で世界第四位の空調機器メーカー・マッケイインターナショナルを持つＯＹＬを買収することによって、ダイキン工業の連結売上高は、アメリカのキャリア社に次ぐ世界第二位となった。これまで不十分であった大型業務用空調機器事業を持つことで、中国事業においても扱う製品の幅がいっそう広がることとなった。

また、この買収でもう一つのメリットが生じた。それは、マッケイ社の工場敷地が大金機電設備（蘇州）有限公司の蘇州工場のすぐ近くにあったことである。このことから、後で述べるように、その空き地に家庭用ルームエアコンでは最大規模の工場を建設でき、しかも近接した土地であるためオペレーションの連動等いくつものメリットを享受することができた。

こうした積極的姿勢も功を奏し、二〇〇三年度に二五七億円の売上高だった中国事業は、〇八年度には一〇六六億円と、じつに四倍を超える伸びを示したのである（図4-3）。

格力との提携

そして二〇〇八年三月、ダイキン工業は中国の家庭用エアコンメーカー大手である珠海格力電器有限公司（以下、格力）と、小型インバータエアコンの一部の生産委託、および住宅用空調機器の共同開発について基本合意したと発表した。具体的な協業テーマは、①日本市場向けインバータルームエアコンの生産委託、②グローバル市場向け普及可能なインバータルームエアコンの共同開発、③基幹部品の共同生産、④原材料・部品の共同調達・共同購買、⑤金型の共同製作、の五項目にわたり、今後両社のワーキンググループによって内容の検討が進められるとしている（ダイキン工業・ニュースリリース）。

二〇〇九年二月には両社は、家庭用エアコンの基幹部品であるインバータ用コンプレッサーと金型を生産する二つの合弁会社の設立を発表した。いずれも出資比率はダイキン工業が四九％、格力が五一％となっている。

インバータ搭載エアコンは消費電力を三割減らせるものの、それまで中国では高級機種に限定されていた。中国の家庭用エアコンメーカーにはまだそれだけの技術はなく、中国国内ではノンインバータ機が主流だったのである。そのような中で両社は、インバータルームエアコンの生産委託を含む広範囲な提携を行ったといえる。

記者からのインタビューで、格力との提携、とくにインバータについて訊かれた井上会長は、次のように答えている。

「中国でも省エネ性能が低く安価な『ノンインバータ』の機種から、インバータ機種に変わると考えました。ノンインバータではコスト競争力で現地メーカーに勝てませんが、インバータなら当社も市場参入出来ると判断し、中国メーカーと一緒にインバータの流れを作ろうと考えました。すると、中国ではインバータ機の普及を後押しする制度ができました。二〇〇八年には販売台数のうちインバータ機は七％ほどでしたが、二〇一〇年に三〇％になり、二〇一一年は五〇％になると言われています。中国は変わり始めると速い。当社のルームエアコンは驚くほど売れています」（『日経ビジネス』二〇一一年七月一一日）。

ダイキン工業は、格力側には、製品の共同開発に必要な技術仕様書やデータをすべて開示しているという。製品のプラットフォームはオープンにして共通化を進め、一方で、インバータ技術は一部ブラックボックス化しているという。

インバータは製品の性能や馬力によってプログラムを巧みに変えなければ、コンプレッサーを効率よく制御できないので、そのすり合わせのためのコンピューティングこそが技術のコアとも呼べるところとなる。これについてはソフトウェアの中身が解読できないような状態で供給しているという。

合弁会社では、両社が互いに意見を出し合いながら生産体制の整備を進めていった。その過程で、ダイキン工業としては、日本のように不良品を許さないという姿勢から、労働コストの安さに起因する不良を許して検査を徹底する、といった発想の転換も促されたという。

二〇〇九年の年末、中国の家電量販店では大金中国の家庭用エアコンが前年同時期比一・五倍の勢いで売れたといわれている。これは、格力と共同開発したインバータ搭載エアコンが、大金中国のこれまでの家庭用エアコンとしては安価な三〇〇〇元（約四万円）で販売されたからだった。格力との合弁によって、低コストの生産ラインと共同購買によるコストメリットのいずれをも享受できた結果であったと考えられる。

人を基軸とした経営

中国市場に参入した一九九五年から一五年以上が経過し、従業員が一万三〇〇〇名を超えるに至った大金中国では、支社の総経理も中国人にするなどといった経営者の現地化を行い、中国人社員を活用し、社員のモチベーションが高まるような施策をいくつも行っている。大金中国を中心としたビジネスモデルがきちんと稼働するためには、そこで働く中国人社員の活性化も大変重要であるが、社員たちは比較的会社への忠誠心があり、いきいきと働いているようである。

たとえば、大金中国の董事兼副総経理である方遠は、次のように語る。

「大金に入って、よかった。成功した要因は、真の意味で中国企業になったからだ。営業の幹部は全部中国人。ほかの日系企業は、全部上司が日本人。日本では管理職の経験がない素人がやっている。だから中国人社員は力を出し切れない。大金は違う。大金中国は日系企業とは思っていない。大きな船、家庭だ」（『日経ビジネス』二〇一一年一二月一九日）。

また、大金中国の副総経理である陳英偉は、日本の大学院を修了後に大阪のダイキン工業へ入社し、その後故郷の上海勤務となった。同期二、三名と一緒に上海大金の立上げに加わり、有力顧客や販売店向けの季刊誌『四季大金』の発行に携わった彼女も、次のように語っている。

「八〇年代、まだ中国がどう転ぶかもわからない時代に私を採用してくれた。最大限、会社に尽くしたい」（『プレジデント』二〇一〇年七月一九日）。

大金中国の離職率は、転職が普通の中国においてきわめて低いという（『プレジデント』二〇一〇年七月一九日）。方や陳といった中国人の幹部社員の存在は、現地採用の社員たちにとって一つのあこがれなのだと、大金中国訪問時に中国人社員が語ったのが印象的である。

一方、日本人の経営陣の中国駐在期間も、他の日系企業よりも長いのが特徴的である。中国に長くいることで、中国人社員のみならず、販売店などの中国の人々とのつながりから生まれる信頼関係が重要だと考えられているからだという。

さらに大金中国では、中国人社員の自主性を重んじている。ソリューションプラザの企画なども、現地の中国人社員が中心となって行っている例である。社内では中国人社員のアイデアを積極的に採用しており、提案が実現したものとして、ゴールドやフェラーリレッドの家庭用エアコン、結婚式や子どもの写真が前面パネルに印刷されたエアコンなどがある。

また、年に一度の全中国販売店会議の企画運営もその一例である。二〇〇四年から毎年開催されているこのイベントは、ダイキン工業の販売方針を説明する場であるとともに、顧客へエアコンを販売する中国全土の販売店が一堂に会する場でもある。二〇一一年には参加販売店が六〇〇〇店ほどにまで増加し、販売店会議は大金中国にとって一大イベントとなったが、企画などさまざまな準備や当日の進行は大金中国の中国人社員たちが取り仕切っている。

二〇一一年の販売店会議は海南島で開催されたが、中国人社員たちは販売店からの参加者たちが中国各地から海南島に到着してから帰路に着くまで、ホスピタリティ重視の手厚いおもてなしを行う。その待遇は、参加者たちが感激するほどのものであったという。また、販売店会議のフィナーレでは、中国人社員が総出で販売店への感謝を込めて歌を披露したが、これも彼らが自主的に企画したものであったという。彼らは、そのために事前にリハーサルを繰り返したのだ。

こうした現地社員の参画は、工場でも同様である。二〇〇七年から上海工場で開催されている盆踊り大会は、従業員とその家族が参加する盛大な催しで、一一年には一万二〇〇〇名もの人出があった。その企画や運営も、中国人従業員の代表が職場の各グループから出て集まり、中心となって行っている。こうした催しは準備から開催に至るまで大変時間と手間がかかるものであるが、その過程では中国人社員たちがアイデアを出し合うなど積極的に参加しているという。

ダイキン工業の経営理念「人を基軸に置いた経営」。井上会長は、この経営理念が日本以外の国で一番定着する可能性を持っているのは中国ではないか、という。

「ここでやりがいを感じる、自分を大切にしてもらえる、自分が成長できると思うと強烈な『帰属意識』を持つようです。日系企業に入るとぬくもりを感じ、ここにい続けたい、働き続けたいという『帰属意識』が生まれる人もいます。優秀な人材ほど、仕事に『納得性』を求めますが、納得したときの『帰属意識』なり集中力は強烈です」（井上［二〇一二］六八頁）。

空調世界一達成

ダイキン工業が格力との共同開発などで基本合意したと発表してから二カ月後の二〇〇八年五月、井上会長は戦略経営計画「FUSION10後半計画」の中で、「二〇一〇年空調グローバルNo.1の実現」を掲げた。そしてそれは、二〇一一年三月期決算で現実のものとなった。ダイキン工業は、空調機器の売上高で世界一の企業となったのである。

とはいえ、ダイキン工業はさらなる規模拡大のための施策を次々と打ち出している。とくに、中国を中心とした新興国への投資が加速している。

二〇一二年四月からは、江蘇省蘇州市にある、マッケイ社の工場敷地でダイキン工業最大規模の生産拠点が稼働し始めた。格力との合弁会社とは別に、中国のボリュームゾーン向けの製品を製造する生産会社を、大金中国の完全子会社として設立したのである。投資額はじつに一五〇億円に上るという（『日本経済新聞』二〇一二年六月二六日）。住宅用および店舗用エアコンの生産能力は年間一五〇万台を予定している。格力との事業提携で得た「中国市場でも競争力のある空調製品を大量に作るためのノウハウ」を、この新工場で実践しようとしているのである。

ダイキン工業は、最新式の空調設備によって人々に快適な環境を提供することに尽力してきた。これこそがダイキン工業のブランドを高め、人々のロイヤルティをも高める源泉となっている。それを実現するために、ダイキン工業は顧客とのインターフェイスに注力し、顧客一人一人に製品とサービスのよさを実感してもらえるようなビジネスモデルを、着実に作り上げてきた。そして現在では、家庭用エアコンなど多様な製品を展開し、生産量の著しい拡大にも対応できるだけの事業に拡大している。ダイキン工業の中国事業は、次の段階へと進む過程にあるといえるであろう。

参考文献

井上礼之［二〇一一］『人の力を信じて世界へ　私の履歴書』日本経済新聞出版社。

『週刊ダイヤモンド』二〇一二年一月二一日。

『週刊東洋経済』二〇〇九年一一月二八日、二〇一一年一〇月二九日。

ダイキン工業・ニュースリリース、二〇〇八年三月三一日。

高橋基人［二〇〇五］『中国人にエアコンを売れ！』草思社。

『日経産業新聞』二〇〇四年一〇月一八日、二〇〇八年五月一九日、二〇〇九年二月一九日、二〇一〇年一一月二四日。

『日経情報ストラテジー』二〇一二年一月。

『日経ビジネス』二〇〇三年三月一七日、二〇〇五年六月二七日、二〇一〇年三月二九日、二〇一一年七月一一日、二〇一一年一二月一九日。

『日本経済新聞』二〇一二年六月二六日。

『プレジデント』二〇一〇年七月一九日。

●注

1　二〇一一年末時点で大金中国は、生産拠点を一〇カ所、販売拠点三五カ所、サービス拠点三カ所、R&Dセンター一カ所を有する。従業員は約一万三〇〇〇名、うち営業が一二〇〇名、サービス部門八〇〇名となっている。

2 圧縮機、凝縮器、蒸発器、送風機などの空調機の構成機器を一つの箱に収めたエアコン。

3 一台の室外機に対して複数の室内機が設置できるエアコン。

4 吸込み口・吹出し口のある蒸発器内蔵ユニットが天井に埋め込まれているエアコン。

5 日本では約二〇〇〇種類ほどあるという。

6 日本のエアコン需要の伸びは一・四％（九〇六万台）にすぎない。

7 マルチタイプのうち、各室内機でオン・オフができるエアコン。

8 アフターサービスの質を上げる工夫として、大金中国では、サービスの後顧客に対して満足度を電話で訊くなど、サービス部隊の活動の評価なども行っている。

9 現在、上海工場には従業員が約四五〇〇名、敷地内のR&Dセンターに約二〇〇名、うち日本人が一〇名いる。二〇一一年には、業務用エアコンが一〇〇万台、ルームエアコンが五〇万台、生産された。

10 アプライドとは、駅や空港、工場等、大規模設備に使われる空調システムのことをさす。顧客ごとに異なるシステムを構築することから、アプライド（適用）と呼ばれている。

第5章 クボタ

顧客に張り付き、徹底サービス

藤原　雅俊

1　中国展開の道程

初夏の徐州

中国は、世界の市場であり工場であり、そして農場である。中国の年間米生産量は、約二億トンで世界一位。日本はおよそ一〇〇〇万トンで、中国の五%にすぎない。中国は、二位インドの米生産量をも七〇〇〇万トンほど上回り、圧倒的に世界一の米作国なのである。

その中国で有力な米作地が江蘇省であり、同省北西端に位置する徐州市である。秦滅亡後の覇権争いを描いた司馬遼太郎の小説『項羽と劉邦』で知られる地である。劉邦が生まれ、項羽が都を構えたのが徐州であった。司馬が触れているように、徐州は古くから食糧の豊かな土地だった。それは、二〇〇〇年を超える時を隔てた今日でも変わらない。米と麦の二毛作を行う一大穀倉地である。

筆者が徐州を訪れた二〇一二年六月は、ちょうど麦の収穫期であった。米の収穫期は一〇月だという。中国鉄路高速で徐州へ向かったわれわれは、見渡す限りの麦畑に迎えられたのである。しかし、豊かな黄金色をたたえる麦畑はどこも静かで、ほとんど人の気配がしなかった。

それもそのはずであった。農家は、収穫を業者に委託し、彼らの到着をただ待っているだけだったからである。都市労働者に比べて年収の乏しい農家にとってコンバインは高嶺の花であり、一家に一台というわけにはいかない。そのため収穫代行業が事業として成立し、業者が一般農家に代わって収穫しているのである。

彼ら収穫代行業者は、賃刈屋と呼ばれる。聞けば、われわれが徐州を訪れたのは、麦の賃刈屋が到着するわずか三日前であった。一〇月には、米の収穫を代行する賃刈屋も現れる。この稲刈りを担う賃刈屋に対して、クボタは自脱型と呼ばれるコンバインを販売し、七〇％近い市場シェアを獲得してきた。自脱型コンバインとは、藁から籾を自動分離して穂先だけを脱穀するコンバインのことである。籾と藁を区別せずに一緒くたに脱穀する普通型（または直流型）と呼ばれるコンバインに比べて、自脱型は籾がほとんど損傷しないため穀粒損失があまりなく、収穫効率が高いという特性を持つ。

この自脱型コンバインでクボタが中国市場に参入したのは、一九九八年のことである。その全体像を示した図5-1を見ると、参入から五年後の二〇〇三年に市場シェアが五〇％を超え、〇七年には七〇％を超えていることがわかる。一気呵成の中国展開といってよい。

たしかに、市場は小さい。自脱型コンバインの市場規模は年間七〇〇〇台程度であり、その中でシェアを論じても仕方がないともいえる。しかし、巨大な農場としての中国という姿を思い浮かべてこの数

図 5-1　自脱型コンバイン市場規模とクボタのシェア推移

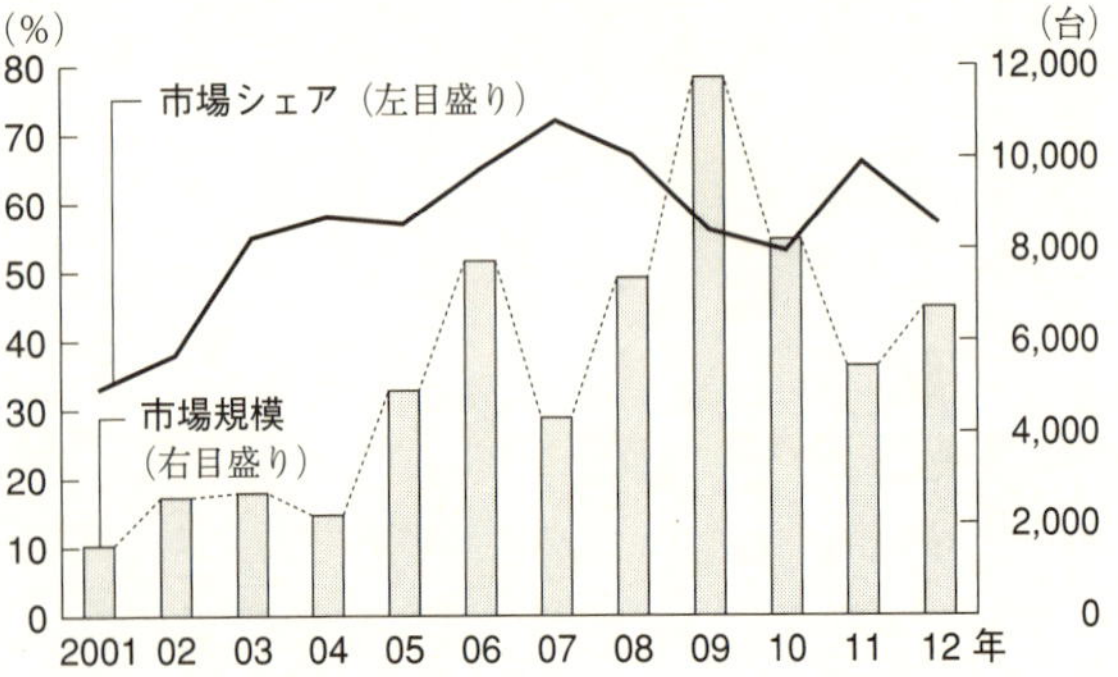

（出所）　取材をもとに筆者作成。

字を眺めれば、自脱型の向こうに広大なコンバイン市場を見渡すことができるだろう。その意味で、クボタは幸先のよい企業として捉えられる。

　ではいったいなぜ、クボタは七〇%もの高いシェアを獲得できたのであろうか。この問いを分析するために、まずは、クボタのコンバイン事業が中国で競争優位を獲得していくまでの略史を記そう。その後、同社が構築した競争優位の源泉を考えていくことにしよう。

後発での参入

　中国農業の近代化は、市場経済体制への転換を狙って鄧小平が改革開放政策を掲げた一九七八年に始まる。この政策を受けて中国政府指導部は日系農機企業に技術指導を仰ぎ、この要請に応じたのがヤンマー農機（以下、ヤンマー）だった。同社は一九八〇年一月に農機の中国輸出方針を発表し、八五年にはコンバイン四〇台を輸出して江蘇省農機管理局に納めた（『日本経済新聞』一九八〇年一月一八日、八面、および高瀬［二〇〇四］）。農機管理局とは、各地域で農業機械を管理する公的機関のことである。その後も毎年一〇台程度をサンプル出荷し続けたヤンマーは、一九九四年、江蘇省江陰市に江蘇洋馬農機有限公司を設立、中国にはじめて販売拠点を構えた。

クボタが中国進出に動いたのは、それから三年後の一九九七年のことである。同年、クボタは丸紅に中国販路の開拓を持ちかけ、これに応じた丸紅は新入社員の李竹林を予備調査のため中国に派遣した。しかし、李に豊かな人脈があったわけではない。李は「農業機械を売っているところを探して、ドアをノックするところから始めました。虹橋空港を降りて、まず電話帳で農機公司を調べました。一番近かったのが蘇州の農機公司でした。でも最初は難しかったですね」と振り返る。文字通り手探りの開拓であった。

翌一九九八年は、ヤンマーとクボタ双方で動きがあった年である。ヤンマーは、無錫市政府からの誘致に応える形で洋馬農機（中国）有限公司を設立、コンバインと田植機の製造販売拠点とした。この洋馬農機には、江蘇省農業機械管理局の国有企業である江蘇省農機石油公司と無錫市新区経済発展集団総公司から、合わせて三〇％の資本が入っていた。同年、クボタも中国初拠点となる久保田農業機械（蘇州）有限公司（以下、KAMS）を江蘇省に構えた。ヤンマーとは対照的に、KAMSは日系資本（クボタ九〇％、丸紅一〇％）で設立された法人である。このとき、丸紅側の代表として李も中国に赴任した。李は、その後二〇〇六年に丸紅を離れ、KAMSの現地採用者となる。

日系農機企業が中国に進出した背景には、富裕農家の登場があった。中国では一九七八年に生産責任制が導入され、政府から請け負う一定の生産量を納めれば、それ以上に生み出された農作物については各農家が自由に販売できるようになっていた。それが農家の生産意欲を刺激し、うまく成功を収めた者が富裕農家として台頭し始めていたのである。彼らは、一万元を超す高い年収を稼いだことから「万元戸」と呼ばれた。

一九九〇年代後半に入ると、「万元戸」の中から賃刈屋と呼ばれる収穫代行業を営む者が現れ始めた。農業生産性のさらなる向上を狙った中国政府の農業部が、一九九六年に「区域を超えて小麦を収穫せよ」（跨区機収小麦会戦）と推奨したことで、麦の賃刈屋が組織化され始めたのである。彼ら賃刈屋は、親戚筋五人ほどで一組をなし、各省を行脚しながら一般麦農家の収穫作業を請け負い始めていた。

賃刈屋は日系農機企業にとって有望な顧客となった。収穫作業を事業として営む賃刈屋に対しては、たとえコンバインが高価であっても、収穫効率などの高い性能を売りにできるからである。KAMSの照準もまた賃刈屋に定められた。

ただ、このときKAMSが照準を定めた顧客は、麦ではなく水稲の収穫作業を請け負う賃刈屋であった。麦と米の二毛作をとる徐州では、麦だけでなく、水稲の収穫代行業も芽吹き始めていたのである。そして水稲用コンバイン市場は、麦用市場よりも競争が緩やかであった。水稲用コンバインは走行方式と刈取方式の二点において技術的に難しく、地場企業が手を出しづらかったからである。

走行方式を見ると、堅い大地に生える麦用のコンバインは車輪式でよかった。しかし稲が生える水田はぬかるんでいるため、車輪式では走行できず、より技術的に難しい履帯式コンバインである必要があった。刈取方式を見ても、麦用には普通型（直流型）コンバインで事足りたのに対し、籾が落ちやすい水稲には、自脱型のほうが収穫効率に優れるため、技術的には難しいけれども望ましかったのである。

このように技術的難易度の高い水稲用自脱型コンバイン市場には、先行する日系企業が点在するくらいであった。それは、そのまま収穫機械化率の違いに表れていた。二〇〇〇年時点において、麦の収穫機械化率が七〇%を超していたのに対し、水稲の収穫機械化率は一五%程度にすぎず、大半が手刈りだった。クボタは、そこに目をつけたのである。

競争優位へ

賃刈屋にとって、コンバインは投資対象であった。彼らにとっては、投資リターン、すなわち一台のコンバインでどれだけの収穫量を継続的に上げられるかが最大の関心事であった。そこで李をはじめとする営業部隊は、大きな金銭的見返りを語って賃刈屋の心を刺激し、それに見合う機能をクボタ製コンバインが持つことを説く戦術で営業活動を進めた。

しかし、既存の賃刈屋を対象にするだけでは市場が小さすぎた。李たちは、農村を回って投資説明会を開いては「農業界のビル・ゲイツになりませんか」と賃刈事業の魅力を語り、村長や富裕農家たちに賃刈事業を興してもらうための説得活動も始めた。説明会で成功した賃刈屋に登壇してもらったり、『ユーザーの声』(用戸之声)という情報誌を発刊して村々に配ったりするなど、李たちはあらゆる手を尽くして魅力を訴えた。こうした地道な営業活動を通じて、クボタのコンバインが少しずつ賃刈屋に売れ始めた。

コンバインも、中国向けに改良が重ねられた。一九九八年の参入時にクボタが中国に投入したのは、もともとエジプト向けに投入していたコンバインPRO481だった。この機種は四八馬力の四条刈りタイプで、小売価格は三六万元であった。しかし賃刈屋は収穫効率を気にする上にコンバインを酷使する

連合サービスの専用車（移動部品倉庫）
（写真提供：KAMS）

ため、馬力と耐久性の双方を高める必要があった。さらに、価格も三六万元はあまりに高すぎるため、低価格化も必要だった。開発陣は、これらの問題を一つ一つ解きほぐしながら改良を進めた。

　クボタのコンバインが改良されて売れ始めると、それに伴って問題も起きてきた。さまざまな要求や故障の苦情が、顧客からＫＡＭＳに集まり始めたのである。とくに、稼ぎ時の収穫期にコンバインの故障を抱えた賃刈屋の怒りは、尋常ではなかった。彼らは、補修に来た技術者たちの帰路を阻み、「直すまで帰さない」といって家族総出で取り囲んで軟禁することすらあった。李は「何回も軟禁されましたよ」と振り返る。賃刈屋にとって、収穫期における故障は文字通り命取りであり、一分一秒が惜しいのである。

　営業を担当していた李や、サービスを担当していた楊彦杰は、賃刈屋からの激しい苦情と要求に頭を抱えた。彼らは解決策を侃々諤々議論し、二〇〇二年に辿り着いた施策が、連合サービスという支援体制であった。

　連合サービスとは、賃刈屋が訪れる収穫地の先々で、代理店の社員やＫＡＭＳの技術者たちがコンバインの補修や部品交換を担う支援体制のことである。ＫＡＭＳは、移動部品倉庫と呼ぶ専用車（写真参照）などを用意し、中国全土を往来する賃刈屋の動きに合わせて修理や部品交換を速やかに行う仕組みを作り上げたのである。

連合サービスは、必ずしも容易に立ち上がったわけではない。「サービスは無料で行わされるものであり、儲かる施策ではない」と反発する代理店も少なくなかった。そこで楊たちは、これら代理店を訪れては、サービスの重要性を粘り強く説いて回った。とくに農機公司出身の代理店主には役人意識が残っていたこともあり、その説得に苦労したと楊は振り返る。こうしてきめ細かい支援体制を整えたクボタは、連合サービス開始翌年の二〇〇三年に、はじめて五〇％を超えるシェアを獲得し、高い競争優位を構築していったのだった。

好機は、準備した者に訪れる。二〇〇四年、いっそうの農業近代化を意図した政府が、農機購入者へ手厚い補助金の拠出を決めたのである。最大でコンバイン一台当たり五万元、購入価格の約三割を補塡する農業機械化促進策は、クボタにとって願ってもない恵みの雨となった。日系農機は現地農機の五～七倍も高く、農家の家一軒分の値段にも相当していた。その価格面での不利を払拭してくれたからである。この補助金政策により、顧客の眼が日系農機に向くようになった。さらに、富裕層のみならず一般農民もが一攫千金を狙って賃刈事業を興すようになった。市場が拡大し始めたのである。

クボタは、この政策の波にうまく乗った。市場拡大に歩調を合わせるかのようにしてクボタのシェアも上がり、二〇〇七年にはついに七〇％にまで至ったのである。市場拡大の恩恵の大半を、クボタ一社が享受したようなものであった。

2 なぜ顧客を摑めたのか

照準顧客

前節では、クボタ中国コンバイン事業の略史を記した。その中で重要な事柄は、①水稲用賃刈屋に対して、②製品を改良しただけでなく、③連合サービスをも展開した、という三点であった。本節では、これら三点についてくわしく論じよう。

クボタのコンバイン事業が中国市場で幸先よく展開できた起点は、同社が照準顧客を明確に絞り込んでいたところにある。クボタの照準顧客は、すでに触れたように、水稲用の賃刈屋であった。この絞込みはうまかった。というのも、水稲用賃刈屋を対象としたコンバイン市場は、技術的な難しさから地場企業がほとんど展開していない空白地帯だったからである。そのためクボタは、多くの競合他社によって脅かされないまま、現地適合への猶予を手にすることができたのである。

当時のクボタ製コンバインの価格から考えれば、そこにしか攻めるところがなかったともいえる。実際のところ、豊富な選択肢の中から選りすぐった絞込みだったとはいえないだろう。しかし、どのような背景であれ、その絞り込んだ水稲用賃刈屋を満足させるために、クボタは製品を開発し、彼らを支援する仕組みを徹底的に整えた。照準顧客を絞り込んだからこそ、資源を分散させずに集中投下できたのである。

賃刈屋が求めたコンバインは、多くの収穫量をいち早く上げられ、しかも長持ちする低価格なコンバインである。李の言葉を借りれば、賃刈屋にとって収穫作業は「札束を刈っているようなもの」であり、投資リターンが重要だった。ゆえに彼らは、コンバインの価格と性能の双方について厳しい要求をしたのである。ここでいう性能とは、「いかにして多くの水稲を短時間で刈り取ることができるか」という収穫効率と、「どれだけ長期間そのコンバインを使えるか」という耐久性を、主に意味する。収穫効率を高めるには、普通型より自脱型のコンバインが望ましい。さらに、より速く圃場《ほじょう》を走り回って、短時間により多くの水稲を刈り取るべく、コンバインの馬力を高める必要もあった。

中国で求められた耐久性は、日本でのそれを大きく超えていた。日本の農家がコンバインを使うのは、収穫期のせいぜい一週間から一〇日程度である。長く見積もって一日一〇時間稼働させたとしても、一週間で七〇時間にすぎない。一〇年使っても七〇〇時間である。反対に、中国の賃刈屋たちは、コンバインを一年間で一〇〇日超、時間単位でいえば八〇〇時間から一二〇〇時間稼働させる。日本の農家にとっての一〇年分の稼働時間を、中国では一年で超える計算になる。彼らの稼働時間が長いのは、広大な中国全土で訪れる水稲収穫期の微妙なずれを利用し、その時々に適切な収穫期を迎えた水稲地域で収穫作業を行うからである。彼らの行動範囲は中国全土にわたり、移動距離にして年間三〇〇〇キロメートルにも及ぶ。壮大な稲刈行脚なのである。

つまり、中国のコンバイン市場は、とりわけ水稲用の賃刈屋を相手にする限りにおいて、ローエンド市場などでは決してなくなるのである。むしろ、日本向け製品と比べると、圧倒的なハイエンド市場といえた。ただ、収穫効率や耐久性という指標を駆け上がる高性能化は、クボタにとって相性のよい取組課題であった。従来の能力を否定するのではなく延伸的に発展させることで対応できる課題だったからである。水稲用賃刈屋に自脱型コンバインを売り込むと決めたからこそ、このような課題になったのだといえよう。顧客の絞込みが、自社の得意技を活かすための第一歩となったのである。

水稲用賃刈屋というハイエンド顧客に自脱型コンバインで適合するためにクボタが行った施策は、大きく二点あった。第一に製品そのものの主要機能の向上であり、第二にその主要機能を補強する連合サービスの確立である。

製品機能の現地適合

一九九八年にクボタが中国へ投入していたのは、前述の通り、もともとはエジプト向けのコンバインPRO481（四八馬力、四条刈りタイプ、三六万元）であった。エジプト向け製品を転用したことからわかる通り、これは中国市場を知るための探索的製品投入である。そこで得られた知見は、PRO481の収穫効率は優れているものの、馬力と耐久性を高めることと、低価格化が必要だということだった。

価格を下げない限り、そもそも賃刈屋が手を出せない。一方、賃刈屋は収穫効率を気にするから、馬力を上げる必要があった。しかし、馬力を上げると、コストがかかる上に、部品の摩耗が進んで耐久性が落ちる。それに負けないように耐久性を上げるには、良質な部品を使う必要がある。ところが、それではコストがさらに上がって低価格化が難しくなる。クボタは、高馬力・高耐久性・低価格という三次方程式を解く必要があった。

このうち、クボタがまず実現したのが低価格化である。クボタは、コンバインを主要機能と副次的機能とに分けた上で、副次的機能を中心に部品点数を削減し、低コスト化を進めた。そうして翌一九九九年に発売されたPRO488は、前機種と同じ四八馬力で基本性能を引き継ぎながら、小売価格は二五・八万元まで下げられたコンバインだった。市場がまだ小さかったこともあり、しばらくはこのPRO488で事業が展開された。

中国市場向けにより本格的なコンバイン開発が始まったのは、二〇〇四年である。一九六四年に入社して農機開発一筋で経験を重ねてきた技術者の三木博幸は、自らの実地経験をもとにチームに技術指導を行い、トランスミッションをはじめとする部品点数の削減を助言し、低価格化を支えた（三木［二〇〇八］）。一九八四年に入社し、一貫して脱穀機の開発に携わってきた松下肇は、収穫効率を高める脱穀機の開発に邁進した。

自脱型コンバインのベルトに挟まった藁
(2012年6月5日，徐州にて筆者撮影)

ほかにも開発すべき箇所は多岐にわたった。コンバインは、ベルトの塊といってよいほどベルトだらけの機械である。その機械を賃刈屋が酷使するため、写真に見られるように、ベルト部に頻繁に藁が詰まってしまう。さらに、ベルトの強度を上げる必要もある。収穫作業を重ねるごとにすり減っていく刈取部の耐久性も高める必要があった。これらの製品機能上の問題を一つ一つ解きほぐしながら改善する過程においては、何か一つの大きな革新よりも「不断の改善が重要だった」と松下は振り返る。

こうして一連の開発を進めたクボタは、同二〇〇四年、新機種 PRO588 を中国市場に投入した。これは、馬力を五八馬力まで高めながらも、価格を二七・三万元に抑えた機種であった。この開発から手応えを得たクボタは、その後も PRO688, PRO788, PRO888 と新機種を開発し、六八馬力、七八馬力、八八馬力というように馬力を高めていった。

耐久性もまた同様に高められた。クボタが開発した中国向けコンバインの耐久性は、年間七〇〇〇時間から八〇〇〇時間にも達した。中国地場企業が販売するコンバインの耐久性は年間一〇〇〇時間程度であるから、単純計算で七～八倍もの耐久性を実現したことになる。これは、顧客ニーズを大きく超える耐久性だったともいえる。

しかし、クボタ製コンバインの競争優位構築を考えた場合、この「過剰」品質が重要な意味を持っていた。というのも、クボタが実現した「過剰」品質のおかげで、コンバイン費用の回収を終えて一定の収入を得た賃刈屋は、保有するコンバインを十分に高い価格で中古市場へ販売できるようになったからである。場合によっては、新品の五割で中古下取りに出せるほどであった。購入価格の最大三割が補助金で補填され、また下取価格が五割に上るのだとすれば、クボタ製品を購入した賃刈屋の実質負担割合は二割で済む。耐久性向上は、それそのものとしてクボタ製品の信頼性を高めたのみならず、下取価格をも高めてくれたのである。賃刈屋の人気が集まるのも頷けよう。

連合サービスの顧客価値

コンバイン本体の主要機能は、今記してきたように、たしかによく高められた。しかし、個々の部分

図 5-2　連合サービスの概要

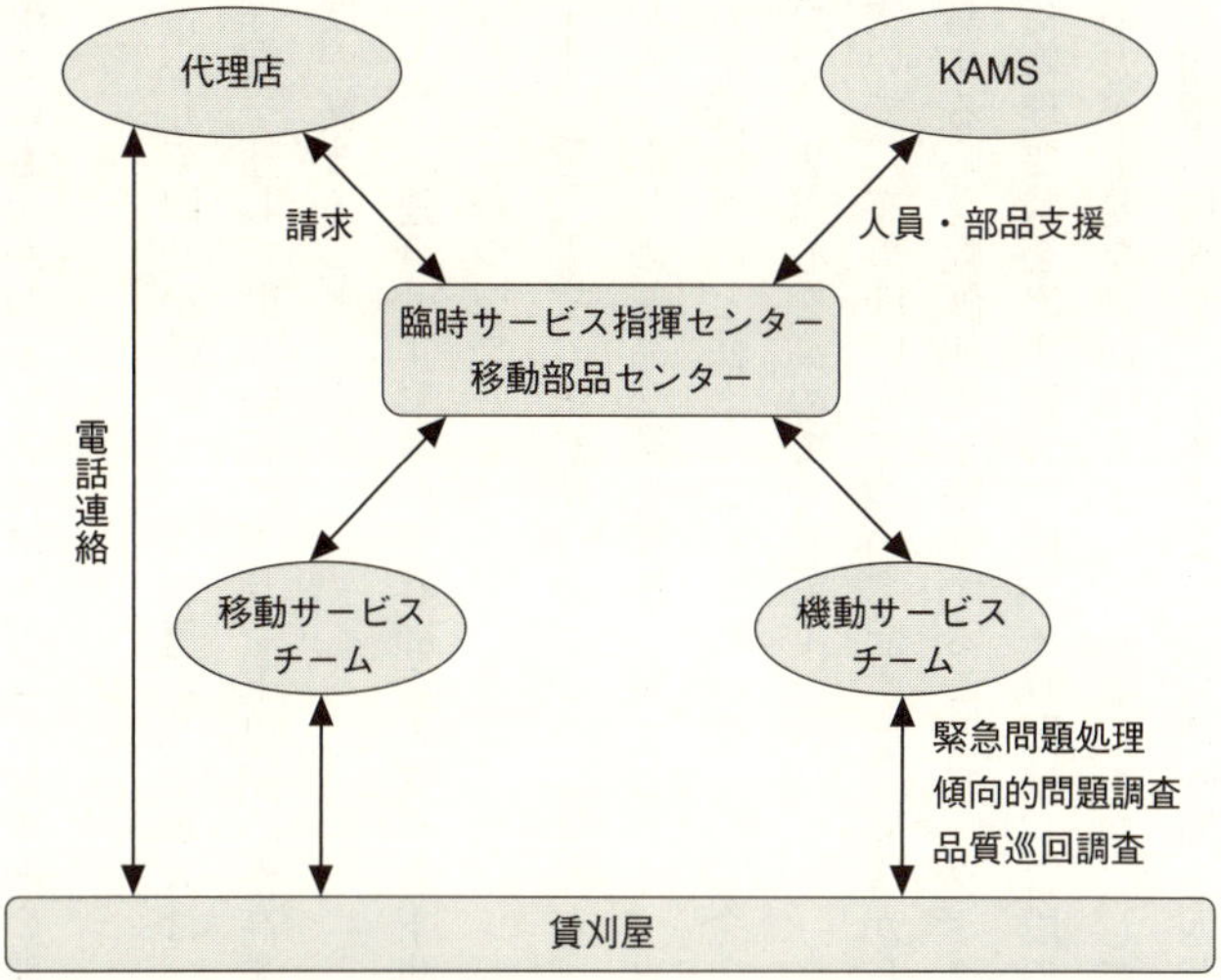

（出所）　取材に基づき筆者作成。

部分に関しては、コンバインの使用過程でどうしても故障は生じてしまうものである。製品耐久性が高まると、脆い部分がなおさら目立つものでもある。この問題に対してクボタは、連合サービスと銘打ってコンバインの補修支援体制を見事に構築し、高い収穫効率と耐久性を長期的に保つ仕組みを作り上げている。

図5-2は、連合サービスの概要を描いたものである。連合サービスはまず、KAMSから派遣される技術者と代理店とが、臨時サービス指揮センターや移動部品センターと呼ぶ支援集団を組織するところから始まる。彼らは、賃刈屋の移動に合わせて拠点を移しながら、部品の交換や補修を行うための司令塔として機能する。そのセンターの指示を受けて、移動サービスチームが実際に賃刈屋を訪れて修理を行う。機動サービスチームは、緊急問題を処理するための部隊である。連合サービスに従事する人々は、

長くシャワーも浴びず、ときにトラックでの寝泊まりを余儀なくされる。過酷な支援体制である。その過酷さにもかかわらずKAMSがこの仕組みを構築したのは、その重要性を強く信じていたからであろう。

苦心して同社が構築したこの連合サービスは、顧客との関係において大きく二つの意味を持った。補修作業を通じて既存顧客のブランド忠誠心が高まることと、実演効果によって潜在的な新規顧客への認知度が高まることである。

第一に、連合サービスが既存顧客のブランド忠誠心を高めてくれるのは、主に未然防止と有事即応という二点に基づいている。

まず、重大事故の未然防止力について記すと、賃刈屋が収穫作業に取りかかる前に、連合サービス部隊があらかじめ部品交換や補修を施すことで、重大な事故や故障が予防される。そのため、賃刈屋は故障の不安にさほど怯えることなく、安心して全土を行脚できる。それがクボタ製品に対する信頼を深め、ブランド忠誠心を高めてくれる。

次いで、有事即応力について記すと、顧客から連絡を受けてからできるだけ早く補修技術者が現場に到着する応急救護体制を整備することで、クボタに対する信頼を顧客の中に醸成できる。緊急事態に陥って修理要請を出す顧客が待つ一時間は、普段の一時間とは意味合いがまったく異なる。それは、有事即応力が重要な差別化要素になることを意味しているのである。KAMSは、顧客からの連絡を受けてから通常の修理が完了するまでの目標時間を四時間と設定している。今では七割方の案件で四時間以内に修理が完了しており、遵守率のさらなる向上を目指して取組みが続けられているのである。

第二に、実演効果を通じて潜在的な新規顧客への認知度が高まる点について述べると、一連の補修や部品交換は、各圃場でみなが見つめる中で行われる。それが実演効果となって、他の潜在顧客の購買意欲を刺激するのである。他社製コンバインを所有する賃刈屋が、クボタの支援体制を知って、次の買替え時にクボタ製コンバインに乗り換えたり、新たに賃刈屋を始める農民がクボタを指名買いしたりしてくれる。もともと連合サービス構築に乗り気でなかった代理店が次第にかかわりを深めたのも、こうした潜在的な新規顧客への宣伝効果を実感し始めたからだった、と楊は語ってくれた。

好循環

こうして確立された製品機能と連合サービスとの間には、その将来的な発展を互いに刺激し合うという意味での双方向ダイナミクスが働いているように考えられる。これは、どちらの性能水準が不十分でも決して現出しないダイナミクスであろう。ただし、現出すれば力強い好循環を生み出してくれる。

クボタは、コンバインの耐久性を飛躍的に高めることに成功した。すると、製品寿命が長くなった分だけ使用過程で相対的に脆い箇所での欠陥が目立つことになり、補修や部品交換ニーズを生み出すこととなった。つまり、耐久性という製品機能の向上が、連合サービスのような支援体制の優位性が出やすい状態を創り出したのである。さらに、連合サービスを確立しておくと、その分だけ対面での顧客対応が増えることになる。これは重要な学習機会となる。次に投入すべき開発の方向性や改善策を知る上で重要な情報が、対面交流を通じてKAMS側に流れ込んでくるのである。

製品機能と連合サービスとの間で働く双方向ダイナミクスを力強く駆動させるには、仕掛けがもう少し必要である。クボタの場合、KAMSが年に数回開く代理店との情報交換会が、その相互展開を加速させる風を起こしている。

この情報交換会では、KAMSが自らの事業方針を伝えると同時に、代理店側がクボタ製コンバインの抱える問題点や顧客ニーズ等を指摘する。代理店との折衝に最前線であたるKAMSの閔軼君は、情報交換会でのやり取りが「まるで戦争のようだ」と語ってくれた。各地の有力代理店からの突上げは激情を伴って鋭さを増し、議論に熱風を吹き込ませ、情報交換会はさながら戦争の様相を呈すのだという。

情報交換会が立ち上がったころに代理店から強く要望された製品改善案の一つに、コンバインの方向回転機能がある。それまでのクボタ製コンバインには方向回転機能がなかった。そのため賃刈屋は圃場でコンバインを直進させた後、いったん外に出して反転させ、再び圃場に乗り入れなければならなかった。しかし、それでは時間がかかり、収穫効率が落ちる。この声を聞いた代理店は方向回転機能の追加をKAMSに強く訴え、この機能が備わったのだった。これに類する事例は、ほかにも枚挙に暇がないだろう。両者の相互展開を加速させるこうした仕掛けが加わることで、好循環が幾重もの螺旋をなし、競争優位をより堅牢なものにするのだと考えられる。

ヤンマーや井関農機も、たしかにクボタと似た取組みを行っている。たとえばヤンマーを調査した高瀬［二〇〇四］は、対日本製品比で見て「洋馬農機では耐久性約二倍の中国仕様コンバインを販売」していると指摘すると同時に、洋馬農機が「賃刈屋向けに移動中のアフターサービスも行っている」「洋馬農機と特約店もチームを組み、賃刈屋とともに国内を横断しながら無償の修理や有償の部品交換を行っている」と記している。

したがって、クボタの成功の背後には製品の耐久性向上とよい支援体制があったと記せば、「わが社も同じ」というだろう。方向性自体に大きな違いはない。にもかかわらず、クボタがシェア七〇％にも達したということは、どうもクボタの製品改良や顧客への張り付き方が、その徹底具合において他二社を圧倒していたのだと推測されよう。

3　顧客に張り付くビジネスモデル

使用現場に出る技術者

前節では、クボタがどのような顧客価値を提供したのかを明らかにした。本節では、分析をもう一歩進め、その顧客価値を提供するためにどのような仕組みが作り上げられ、それがクボタにとってどのような意味を持ったのかを論じよう。

はじめに、製品機能の現地適合を支えた仕組みとしては、同社の徹底した現場主義があげられる。もちろん、一般に日本企業の多くが現場主義を掲げている。現場主義を否定する日本企業を探すほうが難しい。しかしクボタの場合、技術者の現場主義がかなりの程度まで徹底されているように思われるのである。

現場学習を徹底させるため、クボタは、技術者たちの活動範囲を、客先での現場視察や苦情対応にまで広げている。これは、苦情処理班と製品開発班とを分けておくよりも、はるかに情報効率がよい。しかし、多くの地場企業はこの考えを持たないという。クボタ執行役員で作業機事業部長（当時）の田中政一は、次のように比較している。

「技術者が現場に足を運び、顧客の要望や製品の使われ方を自ら調べる。現場重視の姿勢が我々の強みになっている」「中国やタイのメーカーでは、農機が使われている現場、つまり田んぼや畑に技術者が行こうとしない。エリート意識が高いのか、なぜ自分がそんなことをやらなければならないのかと思っている」(『日経ものづくり』二〇一一年三月、四五頁)。

本来、技術者の責任範囲は、企業活動の上流にあたる設計業務や開発業務にある。しかしクボタの場合、技術者の守備範囲が、業務の流れを下った末端の顧客接点にも及んでいる。いわば、企業活動の起点と終点を技術者の守備範囲とすることで、顧客からの顕在的・潜在的要望がそのまま開発・設計業務に直結するようになっている。起点と終点とを接着させているのである。その徹底具合はかなり強いものだと松下は指摘する。仕事の線引きが、日本ならでは、クボタならではのものになっている。

現場学習は、大きく二つの点で重要な意味を持つと考えられる。

一つ目は、その情報的な意義である。コンバインは、ベルトの噛合せや部品同士の収まり方など、多岐にわたる調整の末にやっと性能を発揮する製品である。どのような調整をすればよいのかを特定するためには、実際に顧客がどのようにコンバインを使うのか、あるいはどのような使い方をするからどのような故障を抱えるのかを現場で観察し、学び取ることが重要な肝になる。修理工場に持ち込まれた故障コンバインを見ただけでは絶対に知りえないことが、現場で作業を目の当たりにすることではじめて理解できる。実際にどういう刈り取り方をしているのかは、その作業を見ない限り、ほとんどわからない。

さらに、現場に赴くことで顧客の情報をより直接的に吸収できる。顧客の情報には、要求や苦情のように顧客が意識的に発する自覚情報と、顧客がまったく自覚しないまま無意識的に発している無自覚情報とがある。このうち現場で顧客が意識的に発する要求や苦情は、顕在化しているニーズとして、そのまま有益な製品改善情報となるだろう。有益な製品改善情報としては、無自覚情報もまた重要性を持つ。むしろ、自覚情報に基づく顕在ニーズは顧客が意図して発するから他社も同様に知りうるのに対して、無自覚情報は企業側の探知能力を必要とするという意味では、無自覚情報のほうがより重要な差別化のきっかけになりうる。顧客の何気ない仕草や、製品の顧客独自の使い方といった情報は、顧客が意識して企業に発しているわけではないため、現場で顧客と注意深く対面交流をしない限り、なかなか知りえない。徹底した現場主義は、それを叶えてくれる。

二つ目は、感情伝達の意義である。現場に訪れることで、技術者も顧客の感情を直に感じ取ることができる。たとえいくら緊急だと顧客が要求しても、それが紙面で伝えられる限り、顧客の要求はあまり身に沁みないだろう。しかし現場に行き、目の前で叫び乱暴な振舞いをしようとする顧客を前にすれば、その緊急性を十二分に感じ取れると考えられる。それを目の当たりにした技術者には、素早い製品改善力が備わるはずである。

連合サービスの本質

技術者の守備範囲を拡大させていることからもわかる通り、クボタは顧客接点での仕組み作りにかなり注力している。それは、連合サービスの充実化からも窺える。連合サービスについては、すでに前節でその仕組みとその顧客価値を論じたので、ここではクボタにとって持つ意味を考えよう。大きく三つの点があげられる。

第一に、顧客情報のバイパスとしての意味がある。一般に、代理店に販売を任せるメーカーの悩みは、最終顧客の顔が見えづらいということである。顧客と直接やり取りをするのが代理店であるために、メーカーには最終顧客の顔が見えづらく、どうしても間接的な情報調達になってしまう。厄介なことは、代理店側が、最終顧客の情報を巧みに操ることでメーカー側への交渉力や優位性を築こうとする動機を持っていることである。

この問題を解決してくれるのが、連合サービスである。その役割を模式的に描いた図5-3に示される通り、連合サービスによって、代理店を介することでノイズが混じりがちな顧客情報を吸い上げるバイパスが設けられている。連合サービスは、KAMSおよび代理店から派遣する社員で構成されている集団であるから、賃刈屋が連合サービスに補修を要請すると、KAMS側にも顧客の声が直接入ってくるというわけである。

バイパスの設計は、かなり重要な施策である。代理店の社員であれ、KAMSの社員であれ、行く先々でさまざまな顧客と直接向き合って議論を重ねれば、無駄打ちもあれども、少なからず有益な情報が吸い上がるからである。江蘇蘇欣農機連鎖有限公司の董事長を務めている蔣海方は、連合サービスの意義を次のように述べる。

「KAMSのサービスカーは、賃刈屋のトラックにくっついて中国全土を走ります。中国でのコンバインには耐久性が要求されます。部品の交換や修理が必要なこともありますが、そんなとき、あらゆる部品を積んだサービス部品トレーラーが現場ですぐに対応してくれるのです。KAMSは中国各地に代理店を持ち、しっかりとしたネットワークが構築されていますから、一つの指示で、全国の代理店が即時に対応できる。さらに各地のユーザーから上がってきた現場の声を、我々がKAMSにフィードバックできる。こうした好循環も、クボタのブランド力が中国でナンバー1であることの理由だと思います」（クボタ・ホームページ「GLOBAL INDEX」）。

図 5-3　連合サービスの役割

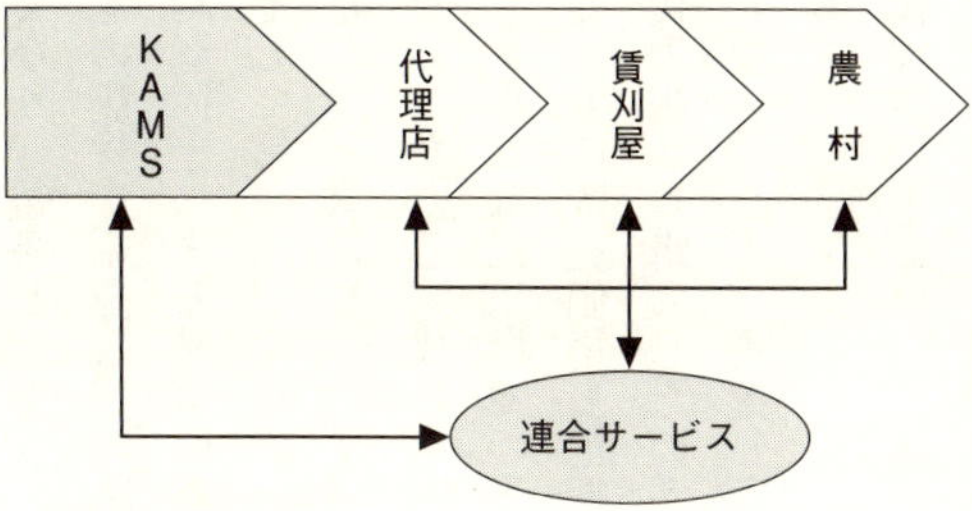

（出所）　筆者作成。

第二に、賃刈屋同士の競争回避を調整する意味合いがある。連合サービスの参加者たちは、賃刈屋の移動に合わせて拠点を移すため、賃刈屋がどこで収穫しているのかを把握できる。これもまた重要な点である。というのも、KAMSにとって避けたいことは、賃刈屋同士の衝突、無駄な競争だからである。賃刈屋の間で賃刈りの低価格競争が起きると、賃刈業者のコンバインの投資回収期間がそれだけ延びることとなり、結果としてコンバインの更新需要を間延びさせてしまう。それを避けるには、賃刈屋に手つかずの農村を紹介し、無駄な低価格競争を起こさせないことが望ましい。連合サービスには、そうした賃刈屋同士による競争回避機能も備わっている。

そして第三に、代理店との関係においても意味があると考えられる。KAMSは、代理店が希望する販売地区を承認して、互いの合意の上で代理店契約を行っている。再販価格についても、何ら拘束していない。ただし、代理店同士で無用な競争が起きるような状況は避けたいだろう。この点について見ると、クボタは、工場での現金支払いと引換えに製品を渡している。これにより、確実に代金を回収できるとともに販売価格も把握しうると考えられる。それに加え、連合サービスでもまた、各賃刈屋がどこの代理店から購入したのかを把握できるだろう。実際のところKAMSは、これらの点について把握していない。ただ、把握しうるというだけで、代理店間の過剰な競争を牽制する効果を持ちうると考えられる。

代理店の中には、クボタ製コンバインを模造しようとするところすらある。非常に高価な製品であるから、そうした模造動機が芽生えるのも自然なことではある。しかし、模造品を摑まされた賃刈屋がKAMSの連合サービスに補修を求めれば、その段階で、どこの代理店がその模造品を製造し始めたかを特定できる。これもまた、代理店を牽制する効果を持っているといえよう。

ビジネスシステムをどう動かすか

しかし、代理店には契約相手の企業を選ぶ自由があるため、仮に有利な条件であれば他社製品を扱うようになりかねない。そこでＫＡＭＳは、何らかの方法によって彼ら代理店を動機づける必要もあると考えられる。

代理店への動機づけ策は、一般的にいってもっぱら金銭にかかわるものであり、収益モデルの出番となる。そこでクボタが設計した収益モデルを代理店への動機づけという観点で分析すると、第一に費用拠出策、第二に収益付与策があげられる。

まず費用拠出策について触れると、ＫＡＭＳは連合サービス運営費用の一部を拠出している。具体的には、当該代理店の販売責任地区を大きく越えて顧客がコンバインを稼働させる際に、ＫＡＭＳは各代理店と合意契約を結んだ上で、代理店補修員たちの出張経費の一部を拠出しているのである。

代理店には、それぞれに責任地区がある。賃刈屋が別の地区に移動すれば、連合サービスの中核的提供者は、その賃刈屋の訪問先を責任地区としている現地代理店となる。当然ながら、賃刈屋が大挙して移動してくると、現地代理店だけでは到底対応しきれなくなる。そこで、周辺地域の代理店からも人員を派遣してもらい、該当地域の代理店のみが対応に忙殺されないようにする必要がある。

しかし、それでは周辺代理店は協力させられるだけである。そこでＫＡＭＳは越境人員派遣に対し、合意契約に基づいて彼らの出張経費を部分的に拠出している。このことは、連合サービスがＫＡＭＳと代理店の一体的な活動であることを意味している。同時に、連合サービスに対する代理店の貢献意欲を保つ上でも重要だと思われる。

次に、収益付与策について触れると、補修に際して生じる交換部品などは、代理店がＫＡＭＳから購入して販売するため、交換部品が売れるほど代理店の利益が高まることになっている。筆者が徐州の代理店を訪れた際も、倉庫には多種多様な交換部品がそれぞれに区分けされて山積みになっていた。交換部品を大量に買い込み、その販売収入を見込んでいたのである。交換部品や消耗品などの利益を代理店に落とす収益配分モデルを設計すれば、その分だけ代理店が連合サービスに協力的になる。

この収益付与策は、ビジネスモデルでいうところの収益モデルの設計に相当する話である。収益モデルの設計は、自社への利益創出としての役割がもっぱら注目されるけれども、他者への収益配分を通じた動機づけ策としても非常に重要な意味を持っているのである。やや抽象的に記せば、クボタは、収益モデルを巧みに設計することで、ビジネスシステムを円滑に駆動しているといえる。

このようにクボタが設計した収益モデルは、より動態的な意味合いを持っている。というのも近年、経験を積んだベテラン賃刈屋の中で、部品交換や簡単な補修に特化した事業を興す者が出始めているのである。彼らは、部品交換や補修に生計を立てるほど十分な利益を生む力があると考えている。KAMSにとって、これは助かる展開である。なぜなら、自前ですべての補修サービスネットワークを構築することなく、ベテラン賃刈屋たちによる個人補修事業者という外部の力を利用しやすい状況になっているからである。

4 源流と有効性

サービス特急便

前節では、KAMSが顧客価値を生み出すために作り上げた仕組みを分析した。このうち、とくに注目すべきは、連合サービスであろう。顧客に徹底的に張り付いてサービスを提供する仕組みは、おいそれと他社が追随できるようなものではなく、しかもかなり中国独特なものに見えるからである。

しかし興味深いことに、連合サービスが中国で果たしている機能を抽出すると、じつはクボタが日本で提供してきたサービスとの本質的な共通性を見出せる。クボタは、日本市場で競争優位を構築してきた過程で、各地にサービスステーションを設立し、販売店も活用しながら、補修や部品交換を通じて顧客の要望に即応できる体制を整えていたのだった。

その最源流は、かなり時代を遡る。農機のサービスステーションが設置され始めたのは一九五五年。クボタは、この支援体制を競争優位の一つの重要な源泉と捉えていた。社史は、「当社研究技術陣の総力を挙げての新製品開発が相次いで功を奏し、(昭和)四十年前半には農機市場において他社をしのぐ地位を獲得することができた。その要因の一つである販売促進のためのサービス・ステーションづくりを始めたのは(昭和)三十年であったが、(昭和)四十五年までには合計一二拠点を設置し、販売・サービス体制の充実を図った」(久保田鉄工［一九八〇］三六九頁)と記している。

二〇〇〇年代の中国市場における競争優位の源流を辿ると、一九六〇年代の日本における経験に行き着く。こう記すと、馬鹿げた話に聞こえるかもしれない。注意してもらいたいのは、ここで指摘したのが、あくまで源流だということである。ごく小さな源流が、他の支流と交わりながら次第に川幅を広げ、水量を増していくように、クボタの支援体制もまた、その後の経験を重ねていく中で変容、発展し続けてきた。その発展形を見ると、中国で展開している支援体制と瓜二つの機能を果たしていることがわかる。

この点を理解するために、クボタが日本で発刊している営農誌『U』をひもとこう。この雑誌にはクボタの営業所を紹介するコーナーがあり、その記事を何号にもわたって辿ると、各営業所の取組みの背後にあるクボタの戦略的姿勢が読み取れる。この中で、北海道クボタ美幌営業所による次の記述は、じつに興味深い。

「当営業所の大きな特長は、所員全員がお客様のサービスコールに対して、現場に到着する時間、現場での対応、準備する部品等すべてが完璧で素早い対応ができるいわば救急車のような感覚で対応していることです」(『U 北海道版』No.五、一二頁)。

この記述で注目すべきは、「救急車のような」という表現である。彼らは、交換部品や補修道具を積み込んだ専用車を用意し、現場を駆け回っているのである。クボタは、この専用車を「サービス特急便」と呼び、一九九四年ごろから統一的な名称で各営業所に導入していた。このサービス特急便が、救急車のような速さで現場に急行し、応急措置を施すのである。この有事即応力は、日本の農家をこう唸らせている。

「クボタは腕のいい技術者がいるので離れられない。応急処置ができるところがいい。普通は壊れたら部品を取り寄せてといった具合に時間がかかるが、それでは間に合わない。そんなところで融通の利くクボタと付き合っている」(『農業経営者』二〇〇八年三月、五〇頁)。

この評価は、中国の連合サービスに対して賃刈屋が下す評価ではないかと見間違えるほど、よく符合している。この種の応急救護機能は、まさにKAMSが中国で展開している連合サービスの機能と同一である。つまり、クボタは、中国と本質的に相通ずる仕組みを、日本ですでに構築していたのである。

もちろん連合サービスは、李や楊が中国で悩み抜いて創り出した仕組みである。その意味では、日本からの移転には見えないかもしれない。しかしそれは、日本から何かを教え込むというような直接的な移転ではなかった、というだけのことである。日本のサービス特急便が提供する価値と同じものを、中国で李や楊が苦心して創り上げていたとき、日本からの駐在者たちはそれを否定せず、見守っていたのではないだろうか。本質的に似た仕組みが中国で自立的に生み出される過程を後援する。これは、間接的な移転とでも表現できるだろう。一つの立派な移転形である。

なぜ有効だったのか

KAMSが中国で展開してきた仕組みの本質は、クボタが日本で構築してきた仕組みとよく似ている。なぜ、このようなビジネスモデルが効力を持ったのだろうか。その理由として、筆者は次の三点をあげたい。

一つ目は、補助的サービスの品質である。補助的サービスとは、製品そのものの主要機能を補強する、さまざまなサービスをさす概念である。この補助的サービスのおかげで、クボタはコンバインの長期安定稼働を実現し、顧客と長期的な関係を築いている。すでに記したように、クボタは、日本市場で競争優位を築く過程で高品質な補助的サービスを生む仕組みを創り上げてきていた。その日本での勝ちパターンに強い確信があったため、中国市場でも同様のビジネスモデルをかなり先進的かつ徹底的に展開し、顧客に張り付きながら、高品質な補助的サービスを提供したのだと考えられる。それが、顧客の支持を集めたのである。

二つ目は、ビジネスモデル設計の緻密さである。本書において、ビジネスモデルは、たんに収益モデルを意味するのみならず、業務の仕組み、すなわちビジネスシステムをも含んだ概念である。この二つは個別独立に設計できるものではなく、互いに絡ませ合って設計すべきものである。クボタのビジネスモデルは、ビジネスシステムと収益モデルとをうまく連携させながら、かなり緻密に設計されていると考えられる。

ビジネスシステムの設計で重要なことは、業務の線引き、自社業務の行い方、そして他者のコントロールという三点に集約される。業務活動の流れの中で、いったいどこを自社の範囲とすれば、付加価値を自社に取り込め、かつ豊かな情報が流れ込むのか。その線引きを定め、自社で担うと決めた業務をどう行うのかを決めることが、ビジネスシステムの重要設計事項である。次いで、その線引きの外、つまり業務を委ねる他者をいかにうまくコントロールできるかが重要となる。他者をコントロールする一つの手段は、ビジネスシステムを巧みに設計して他者同士の競争を刺激することである。いわゆる、見える手による競争である。

他者をコントロールするもう一つの手段が、収益モデルの設計である。これは、「企業が生み出す付加価値をどう配分すれば、業務を委ねる他者が有効に活動してくれるのか」を考えるということである。収益モデルは、一般に、自社の利益をどう生み出すかということのみに注目が集まる。しかしビジネスシステムとの関係で分析すると、収益モデルの設計いかんで他者がどう動くかが決まり、ビジネスシステムの有効稼働を左右するともいえる。つまり、収益モデルには、自社の利益創出と他者への利益配分という二つの点を検討して設計することが求められるようになるのである。

このように考えると、ビジネスモデルの設計は、相互に絡み合う各要素のかなり細部にまで緻密に目を行き届かせて全体を作り上げなければならないという意味で、戦略的難易度が高いといえる。クボタがその双方をうまく設計していたことは、すでにこれまでの節で論じてきた通りである。満遍なくきめ細かに設計されたビジネスモデルは、緻密かつ複雑な因果連鎖で下支えされていることになる。それは、おいそれと追いつかれるものではない。

三つ目は、中国という国の特徴に由来する。中国で事業を行い、補助的サービスを用意しようとすると、全土対応が求められる。賃刈屋への対応は、まさに全土横断的な対応事例であった。全土対応可能なビジネスモデルを構築しようとすると、かなり規模の大きな投資が必要になる。そのため、いったん広範な仕組みを先んじて作り上げた企業が成功すると、後発企業は大変苦しくなる。先行者と同じ水準にまで資源投入量を引き上げない限り、追いつけないからである。

以上の通り、高品質な補助的サービス、モデル設計の緻密さ、そして全土対応に伴う資源投入量という三つの理由から、クボタのビジネスモデルは効力を発揮したと考えられる。

効力は続くか

近年、中国の水稲用コンバイン市場には、うねりが見え始めている。

まず、賃刈屋の数が飽和状態となり、自脱型コンバインの市場も伸び悩んでいる。次いで、普通型コンバインが、自脱型を飲み込むようにして拡大しつつある。普通型コンバインは、自脱型コンバインに比べて性能が落ちるものの、価格面で半値程度と安く、「事足る」品質を実現し始めている。普通型コンバインの顧客も、自脱型と同様に賃刈屋である。自脱型で成長してきたクボタにとって、普通型は脅威なのである。

この脅威にクボタは自ら乗った。二〇〇九年から普通型コンバインの生産に乗り出したのである。そして二〇一二年、同社は三〇%を超える市場シェアを獲得し、約三万台といわれる普通型コンバイン市場の首位に躍り出た。同社は、自脱型から普通型への転換に適応し、普通型コンバイン市場でもまた競争優位を築き始めているのである。転換したとはいえ、クボタが行っていることは一貫して変わらない。より耐久性の高い普通型コンバインで賃刈屋を魅了し、連合サービスで彼らを支援しているのである。

賃刈屋の飽和状態は、おそらく連合サービスのあり方に変化を求めるだろう。賃刈屋が少なかったころは、賃刈屋が全土を往来して稲刈作業を行っていたため、同様に全土を移動する連合サービスが有効であった。しかし、賃刈屋が増えたことで、賃刈屋の行動範囲が、次第に全土単位から近隣の複数省単位へと狭まってきている。その結果、各地域単位でのサービス構築が求められ始めているのである。

これは、KAMSと顧客の関係が、より日本的になってきたといえるかもしれない。日本においてクボタはすでに、地域単位でサービス特急便という仕組みを作り上げてきている。中国において、全国単位から地域単位へと賃刈屋の行動範囲が狭まることで、日本で構築してきた仕組みがいっそう親和性を持つように思われる。そうなると、クボタが備えるビジネスモデルの優位性は、持続可能性を増すであろう。

注意すべきは、各地域単位でのサービス体制構築が求められるようになると、補修人員の育成がより重要な鍵となることである。十分な技量を持つ補修人員を各地域でいかにして育て上げるかが、賃刈屋からの評価を左右する。そのために、KAMSは技能講習会を今後も積極的に開催し、代理店のみならず賃刈屋への啓蒙活動を繰り返すことになろう。ベテラン賃刈屋を、たんなる古株顧客ではなく、ともに価値を創り出していくための協力相手として迎え入れることも、今後重要な一手となろう。

中国は世界一の米作国である。一般農家が自家用にはまだ手を出していないという意味で、コンバイン市場はいまだ黎明期だという見立てもできる。目の前に大きな潜在市場が広がっていることを見据え、その広大な市場で競争優位を実現するために、どのようなビジネスモデルを展開して競争優位を下支えしていくか。クボタおよびKAMSの取組みは、今後も非常に興味深い。

参考文献

池上彰英［二〇〇九］「農業問題の転換と農業保護政策の展開」池上彰英・寳劔久俊編『中国農村改革と農業産業化』日本貿易振興機構アジア経済研究所、二七-六一頁。

温鉄軍（丸川哲史訳）［二〇一〇］『中国にとって、農業・農村問題とは何か？――〈三農問題〉と中国の経済・社会構造』作品社。

久保田鉄工株式会社［一九八〇］『久保田鉄工最近十年の歩み　創業九十周年』久保田鉄工。

クボタ・ホームページ「GLOBAL INDEX」（アジアの時代　農業機械化のダイナミズム――中国・稲作革新への道、http://giweb.kubota.co.jp/asianage/asianage02_01/index4.html、二〇一三年九月確認）。

詹志平・南龍一・松下肇［二〇〇五］「中国向け自脱型コンバインの開発」『クボタ技報』第三九号、二九-三三頁。

高瀬寿恵［二〇〇四］「ヤンマー農機株式会社」ジェトロ編著『中国市場に挑む日系企業――その戦略と課題を探る』ジェトロ、八五-九五頁。

『日経ビジネス』二〇一一年三月二一日号、「現場力 クボタ（農機メーカー） 中国で、稲刈り事業を紹介」五〇-五二頁。

『日経ものづくり』二〇一一年三月。

『日本経済新聞』一九八〇年一月一八日。

『農業経営者』二〇〇八年三月。

三木博幸［二〇〇八］『コストを下げれば、品質は上がる――「物創り」革新の現場学』日本経済新聞出版社。

『U 北海道版』No.五、二〇〇二年七月。

第6章 日産自動車

過去を活かした迅速構築

岸本 太一

1 中国展開と成功の軌跡

最後発からの急成長

日産自動車（以下、日産）は、二〇〇三年、中国の自動車メーカー東風汽車の子会社・東風汽車工業投資有限公司との合資会社である東風汽車有限公司を設立することで、中国へ本格的に参入した。フィアットとスバル、ルノーを除けば、世界の主要自動車メーカーの中で最も遅い中国進出であった。

東風汽車有限公司は、商用車も取り扱っているが、今回の分析対象は、乗用車である（なお、同企業の乗用車部門は、東風日産と表現されることも多いが、以下では日産と表記する）。

現在の主要な生産基地は、広州花都工場（主に中級車種）、河南鄭州工場（主にＳＵＶ〔＝スポーツユーティリティビークル〕車種）、湖北襄陽工場（高級車種）の三拠点である。最初の拠点である花都には、エンジン工場も併設されている。[1]

販売台数は、合資会社設立以降、急速に増大している。二〇〇三年に六万五〇〇〇台であった中国市場における日産の乗用車販売台数は、一一年時点では八〇万九〇〇〇台に達している。販売台数だけでなく、シェア順位も上げてきている。二〇〇三年に一〇位であった乗用車の販売台数ベースのシェアは、一一年においては五位である。[2]

顧客の地域に関しては、以前は沿岸部の開発された地域がメインであった。しかし、近年は内陸部および開発されていない地域も、日産の主要な顧客となっている。開発されている地域が全体の売上げに占める比率は、昔は半分以上であったが、今は四五％にまで低下している。日産の販売台数は、沿岸部だけでなく、内陸部でも増大しており、内陸部においてもフォルクスワーゲンやGMといった中国で最も知名度の高い自動車メーカーと同等の販売台数の成長を達成している。

以上のように、成長の面から見れば、日産は、間違いなく中国で成功している企業である。ただ、一つ気になるデータが存在する。日産の中国における二〇一一年の乗用車販売台数シェアは、順位では五位だが、数字では五・五％にすぎない。日産を中国における成功事例として取り扱ってよいのだろうか。

巨大な市場、比較的健闘、ごぼう抜き

中国の自動車市場は、群雄割拠の市場である。先進国の有力メーカーの大半が参入しており、近年急速に力をつけてきているローカルメーカーも交えて、激しい競争が繰り広げられている。その中での五・五％は、それほど悪い数字ではない。上述したように、順位でいえばトップファイブに入る数字で

図 6-1　中国市場における乗用車販売台数

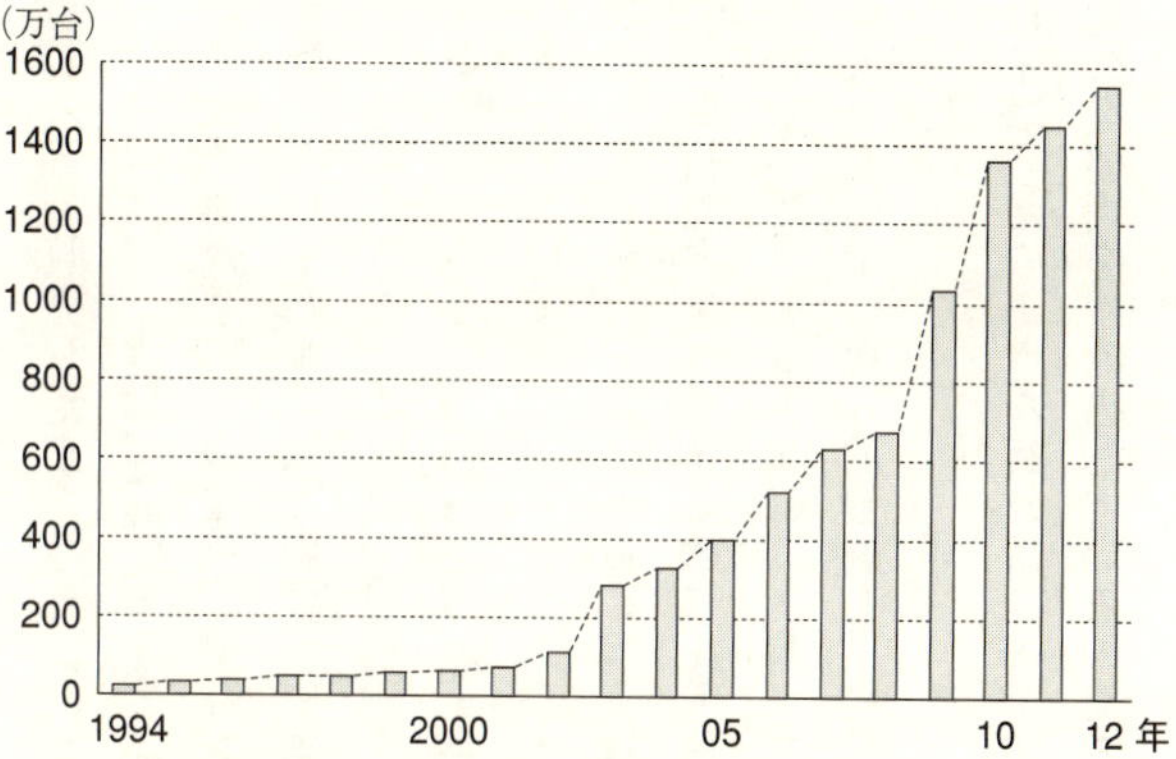

（注）　1994 年から 2002 年の販売量は轎車（セダン）だけのもの。2003 年以降の販売量は乗用車の台数。

（出所）　1994 年から 2011 年のデータは『中国汽車工業年鑑』各年版より，2012 年のデータは中国汽車工業協会（CAAM）の公表データより作成。

ある。

だが、説得材料は、順位ではない。最大の説得材料は、このシェアの数字が生み出す販売台数にある。

中国市場は、きわめて巨大である。たとえば、二〇一一年の中国における乗用車の販売台数は、一四四七万台にも上る（図6-1参照）。

台数は多くても、単価が安い市場もある。東南アジアのオートバイ市場がその典型である。日系二輪メーカーが東南アジアで販売している車種と日本での販売車種とでは、平均単価が何倍も異なる。しかし、中国自動車市場は、その手の市場ではない。日産が販売している自動車の平均単価は、他の先進国市場のものと比べても、大きな差はない。低価格セダンでも一〇〇万円前後、最も売れているティーダやティアナといったモデルのベーシックな価格は一五〇万円から二五〇万円程度である。最近は、さらに単価の高いSUVも年間で一万台以上売れている。

それゆえに、中国でのシェアの数字は、他国での数字と比べて、重い意味を持つ。二〇〇九年、日産は約七六万台販売したが、これは同社における全世界の販売台数（三五一万台）のじつに二二％に相当する。中国は、「比較的健闘」であっても全社業績に大きな影響を与える市場なのである。

以上とは別の意味での比較的健闘も、日産を成功ケースと判断する上でのプラスの材料となりうる。日産は、グローバルで見た場合、中国において比較的健闘している企業である。

そもそもトヨタとホンダの自社ホームページ上の公開データには、中国単独というカテゴリーが見当たらない。仕方なく全世界の販売台数に占める（日本を除く）〝アジア〟全体のシェアを調べると、二〇〇九年においては、トヨタが二三％、ホンダが二八％であった。日産は、中国単独で二二％である。

加えて、日産は、後発からごぼう抜きした企業でもある。自動車産業は、量産効果がきわめて大きく、かつ、供給能力を増強するのに比較的時間のかかる産業である。にもかかわらず、日産の中国における販売台数ベースのシェアは、上昇してきている[3]。

巨大な市場で、比較的健闘し、後発からのごぼう抜きを達成した日産は、成功ケースとして取り扱ってよいだろう。

日産は、どのようなビジネスモデルを採用しているのだろうか。そのビジネスモデルは、どのような成功の鍵要因を生み出しているのだろうか。ビジネスモデルの原点は、どこにあるのだろうか。

2　ビジネスモデルの概要

専売ディーラー、外注との長期取引

ビジネスモデルの実態を把握することなしに「モデルがどのような成功の鍵要因を生み出しているのか」を考察することはできない。本節では「日産が中国で採用しているビジネスモデルの概要」を確認していく。

ビジネスモデルの構成要素は、収益モデルとビジネスシステムの二つである。まずは、後者のベーシックな部分に関する実態把握から始めていこう。具体的には、一連の業務活動を「新製品（モデルチェンジを含める）がラインオンするまでの業務活動」と「ラインオンした後の業務活動」の二つに分類し、「各業務活動を誰が行うのか」「どこで行うのか」「契約期間の長さをどうするのか」に焦点を当て、ビジネスシステムの実態を把握していく。

新製品がラインオンした後の業務活動の流れとは、いいかえれば、サプライチェーンのことである。自動車のサプライチェーンの概要については、セットメーカーのビジネスモデルを理解する上では、部品製造、アッセンブリー、販売、アフターサービス、の四つの活動を見ていけば十分だろう。なお、ここでいう販売には、製品の販売のみならず、ローンや保険、アクセサリーの販売業務も含まれる。アフターサービスとは、事後的なアクセサリーの販売および補修作業と補修部品の供給業務のことをさす。

エンジン等の一部の部品製造とアッセンブリーを自社で担当し、残りの業務は他社に任せる。販売とアフターサービスについては、フランチャイズ契約を結んだ自社専属の現地ディーラーに任せる。外注先であるディーラーと部品サプライヤーとは長期的に取引していく。サプライチェーン全体の統括は、自社が担当する。結論をいえば、これが、日産が中国で採用しているラインオンした後のビジネスシステムである。

部品サプライヤーとの取引期間については、違和感を感じた読者もいるかもしれない。ご存じの通り、日産は「オープンコンペティション制を採用している」と公言しているからである。

たしかに、中国では、新たなサプライヤーと取引が始まることは多い。しかし、取引期間に関しては、一度契約すれば、基本的にモデルチェンジが行われるまで継続される。自動車のモデルチェンジのサイクルは、今のところ四〜五年である。また、オープンコンペティション制とはいっても、実際には、品質や納期等のものづくり能力に関する厳しい査定を事前に受け、それにパスしたサプライヤーのみしか参加することができない。加えて、中国においては、膨大かつ急激に拡大する需要に対して、日産が要求する水準を満たすサプライヤーが足りていない状態にある。それゆえに、日本とは異なり、今のところサプライヤーが切られることが少ない。実態としては、長期取引なのである。

現場の長期雇用、既存車種のカスタマイズ

長期取引は、外注先との契約だけでなく、自社の現場従業員との契約においても、採用されている。二〇一〇年における日産花都工場の現場従業員の離職率は、年たったの二%である。日本国内ならば、それほど驚く値ではないのかもしれない。だが、中国広州のブルーカラーの労働市場におけるこの数字は、驚きに値する。ここの労働者の離職率は、(年ではなく)月で五%を超えることもざらにあるからである。われわれも間違いではないかと、インタビューの際、四回も聞き直した。

背後にある取組みを知ると、ある程度納得ができるようになる。象徴的な例を一つあげると、日産

は、購入したマンションを市価の三割程度で社員に分譲し、それを社宅にするそうである。一般の人は定価で購入するそのマンションは、工場にも近く、数年のうちに地下鉄の始発駅ができるという一等地にある。福利厚生面の充実にも、積極的に取り組んでいる。豪華な食堂の建設はもちろんのこと、「タバコで喉がきついから、喫煙所をつくってもらいたい」等の些細な要望に対しても、細かに対応している。

話を新製品がラインオンするまでの業務活動へと移そう。ラインオンするまでの活動としては、①顧客のニーズの把握および製品コンセプトの考案、②基礎モデルの設計、③モデルのカスタマイズ、④量産立上げ、があげられる。③までがいわゆる製品設計に関連する業務である。④は開発した製品を量産化するために製造現場で行われる業務である。

近年、開発機能の現地化が声高に叫ばれている。日産でも現地化は進んでいる。とくに、①と④に関しては、かなりの部分が現地で行われつつある。二〇〇五、〇六年あたりから世界全体で平行して新モデルの生産立上げを行う方針を採用し始め、中国でも〇六年から開始されている。中国での新モデルの生産立上げは、今後さらに多くなるそうである。

ところが、製品設計（②および③）に関しては、中国仕様のモデルを含め、いまだに日本にて行われている[4]。今のところ、日本で過去に設計した基礎モデルをカスタマイズすることで顧客のニーズに対応しており、その設計のカスタマイズも基本的には日本で行っているのである。

以上で紹介したビジネスシステムは、日本の自動車メーカーにとってはきわめて馴染みのあるものである。日産以外の日系ビックスリーも、中国では上記と同様のビジネスシステムの基礎構造を採用している。基礎構造の部分に、日産の独自性はない。しかし、ゴーン改革以降、こと日本においては、日本型の破壊者という印象の強い日産が、中国では、他の日本企業と共通する基礎構造を採用している、という点は、特筆に値するだろう。

一系列フルラインナップと一社合弁

だからといって、日産のビジネスモデルにオリジナリティがないというわけではない。日産の独自性は、収益モデルと外注先の評価システムにある。

収益モデルとは、「どのような顧客から、どの製品およびサービスによって、売上げを回収するのか」に関するモデルである。日産は、同じような車種・モデルが複数にならないように配慮しつつ、一つの販売系列で製品のフルラインナップを展開し、ほぼすべての製品から大きな売上げを回収している。

具体的にいえば、一つの販売系列に、SUV、ハッチバック、セダン、コンパクトカーといったボディタイプを満遍なく揃え、それぞれのボディタイプについても、セダンであれば一・五リットルクラス、二・〇リットルクラス、二・五リットルクラスといったように複数のグレードを揃えている。日本で売られていない低価格帯のセダンも販売しているが、それだけが中心ではない。たしかに、ヒット商品はある。ティーダやシルフィといった車種は、二〇一〇年一年間で一五万台前後も売れている。コンパクトカーやSUVの一部には、今のところそれほど売れていない車種もある。しかし、少なくとも近年は、大半の車種で万単位の台数を売り上げている。

企業全体としてのフルラインナップは、他の日系ビックスリーも行っている。だが、一つの販売系列のみでのフルラインナップを実施しているのは、日産だけである。
違いを生み出した最大の原因は、合弁相手の数の違いにある。

中国では、トヨタとホンダは二社と合弁し、活動している[5]（トヨタは一汽豊田と広州豊田、ホンダは広州本田と東風本田）。日産の中国における合弁相手は、東風汽車のみである。

二社合弁で活動を行うと、販売系列は必然的に二つとなる。その一方で、製品のラインナップは、新興国である中国の企業との合弁では、二倍にはならない。これまでのところ、日系企業が中国で販売している車種・モデルは、日系企業側がすでに保有している基礎モデルをそのまま持ってきた、もしくはカスタマイズしたものが大半であり、また開発機能は、依然として日系メーカーのみによって担われている。以上のような実態に合弁先二社間の争いがブレンドされると、一つの販売系列に流される製品ラインナップは半分近くになってしまう。

事実、日系他社の販売店では、日産および同社の日本拠点に比べて、取り扱う車種とグレードが明らかに少ない。象徴的な例を一つあげれば、広州豊田の販売店におけるカムリ（二・五リットルセダン、三〇〇万円〜）のすぐ下の車種はヴィッツ（コンパクトカー）であり、間にマークX（二・五リットルセダン、二五〇万円〜）やカローラ（一・五リットルセダン）は存在しない。マークXやカローラは広州豊田ではなく、一汽豊田の販売店が取り扱っているのである。

これに比べて、合弁相手が一社である日産には、一系列フルラインナップへの足枷がないわけである。

多面的なディーラー評価、オープンコンペティション

日産は売上げを製品の販売だけで回収しているわけではない。アクセサリーや補修部品の販売、保険の加入の斡旋からも、大きな売上げを回収している[6]。

筆者らが訪問した日産の専売店においては、盗難防止装置やGPS、バックソナーといったアクセサリーの売上げが全体の二〇~三〇%を占めており、販売店全体の利益の少なくとも六〇%以上が補修と保険であった。同店で車を購入した顧客の保険加入率は一〇〇%であり、補修に関しては、九五%以上の顧客が車を購入した販売店に頼むそうである。販売店で保険を付与した場合、事故の情報がそのディーラーに入ってくることが、その大きな理由である。補修部品とアクセサリーの九〇%以上は、日産製である。

新車販売以外による売上げ回収を重視するモデルも、自動車メーカーにとっては目新しいモデルではない。外資系自動車メーカーは、中国以外の国では、このモデルを採用している。日本を含め、大半の国では、ディーラーは新車販売によるだけでは利益を上げることができないそうである。

ところが、中国においては、状況が異なる。他社は、日産と比べて、新車販売による売上げ回収への依存度が高いようである。筆者らが訪問した日産専売店の話によれば、中国のディーラー業界全体では、新車販売の利益は、じつに全体の四割を占めているとのことである。

新車販売への依存度の差を生み出す大きな原因の一つは、ディーラーの評価方法にある。

日産は、報酬を支払う際の項目に、ルールの実施率、保険の付与、補修といった販売台数以外の項目を含め、評価を行っている。このような多面的な評価は、中国では特殊らしい。中国では、販売台数の

みで評価が行われることが一般的のようである。

日産の専売店では「最近、日系を含めて他社が、われわれのディーラーの評価方法について聞きにくることが多い」という話を聞いた。販売台数以外の項目を含めた多面的な評価は、他国ではどの企業も採用している方法である。その方法に対してまったく無知であるとは考えにくい。中国では本格的に採用していないがゆえに、日産へ聞きにきていることが推測される。

ディーラーを販売台数のみとはいわないまでも、それにかなりの重点をおいて評価すれば、彼らは保険、補修、アクセサリー販売といった自動車販売以外による売上げ回収を相対的に軽視する。結果、セットメーカー側の製品販売以外からの売上げの割合は、減少するだろう。

日産にオリジナリティが見られるのは、ディーラーに対する評価だけではない。サプライヤーの評価においても、他の日系企業との違いが見られる。オープンコンペティション制を公式的に導入している点である。

本節の第一項で、オープンコンペティション制がサプライヤーとの長期取引にもたらす影響は今の中国においてはあまりないと述べた。だが、この評価システムが影響を与えうるのは、取引期間に対してだけではない。新規サプライヤーの獲得のしやすさや需要が縮小した際のサプライヤーへの対応に関しても、影響をもたらしうる。実際に、次節以降で述べるが、それらへの影響は大きく、このことは、中国での成功やビジネスモデルの将来のポテンシャルを議論する上で、重要なトピックなのである。

3　ビジネスモデルが生み出した成功の鍵要因（1）

迅速構築が成功につながる中国

日産のビジネスモデルの特徴は、日系企業に共通する要素をビジネスシステムの基礎に据えつつ、収益モデルや外注先の評価システムの面に独自の要素を組み込んでいる点にあった。

それでは、日産のビジネスモデルは、どのような成功の鍵要因を生み出したのだろうか。モデルと鍵要因、鍵要因と成功は、どのようなロジックでつながっているのか。本節と次節では、これらのテーマを取り扱っていこう。

ビジネスモデルが生み出した成功の鍵要因としてまずあげられるのは、サプライチェーンの迅速な構築である。

一般的に、企業の成功を直接的に左右する要因として想定されるのは、顧客のニーズへの適応と競合他社に対する差別化である。ところが、安定かつ急速に拡大する市場においては、それらの要因に加えて、供給網を迅速に構築すること自体が、成功の要因となりうる。需要が供給を大幅に上回る状況が生まれ、その状況が安定的に続くためである。

とくに自動車産業においては、そういった過少供給の状況が生まれやすい。大量供給可能なサプライチェーンの構築に時間のかかる産業だからである。

中国自動車市場は、巨大なだけでなく、急速に拡大している市場である。リーマンショック後の二〇

○八年から○九年でさえ、五○%強も乗用車の販売台数が増大している。
その需要は、他の多くの産業とは異なり、低品質低価格製品によって生み出されているものではない。二○一一年のシェアトップテンの中にピュアローカルメーカーは二社しかランクインしていない。残りはすべて外資系との合弁企業である。
時期による需要の変動も大きくない。筆者らが訪問したディーラーは、月の平均販売台数が二五○〜二六○台であり、一番売れている月で三○○台、一番売れていない月でも二三○台程度であった。同じ耐久消費財でも、春節等の時期に需要が何倍にも膨れ上がる家電とは異なる。
サプライチェーンの迅速な構築は、売上げだけでなくコスト削減を通じても、成功に大きく貢献する。迅速な構築は、量産効果によるコスト削減につながる。自社工場における生産費用のカットはその一つである。日産の二○一○年の台当たり原価は、○四年の値を一○○とした場合、三五にまで低下したという。その成果の半分は、台数増による固定費分散効果にあった。[7]
迅速構築は、サプライヤーの現地化を通じても、コスト削減をもたらす。サプライヤーの現地化は、物流費を下げる。日産の二○一○年における物流費は、○四年の物流費を一○○とすると、五○にまで低下した。この結果には、「輸入部品の物流費が限りなくゼロに近づいている」という点が大きく寄与しているとのことである。現地化は、こういった目に見える経費の圧縮だけでなく、部品の供給リードタイム短縮を通じて、サプライチェーン全体の在庫圧縮にも貢献するだろう。

迅速に構築する日産

日産は、中国では、きわめて速いスピードでサプライチェーンを構築してきた。

ディーラー網については、ロバストな証拠が存在する。日産は、二〇〇四年から販売店を毎年五〇店前後増加させてきた。二〇〇四年時点で一五二店であった販売店の数は、一〇年には四六二店、一一年には五五五店にまで増えている。二〇一〇年時点の日系他社の販売店数は、一汽豊田は三八六店、広州豊田は二五二店、広州本田は二五二店、東風本田は二九一店である。合弁二社の合計（トヨタ系六三八店、ホンダ系五四三店）と日産を比較した場合は、まだ日産のほうが少ない。だが、合計せずに比較すると、日産は、最後発であるにもかかわらず、すでに他社を上回っている。二〇一一年の日産の店舗数は、一〇年のホンダ系二社合計の数さえも超えている。

サプライヤー網に関しては、迅速構築を推測させる事実が存在する。筆者らが別に行った、中国に進出した日系サプライヤーへの訪問調査では、「もともと日産とは取引がなかったが、中国進出後にコンタクトをとり始めた」という企業に複数遭遇した。[8] 日産に対するインタビューにも、推測させる事実はいくつかあった。インタビューの時点で日産が取引をしているサプライヤーの数は、全体で四〇〇社程度であったが、そのうち日系は一〇〇社程度にすぎない。非日系の三〇〇社の中には、中国で新たに取引を開始した企業が多数含まれているだろう。あるいは、前項で述べた（二〇〇四年から一〇年にかけて）「輸入部品の物流費が限りなくゼロに近づいている」というコメントも、現地にてサプライヤー網を急ピッチで構築していった姿を想像させる。

自社が担当する工程の生産能力も急速に増強させてきた。

工場増築は、生産能力の上限を拡張するための主要の手段の一つである。日産は増築も行ってきている。二〇一一年当時も、花都工場等で車両工場やエンジン工場の増設を行っている最中であった。

生産のやり方をカイゼンすることによっても、生産能力を高めることはできる。むしろ、注目してもらいたいのは、こちらの手段である。日産では、進出から現在までの期間において、カイゼンによって生産能力を急速に高める姿が見て取れた。

前項では、「台当たり原価が二〇〇四年を一〇〇とすると、一〇年には三五にまで下がっており、その削減の半分は台数増による固定費分散効果にあった」と述べたが、じつは削減のもう半分の原因は、現場のカイゼンにあったそうである。無論、台当たり原価はコストの指標であり、生産能力の指標ではない。だが、C（コスト）でこれだけ大きな効果があったという事実は、D（納期）やQ（品質）についても大幅な能力向上が起きた、ということを容易に推測させる。

より直接的なデータも存在する。DSTR（＝一台の車を作るのに必要な実際の工数／設計基準時間）やグローバルベンチマーク製造能力といったグループ内各拠点のものづくり能力を評価する指標において、中国花都工場は、近年、日本と同等もしくはそれ以上の結果・評価を出している。[9] 新車品質においても、日本と遜色のないところまで来ているそうである。[10]

ビジネスモデルの迅速構築への貢献

以上のようなサプライチェーンの迅速構築に、日産が採用したビジネスモデルは、大きな貢献をしている。

ディーラー網の迅速構築に対しては、多面的なディーラー評価が大きく貢献している。販売店を補修や保険、アクセサリーの販売といった販売台数以外の要素を含めて評価することは、日産の収益を獲得するルートを増やすだけではない。ディーラーにとっても、魅力的な評価制度である。すでにたびたび触れてきたが、日産の販売店での話を聞く限り、新車販売以外の収益は、中国においてもディーラーの収益の柱となりうるからである。

中国は新車販売で利益の出る稀な市場である、と先述した。しかし、新車販売によって得られる利益の幅は、どうやら年々減少する傾向にあるようである。日産の販売店では最近、ティアナ（セダンのヒットモデル）を目標台数売ったとしても赤字が出てしまう、という。あるモデル末期のセダンでは、現在までのトータルの値下げ額は初期の販売価格の一割から二割に達するそうである。ディーラーに収益の上がる評価制度を採用すれば、ディーラーを獲得しやすくなることは、いうまでもない。

サプライヤー網の現地における迅速構築については、オープンコンペティション制の公式的採用が大きな役割を果たしている。

制度自体を比較した場合、オープンコンペティション制が系列制度に比べて、新しいサプライヤーとコンタクトをとりやすい点については、説明の必要はないであろう。

ただし、置かれている状況が、制度自体の機能の優位性を発揮させない場合はありうる。たとえば、日本においては、現実として系列の縄張りがまだまだ強いため、オープンコンペティション制を採用したとしても、他の系列のサプライヤーと契約を結ぶことはきわめて難しい。

しかし、中国では、日本のようなことはない。その理由は、サプライヤー現地拠点の規模と、開発の国際分業にある。

サプライヤーの中国拠点の規模は、ほぼ例外なく日本拠点より大きくなる傾向にある。その規模を支えるためには、系列親企業からの受注だけでは足りない。

また、日系自動車メーカーは、サプライヤーと密接なインタラクションを行いながら、製品開発を進めていく。したがって、サプライヤーが他の系列メーカーと取引を開始すると、開発能力およびその情報が流出する恐れが出てくる。日系セットメーカーが系列を越えた取引を許さない大きな理由の一つは、この点にある。ところが、大半の日系サプライヤーは、今のところ、開発機能を中国に移転していない。加えて、先述のように、中国においては日本で開発した基礎モデルがアレンジを含めて利用されることも多い。上記の懸念が小さいのである。

日産以外の日系セットメーカーも、海外では系列を越えて新規のサプライヤーを獲得している。新規取引に関していえば、実質的には、日系他社もオープンコンペティション制を採用しているのである。だが、それを公言しているか否かでは、組織論的な原因から、サプライヤーの新規獲得活動の活発さに大きな差が生まれるだろう。

自社の生産能力増強に関しては、現場の長期雇用が、カイゼンを通じた能力向上に一役買っている。ただし、それだけが能力向上に寄与したのではない。「現地現場へのカイゼン業務の委譲」と「カイゼン業務に関するノウハウの日本からの移植」という、ビジネスモデルの構成要素ではない要因がセットで寄与したのである。

自動車のアッセンブリーは、労働集約的な要素が強い活動である。それゆえに、日本からインターネットのモニターなどを利用して完全にリモートで海外拠点のカイゼンを行うことは、膨大なエネルギーを割いたとしても、現実的に不可能である。現地現場の従業員がカイゼン活動に積極的に参加しなければ、急ピッチでの能力向上は望めない。現地現場の従業員をカイゼン活動にコミットさせるためには、彼らにカイゼン業務を委譲しなければならない。

現場従業員の長期雇用も不可欠となる。すぐに退職してしまう従業員にカイゼン業務を任せることはできないし、個々人のカイゼン提案能力は結局のところ経験を通じて育まれていくものだからである。とはいっても、現地のみで一から行うことは不可能であるし、効率的でもない。だから、日本からのノウハウの移植が必要条件となる。

こうして日産は、現場の長期雇用だけでなく、ノウハウの移植とカイゼン業務の委譲も徹底的に行った。

「花都工場設立当初、ものづくりについては、日産の中で最高峰の管理技術・ノウハウと最も経験のある人をセットにして送り込んだ」と日産側は話す。それらの人々が、現場での帳簿の書き方、工具の置き方、問題の発見の仕方、問題が出たときの工場での会議の仕方、カイゼンの仕方等を徹底的に教え込んだという。結果、それらの習得に普通の拠点では六〜七年間かかるところ、花都工場は三年で済んだそうである。

そのようなサポートをしつつ、業務の委譲も着実に進めていった。工場立上げ直後、現場での行動綱領等を半年間徹底的に議論し作り上げたが、その作成に現地従業員もコミットさせた。一段落した三年目以降については、サポートを、日本人が現地に来るパターンから現地のキーマンを日本の技術訓練道場などに行かせるパターンへとシフトしている。現在では、標準作業を変える権限については、現場の組長レベル（日本でいう班長レベル）に委譲している。

多面的なディーラー評価、オープンコンペティション制、現場の長期雇用は、販売網、サプライヤー網、自社が担当する製造工程といった、サプライチェーンを構成する各要素のそれぞれ一つに影響を与える要因であった。しかし、一つの構成要素のみならず、サプライチェーンに関するさまざまな意思決定を迅速化することで、迅速構築に対して深層的にプラスの影響を与える要因もある。一社合弁である。

二社合弁では、サプライチェーンおよびブランドを二つ持つことができるし、資源の面でも倍とはいかないまでも、一社合弁に比べれば潤沢となる可能性が高い。それゆえに、迅速構築に対しては二社合弁のほうが有利である、と思われるかもしれない。

ところが、案外そうでもない。二社合弁だと、合弁先の二社の間で争いが起き、意思決定のスピードが遅れたり、合理的な意思決定を妨げられたりする。その傾向は、共産党国家である中国では、さらに拍車がかかる。合弁先二社が政治的には別々の派閥に属していることが多く、争いに政治的なファクターが付け加わるからである。

製品自体の現地適応――ビジネスモデルとの関係は薄い

迅速構築は、日産の中国での成功を説明する上での鍵要因ではあったが、唯一の要因ではない。顧客のニーズへの適応と競合他社との差別化といった観点においても、成功の鍵要因は存在する。

近年の新興国市場戦略論において頻繁に指摘されている鍵要因としては、製品自体の現地適応があげられる。[11] 製品自体の現地適応とは、現地顧客のニーズに適合する形に、製品そのものの機能やデザインの一部を変更することを指す。余計な機能を省くことによって低価格化することも含まれる。

日産でも、製品自体を現地のニーズに適応させるためのさまざまなアクションがとられていた。車格感という中国特有のニーズへの適応は、その象徴例である。

日本では、老夫婦や新婚夫婦らが多くても二人程度で車に乗ることが多いため、おしゃれでコンパクトな車が好まれる傾向にあるが、中国では、そのような車に対する人気はない。室内空間が広く、見た目が立派に見える車が好まれる。それを現地の人々は、車格感という言葉で表現することが多い。主な原因の一つは、乗車する人数が多いという点にある。友達を後部座席に三人乗せたとき、狭いとメンツが立たないそうである。

このニーズの違いに対して、日産は車の大きさを変えることで対応した。ティアナやシルフィ、ティーダといった車種は、もともと日本でも販売されていたが、旧型から新型にモデルチェンジをする際にレイアウトを変更した。具体的には車幅を変えた。たとえば、ティーダの旧型は日本におけるいわゆる五ナンバー（小型自動車）であったが、新型では三ナンバー（普通自動車）に変更し、中国では新型を販売している。その一方で、日本では今でも旧型を販売している。

車の大きさの変更は一例にすぎない。それ以外にも、内装を現地の顧客から豪華に見えるようなものに変えたり、同じ車種でも標準装備を少なくして販売価格を下げたりと、さまざまな現地ニーズに適応するための製品のアレンジを行っている。

モデルチェンジの際にメインのターゲットを中国に置いている点も、製品自体の現地適応に対する徹底度の高さを示す。たとえば、ティアナやシルフィといった車種は、そもそも中国を意識して開発されたものである。あるいは、ティーダの新しいモデルは、世界に先駆けて中国で販売されている。

このような製品自体の現地適応が成功を説明する鍵要因の一つである点を、否定するつもりは毛頭ない。だが、それを成し遂げることができた主要な原因は、どうやらビジネスモデルにはなさそうである。

前節で確認したビジネスモデルの内容の中で、これらのアクションと関連するのは、①の「顧客のニーズの把握および製品コンセプトの考案」を積極的に現地化したことのみにすぎない。製品開発については、②の「基礎モデルの設計」だけでなく、③の「モデルのカスタマイズ」も、少なくとも現時点までは、日本で行われている。しかも、こういったやり方は、他の日系ビックスリーでも採用されている。

製品自体の現地適応は、ビジネスモデルとは関係の薄い鍵要因といえよう。

4　ビジネスモデルが生み出した成功の鍵要因(2)

購入と使用の際に発生しうるストレスとは

顧客ニーズへの適応と競合他社との差別化の面で、ビジネスモデルがその創出に大きな影響を与えた成功の鍵要因は、存在しないのか。

顧客満足を高め、差別化を強めるための手段は、製品そのものだけではない。製品とは別に提供するサービスも、そのような手段となりうる。ビジネスモデルと強く関係する成功の鍵要因は、製品とは別に提供するサービスに存在する。購入および使用に際しての一連のプロセスで生まれうるストレスを軽減する、というサービスである。

顧客が自動車を使用するプロセスには、さまざまなストレスが潜んでいる。最もわかりやすいのは、故障したときである。使いたいときに故障していて使用できない場合、大半の人は大きなストレスを感じる。自分が事故を起こしたときには、さらに大きなストレスが生じる可能性が潜んでいる。修理に戸惑ってイライラする恐れがあるだけでなく、相手の人や、車、周りの建造物などに対する賠償問題によってもストレスが生じうるのである。また、日常においても、ここまで大きなものではなくても、「機能の使い方がわからない」「乗り心地が悪い」といった細かなストレスは生じうる。

ストレスが生じうるのは、使用時に限らない。製品・サービスを買うプロセスにも潜在している。「販売店が近くになく、遠路はるばる店まで足を運ばなければならないストレス」「いざ販売店に入っても製品ラインナップが少なく、その場で実際に見て比較ができないストレス」は、その代表例であろう。似たようなモデルの二つで迷っていたとする。選ぶためには、実際に現物を見て比較検討してみたいのが本音だろう。だが、同じ販売店に売っていなければ、情報を頭に焼きつけて、販売店を梯子しなければならない。

購入プロセスで生まれうるストレスは、ほかにもある。「販売店の接客サービスが悪いことから感じるストレス」「契約後、製品がなかなか届かないことから生まれるストレス」などである。

このように購入と使用の一連のプロセスにおいては、多種多様なストレスが生じうるのである。

ストレス軽減へのニーズが大きい中国

そういったストレスの軽減に対する大きなニーズが、中国市場には存在する。口うるさい顧客の多い日本市場より大きい、とさえいえるかもしれない。

中国のドライバーの運転はきわめて荒い。多くの車が日本では考えられないほど車間距離を詰め、強引に左折や車線変更をしてくる。大半がファーストバイヤーであるため、自動車の運転経験も少ない。インタビューを行った販売店においては、買替えはいまだ五％程度にすぎなかった。

それゆえに、事故は頻繁に起こる。筆者らが上海で乗ったタクシーの運転手は、仕事を始めた直後から半年の間に四度も事故を経験したそうである。訪問調査を行った日産の販売店でも、「一人の顧客が補修に来る頻度は平均で二～三カ月に一度であり、補修目的だけではないが一カ月で三〇〇〇人もの顧客が来店する」という話を聞いた。

使用時だけでなく、購入時におけるストレス軽減に対するニーズも大きい。上述の通り、中国の顧客は大半がファーストバイヤーである。加えて、中国では現金買いが圧倒的な主流である。カードではなく、札束を持って販売店に来店する。だからこそ慎重に選ぼうとするのである。筆者らが調査した日産の販売店では、実際に買うまでの平均来店回数は三～四回であるといっていた。中国は、一連の購入プロセスにおいてストレスが発生しやすい市場なのである。

以上のストレス軽減に対するニーズは、顧客が自動車の購入と使用のプロセスに入れば、半ば自然と生まれてくる。幸運なことに自動車では、コマツ（油圧ショベル、第3章）やダイキン（天井埋込み型業務用エアコン、第4章）、クボタ（水稲用コンバイン、第5章）といった、第2部・事例分析篇で取り扱った他の企業とは異なり、企業側が能動的に働きかけなくても、ニーズのかなりの部分が顕在化するのである。[12]

モデルが生み出すストレス軽減サービスの充実

ストレス軽減サービスの充実に対しては、製品自体の現地適応とは異なり、日産が採用したビジネスモデルが大きな貢献をしている。

壊れにくい製品を提供することは、使用時のストレスの発生を予防する。壊れにくさの一因には、部品の品質の高さがある。高品質部品の安定した供給には、サプライヤーとの長期固定的な取引関係と現場の長期雇用（およびカイゼン業務の委譲とノウハウの移植）が、一役買っている。頻繁に主張されている理屈である。

サプライヤーとの長期固定的な取引関係は、ストレス発生の予防のみならず、発生後の対処にも貢献している。壊れた車を直すためには補修パーツが不可欠である。長期固定的な関係は、その補修パーツを滞りなく供給することができる原因の一つになっている。

ディーラーサイドの仕組みも、故障や事故が発生した際のストレス軽減に、大きな貢献をしている。そもそも保険は賠償のストレスを大幅に軽減するサービスである。また、第2節でも触れたが、販売店で保険を付与すると、事故の情報がその販売店に入ってくるようになる。その情報ゆえに、素早く修理のプロセスへ入ることができるようになる。また、販売台数以外の要素を含めてディーラーを評価するシステムを採用し、専売店制度によってコントロールを強めることは、ディーラーが保険の販売を促進し、レベルの高い補修サービスの提供を実現できる一つの原因になっている。

販売店に関連するビジネスモデルの要素は、購入プロセスに潜んでいるストレス軽減にも役立っている。一社合弁にし、一つの販売系列に製品をフルラインナップしているからこそ、ワンストップショッピングが可能になる。また、専売店制度と販売台数以外の要因を含めた評価は、オプションパーツ販売の充実や接客レベルの維持にもポジティブな影響を与えている。[13]

サプライヤーとの長期的関係は、納車期日の遅延から生まれるストレスも軽減させている。納期の厳守や迅速化は、補修部品のみならず新車部品においても、同様に起こるのである。

サービスが売上げにつながる条件──満遍ない提供と魅力ある製品

ストレス軽減サービスの提供が大きな売上げにつながるためには、二つの条件を満たさなければならない。

一つは、さまざまなストレス軽減サービスを満遍なく提供することである。ストレス軽減へのニーズは、それぞれが独立して存在しているわけではない。たとえば、壊れにくい製品を提供していたとしても、補修に大幅な時間がかかってしまう場合、その企業は支持されない。また、いくら補修が速くても、買いたいモデルが販売店に揃っていなければ、その企業の製品を購入しないだろう。

ストレス軽減サービスを提供することにより、そのサービス自体からは売上げを回収することはできないが、芋づる式に別の製品やサービスの販売につながることで売上げ回収が可能になるケースも多い。

補修をするために販売店に来店する。販売店員から親切な接客を受ける。オプションパーツの話に耳を傾けるようになる。ついでにカーナビを買ってしまう。会計前の待ち時間に店内をぶらぶら歩く。販売店にはさまざまな車種の車が展示されている。次に買いたい車が見つかり、日産で買替えや増車をする。こういったニーズがニーズを呼ぶ連鎖は、一連のプロセス全体にストレス解消サービスを網の目のように張っておくからこそ、生まれる可能性が高まるのである。

さまざまなストレス軽減サービスの提供がニーズの連鎖を生み出すとして、何によって売上げを回収するのかといえば、やはり一番大きいのは新車販売である。だから、魅力ある製品を保有することは、ストレス軽減サービスの充実によって差別化を試みる場合にも、大きな売上げにつなげるための条件となる。

日産のビジネスモデルは、ストレス軽減サービスの満遍のない提供に貢献している。魅力ある製品を保有するための製品自体の現地適応も、ビジネスモデルとの関係は薄いが、行っている。

これまでの実績は、日産が、ストレス軽減サービスの充実を売上げを生み出すためのコア要因にしてきたこと、そしてそれを満遍なく提供し、また魅力ある製品を取り揃えるという、売上げ回収の条件を満たしていたことを示唆する。日産の専売店では、アクセサリーや保険の販売、補修サービスによる収益が、かなりの割合を占めていた。新車販売では、ヒットモデルはあるものの、多くの車種やグレードが偏りなく売れていた。リピーターも多い。中国では、買替客は少ないが、新規購入者の中に増車層、つまり二台目、三台目を買う顧客（家族）が、少なからず存在する。増車するときに過去に車を買ったメーカーと同じメーカーを選ぶ比率（リピート率の増車版のような比率）についても、日産は全企業中トップとのことである。

迅速構築とサービス充実の相互作用

ここまでは、サプライチェーンの迅速な構築とストレス軽減サービスの充実を、説明の便宜上、独立に取り扱ってきた。しかし、ビジネスモデルが生み出した二つの成功の鍵要因は、ポジティブかつダイナミックな関係で結ばれている。

迅速な構築がストレス軽減サービスのさらなる充実に大きく貢献するという点については、簡単な説明だけで十分であろう。ディーラーの数が増加すれば、顧客が販売店に赴くまでの時間は短縮される。補修を代表とする、販売店が提供するサービスに対する待ち時間も減る。販売網の充実に現地サプライヤー数の増加が伴うと、補修部品やアクセサリー、新車の供給時間は短くなる。供給時間の短縮は、一連のストレス軽減サービスをいっそう充実させる。

逆の矢印も存在する。ストレス軽減サービスのさらなる充実は、日産とその外注先の競争優位を強化する。優位の強化は、成功で得たカネによって、自社への再投資を容易にするが、それだけではない。新規外注先の獲得も容易にする。ビジネスのうまみがアップすれば、ディーラーやサプライヤーの候補者からの人気が高まるからである。

実際に、日産のディーラーへの応募倍率は、年々上昇している。進出当初は一・二〜一・三倍だったのが、今では三倍だそうである。サプライヤーに関しても、興味深い事実が存在する。近年、中国の別の地域にいたサプライヤーが、日産の工場（広州・花都）近くに移転もしくは拠点を新設する、といったケースが増えてきているそうである。

5　ビジネスモデルの原点と将来のポテンシャル

大半の内容の原点——日本の自社の過去

前節では、ビジネスモデルが生み出した成功の鍵要因がテーマであった。本節では、ビジネスモデルの原点がテーマとなる。

ビジネスモデルの原点というテーマは、二つのサブテーマに分けて考えたほうがよい。一つは、「ビジネスモデルを構成する各要素の模倣の対象がどこにあったのか」というテーマである。もう一つは、「各要素に関して、採用へと思考を方向づけたものは、いったい何であったのか」というテーマである。前者を内容の原点、後者を着想の原点、と呼ぶことにする。

大半の要素において、内容の原点は、日本の自社の過去にあった。具体的には、専売ディーラー、外注先との長期取引、現場の長期雇用といったビジネスシステムの基礎構造と、新車販売以外からも大きな売上げを回収する収益モデル、多面的なディーラー評価が、日本の自社の過去を内容の原点にしていた。

これらの要素の中には、現在も日本で採用され続けているものもある。だが、手放し始めているものもある。サプライヤーとの長期取引は、手放しかかっている要素の代表例である。だから、日本の自社に、「過去」と言葉を添えた。[14]

日本では他社に先駆けて過去のビジネスモデルを捨て始めている日産が、中国には他社以上に日本の過去のビジネスモデルの要素を持ってきている、という点は、じつに興味深い。新車販売以外からの売上げ回収や多面的なディーラー評価を、理由はどうあれ、日系を含む他社は、中国では日産ほど徹底して導入していなかった。

着想の主な原点――過去の失敗

着想の原点については、どうだろうか。日産においては、主な着想の原点は、過去の失敗にあったようである。

現場の長期雇用と多面的なディーラー評価などの販売店関係の要素については、別の地域での失敗の経験がダイレクトに着想の原点になっていたのかもしれない。中国拠点の総経理（当時）・松元史明へのインタビューで聞いた次のコメントが、それを示唆している。「私は、スペイン赴任時代に、労働争議の対応で、頭を悩まされた」「日産は、日本では販売網の部分で相当苦しんだ。中国ではそのときの反省をとにかく徹底的に活かした」。

以上のような直接的なルートだけではない。別の地域での失敗が、その地域におけるモデルの改革を引き起こし、その改革が中国におけるモデルの着想の原点になる、というパターンも存在した。このパターンは、一系列フルラインナップとオープンコンペティション制に見られた。

日産は一九八〇年代後半あたりから、日本の販売網にいろいろと課題を抱えていた。販売チャネルの見直しは、その一つであった。一九八九年時点で、日産は販売系列を五つ抱えていたが、これ以降、販売系列の集約を積極的に行い、最終的に二〇〇四年には販売系列は一つに集約された。この改革の経験は、チャネルを絞りフルラインナップにするという着想の原点の一つにはなりうるだろう。

オープンコンペティション制は、いわゆるゴーン改革において、日本における部品調達に関する非効率・不経済問題の打開策として採用された、サプライヤー評価システムである。中国におけるオープンコンペティション制の原点がここにある点は、想像しにくいことではない。

ただし、オープンコンペティション制の実質的な利用目的は、日本と中国では大きく異なる。この点は、じつに興味深い。国内で系列サプライヤーを切るために用いられた制度が、中国では新規サプライヤーを獲得するための制度として用いられている。おそらく、新規獲得したサプライヤーには、鍛えられた日系他社系列のサプライヤーも含まれているだろう。さらにいえば、日本で日産の元サプライヤーであった企業も含まれているかもしれない。

過去の失敗が生み出した業績不振が、選択肢を狭める形で着想を方向づけた、というパターンもある。該当するのは、一社合弁である。他社が中国に積極的に進出し始めた一九九〇年代後半から二〇〇〇年代前半の時期、日産はまさに国内を中心にリバイバルプランを遂行していた。二社合弁にしたくても、それを実行するための資源が欠乏していたのである。

過去の成功を原点にし、中国にて成功している企業は、多い。本書で取り扱っている他のケースでは、そうであった。だが、過去の失敗も、じつは原点となりうる。日産のケースは、まさにそういったケースであった。

独自の要素がもたらす成熟化後の不安

最後に、ビジネスモデルの将来のポテンシャルについて、簡単に触れておく。

日産が採用しているビジネスモデルは、大枠としては、長期的に成功が持続するポテンシャルを備えていると思われる。ビジネスモデルが生み出した成功要因の一つである、ストレス軽減サービスの充実は、成熟化しても差別化要因として利用できなくなることはないからである。高価な耐久消費財である自動車にとって、補修やアフターサービスやオプションパーツのついで買いなどが、重要でなくなることはない。また、ストレス軽減サービスの充実は、増車需要だけでなく買替え需要の取込みに対しても、大きく効く。ストレス軽減サービスの充実は、長期的に競争優位の源泉となりうるのである。

ただし、まったく不安を抱えていないわけではない。日産のビジネスモデルは、将来に一抹の不安を抱えている。その不安は、中国の自動車産業と市場が成熟化した後に顕在化しうる類のものである。

不安を生み出すもととなっているのは、一社合弁およびオープンコンペティション制である。どちらも日系ビッグスリーの中では日産独自の要素である。

一社合弁は、現時点では、保有製品数の少なさゆえに一系列フルラインナップ実現の鍵になっていた。しかし、車種・モデル数のストックが増えれば、二系列で販売したとしても、両方の系列販売店でフルラインナップが可能になる。

現在、保有製品数に上限をもたらしている一因は、既存車種のカスタマイズが製品開発の中心である点にある。だが、長い目で見れば、中国向けの新たな車種・モデルは、どんどん開発されていくだろう。

その可能性は、制度上、中国企業との合弁という体制をとらざるをえない自動車産業においては、さらに高まる。合弁相手の中国企業が、自ら現地にて製品開発を開始し、開発能力を高めていくからである。たしかに、他の日系企業は、②の「基礎モデルの設計」だけでなく、③の「モデルのカスタマイズ」も日本にて行っている。このような開発における国際分業は、ローカル企業の開発能力向上の抑制に寄与するだろう。しかしそれだけで、模倣という手段が得意であり意欲旺盛な中国企業の能力向上が、長期的に抑制されるとは考えにくい。加えて、二社合弁では、一社合弁より一社分、能力向上を試みる中国企業の数が多いわけである。

二社合弁企業が二つの販売系列でフルラインナップを実現すれば、その後は単純に販売チャネルの数が効いてくる状況になる。

一社合弁は、サプライチェーンの迅速構築に対しても、それに関するさまざまな意思決定を迅速化する形で、貢献していた。だが、迅速構築は、需要が供給を大幅に上回る状況だからこそ、成功の鍵要因となりうる。長い時間が経てば、需要の伸びは必ず鈍化し、産業全体の供給網も整備されてくる。迅速構築の競争戦略上の重要性は、産業が成熟化していくにつれて、小さくなっていくのである。

一社合弁は、一系列フルラインナップを生み出すことによって、購買面のストレス軽減にも貢献していた。だが、ワンストップショッピングの効果についても、発展初期に限定された効果の可能性がある。

前節では、ワンストップショッピングが効果を発揮する背景として、ファーストバイヤーが多く、現金買いが主流であることを指摘した。しかし、経済が発展していけば、車の普及率は高まり、クレジットカードの保有比率も高まっていく。車に関する知識も右肩上がりに増大するので、店先で直接見なくても判断できる内容も増えてくる。また、車を使用していれば、補修やアフターサービスを通じて販売店との関係も構築されていく。新規購入とは異なり、買替え時には、そういった関係の蓄積が効いてくるのである。

オープンコンペティション制にも、成熟化が進むにつれ、プラスの影響が小さくなり、マイナスの影響が大きくなる恐れが、潜んでいる。

オープンコンペティション制がもたらす最大のプラスの影響は、サプライチェーンの迅速構築であった。そのプラスの影響が成熟化後にはなくなっていく点については、すでに述べた。

成熟化すれば、サプライヤーとの長期取引が崩れる恐れも出てくる。現在は、膨大かつ急激に拡大する需要ゆえに、日産が要求する水準を満たすサプライヤーが足りていない。だから、中国では、日本の日産とは異なり、オープンコンペティション制が、系列サプライヤー切りにつながっていなかった。しかし、成熟化すれば、このような状態は崩れうる。

サプライヤーとの長期取引は、ストレス軽減サービスの充実に貢献するビジネスモデルの要素の一つであった。加えて、長期取引は、サプライヤーの能力を構築する上で、彼らからカイゼン効果を享受する上で、そしてサプライチェーン全体を効率的にマネジメントする上で、効果的な制度でもあった。[15]

オープンコンペティション制と一社合弁は、内容の原点が日本の自社の過去にあるビジネスモデルによって中国展開をする場合においては、発展初期のみに限定して効果を発揮するビジネスモデルの要素なのかもしれない。

だからといって、それらの要素の現在における貢献が、色褪せることはない。オープンコンペティション制と一社合弁は、間違いなく発展初期の地盤固めに貢献している。

しっかりとした地盤固めがなければ、前述した成熟化後の不安が生まれることもない。現在の構築なくして、将来の成功は生まれえない。日産は、今採用しているビジネスモデルによる発展初期の成功があるからこそ、成熟化後の成功候補者リストに名前を連ねることができたのである。

参考文献

浅沼萬里（菊谷達弥編）［一九九七］『日本の企業組織　革新的適応のメカニズム──長期取引関係の構造と機能』東洋経済新報社。

新宅純二郎・天野倫文［二〇〇九］「新興国市場戦略論──市場・資源戦略の転換」『経済学論集』（東京大学）第七五巻第三号、四〇-六二頁。

孫飛舟［二〇〇三］『自動車ディーラー・システムの国際比較──アメリカ、日本と中国を中心に』晃洋書房。

●注

1　本章で用いているデータおよび事実は、二〇一一年時点のものである（ただし、図6-1は除く）。

2　このシェア順位は、合弁会社を二社設立している外資系企業について、各合弁会社を別々の企業であると見なし、算定されている。中国に進出している外資系自動車メーカーには、合弁会社を二社保有している企業も多い。たとえば、フォルクスワーゲンの中国における合弁会社には、上海フォルクスワーゲンと一汽フォルクスワーゲンの二社が存在する。

3　注2でも述べたが、使用したシェア順位のデータは、合弁会社を二社設立している外資系企業について、各合弁会社を別々の企業であると見なし、算定されている。だが、この点については、それほど大きな問題とはならない。ここでの主張のエッセンスは、順位自体ではなく、順位の追越しにあるからである。

4 ただし、今後は製品設計についても現地化が進む可能性はある。たとえば、日産は、近い将来ベヌーシアという低価格ブランドを立ち上げる予定だが、その製品については、スケッチをしたり、クレイモデルを作ったりするところから中国で行っているとのことである。

5 中国自動車産業において、合弁相手の数に関する制度上の上限は、二社である。大手外資系自動車セットメーカーは、上限である二社まで合弁相手を増やしていることが多い。

6 金融サービスは、主な収益源にはなっていないと思われる。中国では、九割以上の顧客が現金の札束を持って販売店に買いにくるからである。自動車においては、他のケースとは異なり、債権回収問題を解決するための収益モデルの工夫は、それほど必要ないのかもしれない。

7 ここでいう固定費には、原価償却費や固定経費だけでなく、カイゼン班や工長の工数も含まれている。日産においては、後者も案外大きい。労務費全体の二割五分から三割を占めるとのことである。

8 筆者らが訪問したサプライヤーの中で、もともと日産と取引がなかった企業は三社あったが、三社とも日産とコンタクトをとり始めており、うち一社は実際に部品の供給を開始していた。

9 グローバルベンチマーク製造能力は、市場での品質、工場出荷段階での品質、労働生産性、車一台当たりのコスト、在庫、設備の稼働率、時間通りに車が作られているか否か、といった基準をもとに、総合的に判断される。

10 ここでいう新車品質とは、試作および量産立上げ時の不具合件数にて評価されている。

11 たとえば、新宅・天野［二〇〇九］は、新興国市場において多くの日本企業が直面している課題の解決策として、①品質を見切った製品の低価格化、②品質差の見える化、③差別化軸の転換による現地化商品開発、という三つの方向性を提示している。③は、より詳しく説明すれば、先進国市場固有の品質・機能を下げ、省き、現地市場固有の品質・機能を上げ、加えることを指す。本章でいう製品自体の現地適応とは、①と③を合わせた解決策である。

12 だからといって、日産がニーズを掘り起こす活動をまったく行っていない、というわけではない。一例をあげれば、日産は、内陸部の地方都市において、シートベルトやエアバックを体感してもらうイベントを積極的に行っている。だが、その主な目的は、安全技術を重視する車への需要の喚起、そして日産ブランドの認知度向上にあり、本章で述べてきたストレス軽減に対するニーズの掘起しとは異なる。

13　もちろん、ビジネスモデルとは関係の薄い、接客サービス向上のための工夫も存在する。たとえば、日産の販売店においては、ミニシアターやジムを併設する、昼食を無料で提供するといったサービスを行っていた。これらは日本の販売店にはない工夫である。

14　日本の実態の確認は、紙幅の関係上、本章では行わない。事実の詳細に関して、販売店に関連する実態については、孫［二〇〇三］第九章（「系列的ディーラー・システム」の形成――一九五〇年代～一九八〇年代末）および第一〇章（転換期を迎える「系列的ディーラー・システム」――一九九〇年代初頭～現在）を、部品サプライヤーに関連する実態については、浅沼［一九九七］の第七章（部品取引関係の比較制度的特性）を、それぞれ参照してもらいたい。現場の長期雇用については、すでに共通の認識になっていると思われる。

15　この点についての詳しい議論は、たとえば、浅沼［一九九七］の第五章（継続的部品取引を統御する契約的枠組み）および第六章（関係的技能の構造・深さ・次元）を参照してもらいたい。

第7章 京セラドキュメントソリューションズ

フィロソフィを中国へ

張又心バーバラ

1 生命線を握る中国生産基地

京セラドキュメントソリューションズにとっての石龍工場

京セラドキュメントソリューションズ（以下、KDC）は京セラグループの中で情報機器関連事業を担当する中核企業であり、プリンター、複合機、ドキュメントソリューション、アプリケーションソフトウェアの開発・製造・販売を行っている。二〇一二年三月期のKDCの連結売上高は二四二三億円、京セラグループ全体の売上げの約二〇％を占め、グループの中の最大の事業部門である。従業員数は一万五〇〇〇人を超え、国内外三一カ国に直轄の販売拠点と、六つの研究開発拠点を持っている。

生産拠点としては、国内に玉城工場、枚方工場、国外は中国・広東省東莞市石龍鎮にプリンター・複合機の主力量産工場（以下、石龍工場）、チェコにトナー工場、さらにベトナムには二〇一二年末に立ち上げたばかりのプリンター量産工場がある。しかし、日本国内の生産拠点は基本的に研究開発を中心としており、ベトナム工場もまだ立上げの段階にあるので、事務機器の量産は事実上中国の石龍工場に集約されている。中国の生産基地は、KDCにとって、まさに生命線ともいうべき重要な拠点である。この石龍工場が、本事例の舞台である。

石龍工場は当初から全量輸出の生産基地として設立され、KDCにとって中国は「生産拠点」と位置づけられてきた。製品の多くが海外に輸出され、とりわけ主要市場である欧米と日本へ出荷されていく。二〇一二年一月には中国にも販売会社が設立され、「市場としての中国」の開拓も本格化しているが、中国市場の割合はまだ比較的小さい。二〇一二年三月末期の売上げでいうと、ヨーロッパが五二%、その次はアメリカと日本でそれぞれ約二〇%を占める。そのため、他章で取り上げられる事例と違い、本章の焦点となるKDCの中国事業とは、基本的に「生産」の部分だけをさす。したがって、本章で取り扱うビジネスモデルも、主に生産についてのビジネスシステムが議論の中心となっている。

そもそもKDCの中国生産は同業他社に比べ後発であった。一九九〇年代に入り、家電や精密機器メーカーを中心に日本企業の中国進出が急速に進む中、KDCはリコーやミノルタやブラザーなど同業他社に先行を許してしまい、中国展開が遅れていた。やがて一九九九年に来料加工（無償委託加工取引）による生産を広東省東莞市石龍鎮で開始し、中国現地生産を正式にスタートさせた。その後、自社工場を含め急ピッチで増産体制を整え、二〇〇一年に石龍鎮政府の関連会社と合弁契約を結び、現在の石龍工場を稼働させた。そして、二〇〇八年にKDCはプリンターや複合機の国内生産から撤退し、量産品製造のすべてを石龍工場に移管した。以降、石龍工場がKDCの主力量産工場として機能している。

図 7-1　石龍工場の生産台数推移

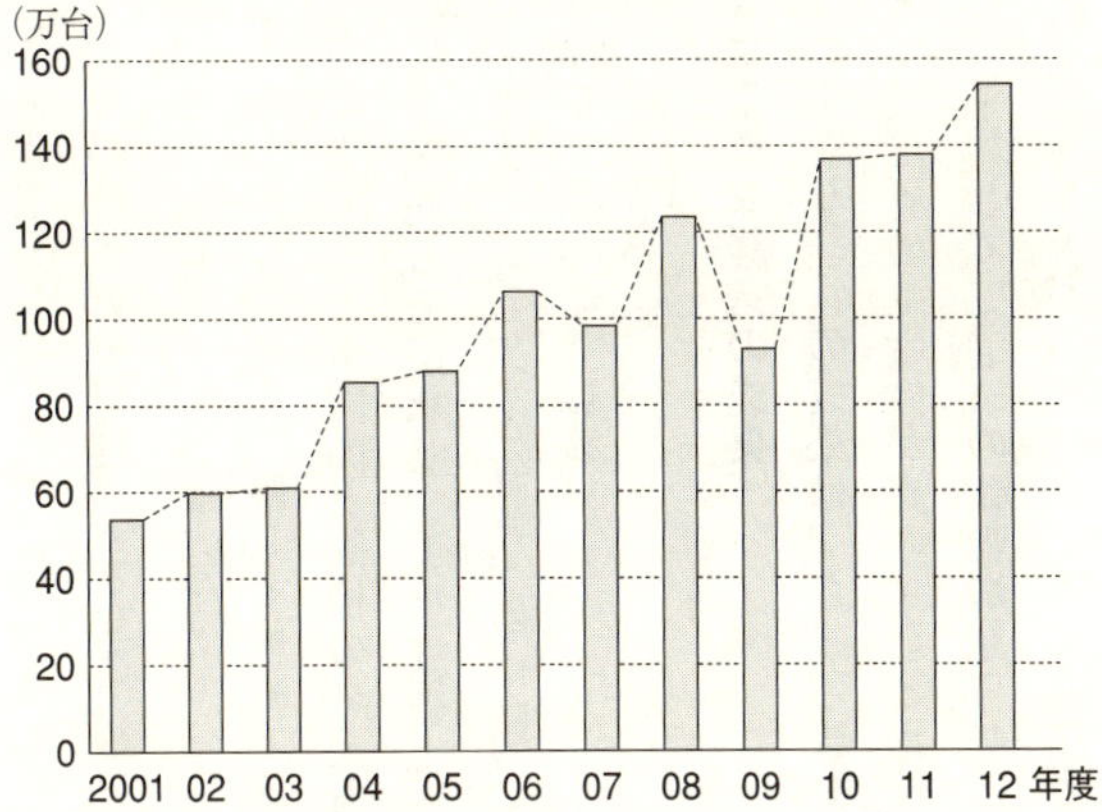

（出所）KDC 社内資料。

石龍工場の生産量の増加は、図7-1が示す通りである。従業員数も、当初の一〇〇〇人程度から現在の七〇〇〇人近くに増えた。KDC最大級の量産工場として、年間約一五〇〇万台ものプリンターと複合機を生産している。

石龍工場のユニークさ

日本型ビジネスモデルの中国展開という観点からこの石龍工場での経営がユニークなのは、日本流と思われる経営哲学を徹底的に移転しようとしていることである。「京セラフィロソフィ」を、生産を中心とするビジネスシステムの「思考・感情のベース」（後述）として機能させようとする、熱心な取組みなのである。

中国には「中国流」の考え方があり、「中国流」の管理方法がある、と考えるのが一般的である。日本企業が得意芸である生産システムを中国に移転しても、経営哲学や企業文化のような人の考え方にかかわる部分までを中国の従業員に伝承する企業は珍しい。個人主義で帰属意識の薄い中国では、「日本流」の経営哲学を移転しても通用しない。中国人の考え方を変えるのは到底無理であろう。――そう考える日本企業は少なくない。

ところがKDCは、実際に、日本の生産システムという仕事のやり方だけでなく、そのシステムを動かす人々の考え方や管理の部分まで徹底的に「日本流」にこだわっている。よく、性悪説を前提にしなければ中国では人の管理ができないといわれる。現に、中国では、従業員を機械的に管理し、罰金・罰則など高圧的なやり方で厳しく統制するケースが多く見られる。しかし、同社はあえてそのようにしない。あくまでも日本国内と同様の考え方に徹し、「京セラフィロソフィ」という独自の経営哲学を中国工場にも徹底して伝承し、大家族のような企業文化を現地で構築してきた。中国流では考えられない「人の心をベースにする経営」を中国においても実現させ、中国工場をグループの最大級の生産拠点にまで育て上げたのである。

ユニークな経営の成果

ユニークな経営の成果は、さまざまな形で現れていると考えてよいと思われる。

まず、工場の生産性が高い。たとえば、二〇〇九年度から時間当たり生産高の対前年比が継続的に上昇し、平均して二〇％の改善が見られている。さらに、二〇〇九年と一一年を比較した場合、生産効率が約五〇％も上がっている。それに加え、品質が安定しており、単発の問題はあるが、工場全体の傾向的な問題もとくにない。顧客からのクレームも少ない。

あるいは、石龍工場の離職率は他社より低い。月平均にして五％。旧正月前後のような一番高い時期も一〇%程度である。組立作業中心の労働集約的な工場としては低い水準で、地場の中国企業よりも、他の日本企業よりも低い。また、二〇一一年に社内で実施されたモチベーション調査の結果によると、KDCの中国人従業員と会社との信頼関係も厚い。モチベーションも事務機メーカー全体に比べて高いほうである。石龍工場の中国人従業員をインタビューした現地調査の際には、「ほかの会社に移ろうとは思っていない。ずっと京セラで働きたい」「京セラに恩返ししたい」というような発言も聞かれた。工場から工場へ転々と職場を変わるのが一般的な華南地区で、これは珍しい話である。

もう一つ特筆したいのは、石龍工場では工場と従業員との労使関係が良好で、これまで労働紛争やストライキなどのトラブルも起きたことがないということである。それが安定した生産体制の維持につながっている。

そして、従業員の定着率が高いため、石龍工場の優秀な中国人従業員が確実に増えてきているという。係長クラスに占める中国人比率を見ると、一〇年前には約三〇%しかいなかったものが、現在では八〇%を超えている。ほとんどの重要ポストを中国人従業員が担っているのである。

それが日本から移転してきた生産技術の現地蓄積にもつながっている。そのため、石龍工場の従業員の技術力は高い。また、生産技術が浸透した結果、製品品質は日本製に劣らない水準に達している。設立当初は、一つの工程を学ぶにも、日本に比べ三~四倍もの時間がかかっていたが、現在は吸収が速い。そして、新製品の立上げも速い。日本から図面が届いたら、金型の設計、生産立上げの準備、協力メーカーへの発注や指導を、基本的には中国人従業員が中心となって行っている。

こうした技術蓄積のおかげで石龍工場は、日本に代わり、他の海外工場を展開する際のマザー工場としての役割を果たすまでになっている。たとえば二〇一二年末に稼働を開始したばかりのベトナム新工場は、その立上げや技術移転について石龍工場をモデルとし、中国人従業員は出張してベトナム工場に技術移転を行うという重要な役割を任されている。さらに、ベトナム人従業員に石龍工場へ来てもらう形で、研修の場としても活用されている。

2 石龍工場の生産システムと思考・感情のベース

石龍のオペレーションの鍵

石龍工場のオペレーションは、三つの特徴を持っている。

まず第一に、石龍工場の生産は事務機器の組立てを中心に、労働集約的な作業が多いということである。協力メーカーから部品を調達し、ワーカーのチームワークを通じて機器を組み立て完成させていく。部品点数は機器の種類にもよるが、小型プリンターの場合は約五〇〇点なのに対して、複合機など大型機器になると二五〇〇点以上にも上る。工場全体が取り扱っている部品が常に三万点以上になる状態である。部品点数が多いため、協力メーカーからの部品の受入検査から製品の組立てまで細かい作業が多いが、一つだけ欠けても不良が発生するため、失敗は許されない。これには、生産管理、品質管理、部品管理など、石龍工場の従業員の製造管理技術のレベルが大きく影響する。従業員一人一人がきちんと職務を遂行し、チームメンバーとしての連携プレーをうまくこなすことが重要となる。

そして第二に、全社の生産を支えている主力生産基地として、生産が中断されることなく、継続的に行われる状態を維持するのも重要である。労働紛争などにより生産停止の状態を招くことは何としても避けたい。

さらに第三の鍵として、KDCの主力生産工場として量産の技術やノウハウをきちんと蓄積していかなければいけないということがある。日本には量産部隊がほとんどいないため、これまで日本から移転してきた量産技術をきちんと石龍工場に蓄積していくことが必要になっている。さらに、日本で新たに開発された新技術を素早く吸収し、石龍工場に定着させていくことも、KDC全体にとってとても重要になる。量産技術の受け皿として機能しなければならないのである。

サプライヤーシステムと生産の仕組みの構築

こうした三つの鍵を持つ工場の経営を中国で成功させるために重要な、生産システムを中心とするビジネスモデルの中核部分を図示してみると、図7-2のようになるであろう。

工場の内部と外部に分けて考えると、二つの仕組みを作ることが重要となる。まず、工場外部において、品質の高い部品を供給してくれる協力メーカーを中心としたサプライヤーシステムを作る必要がある。もう一つは、工場内部において、生産の仕組みをきちんと作ることが重要である。

こうした二つの仕組みを機能させるのは従業員たちである。彼らとの労使関係の維持、定着率の向上、そして彼らのチームワークの涵養などがあってはじめて、生産システムは動く。それを「従業員とのインターフェイス」と呼ぶとすれば、ここをきちんと作る必要があるのである。そして、こうしたインターフェイスがきちんと作られ、かつ機能するためには、人々の思考や感情にまで入り込んだ人のマネジ

図 7-2　石龍工場の生産システム

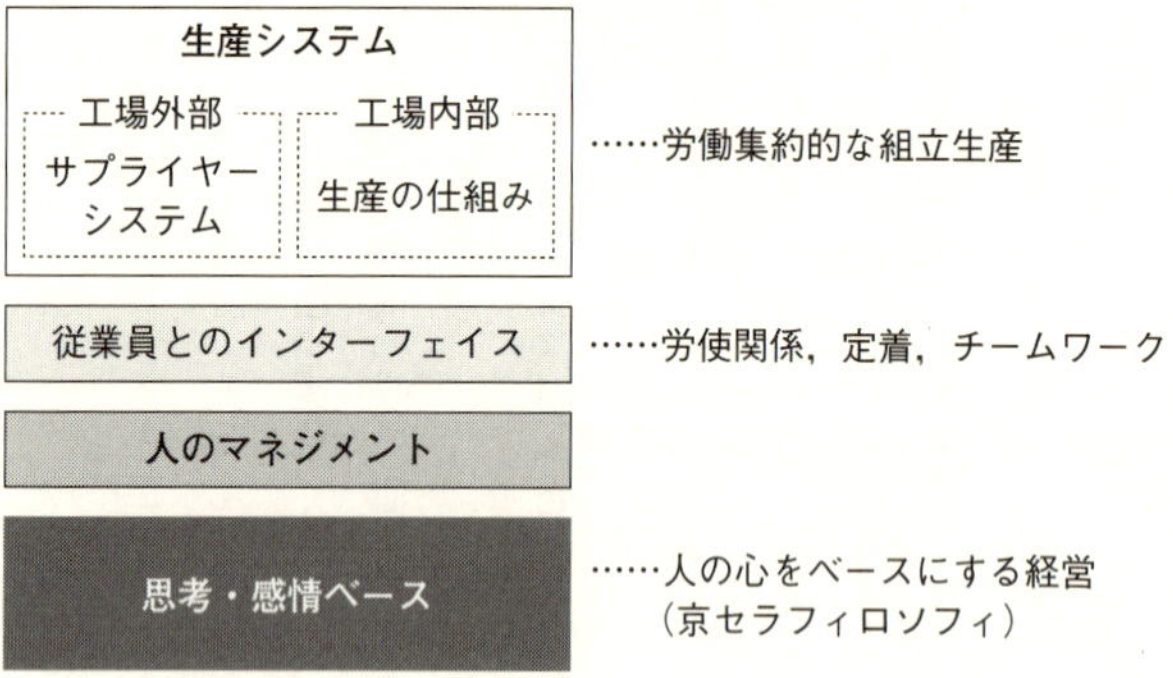

（出所）　筆者作成。

メントが必要となることがある。KDCはそこまで考えている。この図全体をきちんと動かそうとしているのである。

サプライヤーシステムについていえば、KDCは日本におけるサプライヤーシステムに近いものを中国で形成してきた。現在、石龍工場の協力サプライヤーは約三〇〇社あるが、そのほとんどが日本国内生産の時代から、あるいは香港生産のときから取引を始めていた。また、立地も、その多くが七〇キロ圏内と近い。現地調達率は高く、金額ベースでいうと約七〇%の部品をこの華南地区から調達している。

ただし、これはKDCだけが行っている経営ではない。中国華南地区には事務機器や精密機械の関連サプライヤーの集積があり、それを利用している華南地区に進出した他の競合企業も同様である。事務機の部品に関しては、どこの工場で訊いても数量ベースでほぼ九割、金額ベースでも七割を現地調達できるという（黒田［二〇〇一］九九頁）。

また、日本国内で作り上げた、工場内部における完成度の高い生産の仕組みを中国へ移転することも、KDCは行っている。これも、KDCのみならず多くの日本企業の競争力を支える重要な要因の一つであり、当然中国での生産においても、その独自の生産システムを中国工場に導入する。KDCも同じであり、事務機の組立生産に関する仕事のやり方、工場運営の方法、生産管理の手法やノウハウ、それに関連する機械設備の設置など、生産技術の移転を石龍工場で徹底的に行ってきた。

こうした生産システムを機能させるために重要なのは、従業員の高い技術蓄積とチームワークである。主力生産工場として常に技術を高めていかなければならないが、その技術のじつに多くが人によって蓄積されている。そのため、従業員一人一人による技能の学習や伝承、スキルアップ、生産性や品質への強い意識が重要となる。とりわけ技術の蓄積と生産性への意識に関しては、従業員の定着率と良好な労使関係、工場への帰属意識が、その鍵となる。

それは、生産システムの人間的側面といってもよい。ここへの注力の仕方にKDCのユニークさがあり、同社は「京セラフィロソフィ」という京セラグループ独自の経営哲学を徹底的に石龍工場に伝承し、従業員の間に浸透させた。しかも、その移転プロセスにおいて、日本国内で行われるフィロソフィ教育以上に、多くの工夫がなされ時間がかけられ、コツコツと伝承していったことが特徴的であった。この人間的側面が、石龍工場の生産システム（つまりはビジネスモデル）において、最も重要ではないかと思われるのである。

「思考・感情のベース」と「従業員とのインターフェイス」

生産システムの人間的側面のユニークさは、KDCの場合、「従業員インターフェイス」の重視と彼らの「思考・感情のベース」へと踏み込むことの重視、と表現できそうである。

日本企業の得意技である生産システム、つまり生産の仕組みやサプライヤー協力システムなどの仕事を遂行するための知識や手法的な部分を中国に移転するということは、日本の製造企業であればどこでも精力的に行っている。しかし、生産システムのパフォーマンスを左右する下部構造である経営理念や企業文化など思考的・感情的な部分まで、中国へ徹底的に移植する企業は決して多くない。本章では、このようなビジネスシステムの下部構造を「思考・感情のベース」と呼ぶことにしよう（「思考・感情のベース」という概念について、くわしくは第10章を参照）。

ビジネスシステムを機能させるのは、現地の従業員である。その従業員の意識や行動、ビジネスシステムとのかかわり方、つまり、「従業員とのインターフェイス」のあり方により、ビジネスシステムのパフォーマンスは大きく変わる。そして、この「従業員とのインターフェイス」のあり方を決めるのは、企業の経営哲学や企業文化のような「思考のベース」と、従業員の気持ちや関係性といった「感情のベース」の部分である。土台となる「思考・感情のベース」が変わると、従業員の意識と行動、それに「従業員とのインターフェイス」の形も変わるし、その結果、ビジネスシステムの働きも違ってくる。

KDCの場合は、生産の仕組みやサプライヤーシステムのような仕事のやり方だけではなく、手間ひまをかけてでも、生産システムの「思考・感情のベース」、つまり「京セラフィロソフィ」「人の心をベースにする経営」のような経営哲学と企業文化の部分まで含めて徹底的に移転し、「人の心をベースにする経営」を実現させた。それが図7-2の最下部に描かれた部分である。

後の第4節（現場の声）で示すように、石龍工場では管理職からワーカーレベルまで、「京セラフィロソフィ」に共鳴する中国人従業員が多い。仲間意識が強く、職場を〃大家族〃のように捉えている。

そして、この「京セラフィロソフィ」が中国にも徹底的に伝承されたからこそ、従業員の高い定着率や技術蓄積、チームワークを生み出し、結果として石龍工場の生産システムが中国で大きく機能を発揮できるようになったと考えられる。

しかし、この「人の心をベースにする経営」の中国での実現や「京セラフィロソフィ」の伝承・浸透は、決して簡単ではなかった。石龍工場に浸透し、活きるようになるまでに、一〇年間かかったという。日本と比べて、多くの工夫と努力も必要であった。

以下では、KDCの生産システムの「思考・感情のベース」となる「京セラフィロソフィ」の源流と、実際それをいかに石龍工場に伝承してきたかを見てみよう。

3 「京セラフィロソフィ」をベースとした経営

「京セラフィロソフィ」の源流と継承

「京セラフィロソフィ」は、京セラグループの創業者・名誉会長である稲盛和夫の実体験に基づいた経営哲学や人生哲学であり、京セラグループの経営の原点である。「人間として何が正しいか」を判断基準とし、人として当然持つべきプリミティブな倫理観・道徳観・社会的規範に従って、公明正大な経営を行っていくことの重要性を説いたものである。フィロソフィのエッセンスともいえる「敬天愛人」という理念は、いいかえれば「人の心をベースに経営する」ことの大切さである。「信頼できる仲間同士という、心と心の絆が京セラの経営のベースとなっている」。この「人の心をベースとして経営する」

ことが、京セラ経営のベースとなる哲学である。稲盛は次のようにいっている。

「京セラは、資金も信用も実績もない小さな町工場から出発しました。頼れるものはなけなしの技術と、信じあえる仲間だけでした。会社の発展のために一人ひとりが精一杯努力する。経営者も命をかけてみんなの信頼にこたえる。働く仲間のそのような心を信じ、私利私欲のためではない、社員のみんなが本当にこの会社で働いてよかったと思う、すばらしい会社でありたいと考えてやってきたのが京セラの経営です。人の心はうつろいやすくかわりやすいものといわれますが、また同時にこれほど強固なものもないのです。その強い心のつながりをベースにしてきた経営、ここに京セラの原点があります」（京セラドキュメントソリューションズ「会社案内」二〇一二年三月期、二一頁）。

このフィロソフィが京セラ発展の原動力であり、従業員に正しく継承されていくことが重要であると考えられている。KDCも「京セラフィロソフィ」を正しく継承することに力を注ぎ、「人の心をベースにする経営」という企業文化を大切にしてきた。日本国内では、経営幹部や社員のみならず、パートタイマーを含めて京セラに働いているすべての人たちに対し、フィロソフィ教育を行っている。フィロソフィのエッセンスを集め、項目ごとに解説が付け加えられている『京セラフィロソフィ手帳』が作られ、全従業員に配付されている。これを朝礼をはじめ、いろいろな場面で読んでもらうことにより、全社員が理解し実践していく。二〇〇四年にはさらに、海外拠点を対象とした日本と同様の徹底的なフィロソフィ教育が、本格的に始められた。フィロソフィ教育をこれほど重視する企業は珍しい。

このような考え方に基づき、KDCは石龍工場でも全社員への「京セラフィロソフィ」の浸透を図っている。しかも、日本以上といってよいほど力を入れ、さまざまな工夫を凝らしながら、中国の生産拠点で「京瓷哲学」（京セラフィロソフィの中国語訳）の忠実な継承を行っている。

この継承のための石龍工場における取組みのポイントを三つにまとめれば、①考え方の教育を最重視すること、②人間尊重を前提とした管理を行うこと、③大家族意識、一体感を醸し出すこと、となる。

考え方の教育を最重視する

中国に進出する多くの日本企業の社員教育の重点は、しばしば、ものづくり技術やノウハウの習得に置かれる。ところが、石龍工場では、「考え方」の教育、つまり「京瓷哲学」の理解を最重視し、それを社員教育の基本として位置づけている。

では、実際にどのような教育が行われているのか。一つが、『京瓷哲学手冊』（中国語版の京セラフィロソフィ手帳）の輪読である。日本でパートタイマーも対象にするのと同じように、石龍工場でも流動性の高いワーカーも含めた全従業員に推進している。

そして、組長などの管理者になった者には、ビデオ、グループディスカッションを通じたレベルごとの哲学教育プログラムが設けられている。経営幹部社員には、「アメーバ経営」や「京セラ時間当たり採算」など、フィロソフィをベースとしたマネジメント教育を行う。

さらに、従業員の間で自主勉強会が行われる。「京瓷哲学」をより理解しようと、スタッフ部門を中心に自主的なフィロソフィ勉強会が現場レベルで組織されている。毎朝約五分間、順番にフィロソフィの説明を担当し、それと関連する自らの体験談や感想を述べ、内容を解釈しながらほかの人とシェアする。

そして、年一回フィロソフィ論文コンテストが行われている。日本国内の従業員も含め、フィロソフィをいかに実践しているかというテーマで仕事での体験談を作文にして提出する。論文の順位づけをして、優秀な人を創立記念日に表彰する。強制参加ではないが、より多くの人が参加するよう積極的に奨励されている。フィロソフィの理解については個人差があるものの、毎年、石龍工場からも受賞する従業員が輩出している。二〇一二年も、じつに二七〇〇以上の作品が提出された。提出率も四〇%となり、年々増加傾向を見せている。

人間尊重を前提とした管理

もう一つ石龍工場が積極的に取り組んできたのは、人間尊重を前提とした管理を行うことである。具体的には、以下の三点が指摘できる。第一に、従業員と工場との信頼関係を作ることである。第二に、ワーカーレベルも含めて、全社員に投資すること。その背後には、人は道具ではないという考え方がある。第三に、機械的・高圧的管理をしないこと。

社会的な不安定性がかなり高く、また労使関係が緊迫することも多い中国社会で事業を展開するとき、仕事のやり方だけではなく京セラの経営理念や企業文化まで共有し、相互理解を深めて互いの信頼関係を築くことは、じつに重要である。

領土問題をきっかけとするデモや労働紛争が多発していた二〇一二年九月末ごろ、日系メーカーの間では、反日を口実に労働環境の改善や賃上げを要求したりデモを起こしたりする事件の影響を受け、操業を一時停止するケースが多発した。そうした中、石龍工場は通常通りに操業し、生産を続けた。この時期のみならず設立当初から、石龍工場ではストライキなどの労使トラブルが起きたことはない。それが可能になったのは、従業員が普段から企業と信頼関係を持っており、また「京セラフィロソフィ」が根づいた企業風土があるからだと思われる。

「ストライキは今日まで、発生していません。もちろん、これにはフィロソフィが大きく影響していると考えています。弊社だけでなく上海、天津の工場でもそうだと聞いております。弊社の経営理念は『全従業員の物心両面の幸せを追求すると同時に、人類社会の進歩発展に貢献すること』でありますから、基本的な信頼関係がなければ、成立しませんが、いろんなイベント、私の態度も含めて、現在まではよい関係が築けている状況だと認識しています」（石龍工場日本人総経理）。

二点目の全社員への投資について、石龍工場では、流動性の高いワーカーまで含めて、従業員は道具ではなく一人一人が尊厳を持つ人間であり一人一人を大切にする、つまり「家族のように大切にする」「成長することを信じる」「みんなに投資、ワーカーを捨てることはない」という姿勢を貫いている。

中国ではワーカーの離職率が高いため、多くの企業がそれを想定し、ワーカーへの教育など長期的な観点からの投資はしていない。これに対して石龍工場では、いつか辞めるかもしれないワーカーへも投資する。「辞めるときは、これからの人生にとって、今の京セラでの仕事が人生のプラスになるようになってもらいたい」「京セラにいる間は成長してもらいたい。付加価値を付けてあげたい」と、ワーカーのことを考え、その人生にプラスになるよう、教育したり面倒を見たりしようとしている。「部下に対して大きな愛情を持って接しなければならない。事業運営の目標は自分ではなく、部下の物心両面の幸福である」（京セラフィロソフィ）というスタンスが、石龍工場では徹底されている。「人に投資する」と石龍工場の管理者はよくいう。そのスタンスは流動性の高いワーカーに対しても変わらない。たとえば、ラインストップ時の研修があげられる。

「タイの洪水のとき、部品が届いてこないので生産がストップした。多くの企業で残業はなくなる。それどころか何らかの手当てを出して自宅待機をさせるのが一般的。でも、こちらは違う。とにかく来てもらう。生産はないけど、学習に集中させる。東日本大震災のときも同じ。（日系メーカーの）A社やB社、生産停止一カ月。従業員も自宅待機。あるいは、一日おきに出勤。しかしわれわれは、ワーカーに来ないで！とはいわない。通常通りに来てもらって、研修を用意する。生産や品質の教育をする」（中国人現場管理者）。

第三に、「部下に対して大きな愛情を持って接しなければならない」という京セラフィロソフィのもと、石龍工場は、中国でよく見られるような高圧的な管理手法はとらない。部下がミスしても、カンカンになって怒ったり、叱ったりするのではなく、根気よくミスの原因を説明し、再発防止の方法を教える。うまく仕事を進められた場合は、しっかり褒める。これを企業文化にしている。

じつは、中国生産を開始した最初のころに日本人駐在員は、どうやって従業員を管理するかを考えて他の企業をいろいろと見て回っていた。その際、「台湾の企業というのは、ものすごい、ムチを振り回しているよ、という話を聞いたり、もし規則違反をしたらね、罰金を取るよ、とか。それが普通なんだよ、とか」、こういった類のことをよくいわれたという。しかし、それでも信念がぶれることはなく、罰金制度や高圧的な管理手法は導入しなかった。

「ほかの企業は罰則の中に罰金っていう制度を入れていましたけど、京セラグループでは罰金は絶対入れなかった。それだけは意識していました。台湾企業とは違うと、韓国企業とも違うと。台湾企業っていうのは高圧的に統制をしていくというスタイルですからね。そことは違うと、はっきり意識していました。(略)ストライキを起こされている他企業は、そういう(高圧的な管理方法をする)傾向にあります。うちは、そんな怒鳴ったりするような方針ではなかったですね。やはり話をしていくっていう形でしたね。怒鳴ったということは、ないですね」(元石龍工場日本人総務部長)。

このような〝優しい〟管理方法で果たして中国人従業員をうまくコントロールできるのかと、最初は半信半疑に思っていた中国人管理者もいたが、実際に行ってみると「京セラフィロソフィ」のような「愛情を持って接する」方法も、じつにうまくいくことがわかったため、その後も京セラ的な管理スタイルを徹しているという。ガミガミ怒らなくても、ちゃんと説明すれば間違ったことは直せることを学んだのだという。

この「愛情を持って接する」という態度は、最終的に品質管理にも貢献する。生産ラインの中で問題を発見すれば、すぐにラインストップして問題を解決しなければ不良品を出してしまう。しかし、高圧的な管理下で叱られるかもしれないと思い、ワーカーが問題に気づいても自ら手を上げていうことはあまりしたくないと思えば、不良品は生産ラインに流れてしまう。石龍工場では、問題を発見したら、叱るどころか、褒めるようしている。これによって、不良品が生産ラインに流れていくのを防ぐことができるのである。

「問題が起きたときは隠すな、それを徹底しています。ラインを止めたワーカーさんを叱ることはありません。よう見つけてくれた、よう止めてくれたと、褒めます。そういう文化にしています。重大な問題を見つけてくれる人を、表彰する、褒める。そのような教育をしています」（石龍工場の日本人総経理）。

大家族意識を育て、一体感を醸し出す

前項までは、一人一人の従業員と会社との関係作りという側面に重点が置かれていたが、もう一つ石龍工場で力を入れたのは、従業員と従業員とのつながりを作り、一体感をもたらすことである。職場のことを訊くと、石龍工場の従業員がよく「大家族のようだ」という。ＫＤＣは日本国内でも、人間関係、仲間意識、家族意識を培う場として、仕事と同じように会社行事やコンパなども大切にしてきた。これは石龍工場においても同じである。しかも、その工夫が日本国内以上といってよい。

たとえば、設立時から毎年開催されている運動会がある。そもそも中国にはこのような運動会はあまりない。運動会の企画・運営は基本的に中国人が担う。より多くの人が参加できるように、運営委員会がさまざまな新しいアイデアを出し、「一〇〇人の玉入れ」「棒取り」「綱引き」「二〇人二一脚」など、部門単位や一チーム一〇〇人でも参加できるような集団競技を考案してきた。この行事に、休日開催のため給料が出ないにもかかわらず、ほぼ全員が参加するのである（別の日系企業では出勤日にしなければなかなか参加してくれないという）。

石龍工場設立当初は、中国人従業員は大きな運動会を経験したことがなかったので、当然、日本人スタッフが手取り足取りで主導し企画していた。ところが数年後からは基本的に中国人スタッフだけで企画・実行されるようになった。六〇〇〇人近くの参加者がいる大きな団体活動を運営するための、人の配置や仕事の分担、当日の流れなどといった企画・準備は、決して簡単なことではない。この大きなイベントの運営委員としての企画経験は、仕事にも活きるという。

そして、イベント当日よりもその前の準備で、お互いにかかわり合い、一体感を高めることがよくあるという。たとえば、「運動会の二～三週間前から、仕事が終わってから夜に集まって練習する」「みんな、負けたくないから。がんばる。練習する」「掛け声があちこちから聞こえる」といった声が聞かれた。仕事が終わった後にチームで集まって戦術を考えたり猛特訓をした上で、運動会に臨んでいるのである。

こうしたことで、普段仕事上のかかわりのない人同士にも会話をする機会が生まれ、その結果、仕事のコミュニケーションの促進にも重要な効果があるという。一見仕事と無関係のようなイベントや活動も、「人と人のつながり」を強め、最終的にチームワークが中心となる生産活動の質を高めることにつながる。

このほか、カラオケ大会、文化祭、バスケットボール大会、忘年会、クラブ活動（武術、ヨガ、日本語、バトミントン等）などといったさまざまなイベントが開催されている。また、交流活動支援制度が設けられており、各職場で自主的に企画して食事会やバーベキューを楽しめる。金を管理するのに手間ひまがかかるが、従業員間の交流を促すために行う価値はあるという。

石龍工場日本人総経理によれば、「外省（よその省の出身者）の子が一人で寂しい思いをさせちゃいけないので、組長以上の単位で申請させるようにしていますが、一人月一〇元を積み立てておいて食事会をする。コミュニケーションをよくしようと、そういう支援金を用意してます」「（ワーカーが）途中で辞めたりいろいろあるので、この金の管理も大変なんですけど」ということだ。

4 現場の声

「考え方の教育を最重視する」について

前節では、KDCの経営陣がどのような意図と政策で京セラフィロソフィをベースにした経営をしようとしてきたかを説明した。では、現場の中国人従業員たちは、こうしたユニークな経営のあり方をどう受け止めているのだろうか。本節では、その現場の声を紹介したい。筆者が広東語を母国語とする研究者であることが幸いして、現地で従業員たちの生の声を聞く機会を何度か持つことができた。その肉声を彼・彼女らの言葉で再現してみよう。

まず、「京瓷哲学」の教育、すなわち前節で経営のポイントの第一とした、考え方の最重視についての現場の声を紹介しよう。たとえば、現場管理者からは次のような声を聞いた。

「フィロソフィ教育は、他の日系企業には少ない。よくあるのは、一般の本に書いてある知識、たとえば、いかによい管理者になるかとか、TWI（training within industry）とか。それはよくある。しかし私たちの会社には、京セラフィロソフィもある。もう一つの学習ができる」。

「現場管理実務、現場管理者研修などの教材は、基本的にどの工場も似たようなものを使うし、同じである。われわれにはさらにフィロソフィの教育がある。人の教育がさらに深いレベルで行われている」。

「以前勤めていた会社は、そんな勉強がなかった。こちらに来て、毎朝輪読する。しつけがきちんとしているなあという印象。規律が正しい」。

「仕事において、挫折を感じたとき、迷うとき、フィロソフィの勉強が役に立つ」。

あるいは、一般スタッフは次のように語る。

「意味が結構深い。私は好き」。

「はじめて聞いたとき、『これ、誰がいったんだろう。なかなかよいことをいってるね』と思った。実際に仕事を始めてから、これが名誉会長の言葉だっていうことがわかった」。
「仕事だけではなく、日常生活と非常に関係していることをいっていると思う」。
「(以前、日系大手の関連会社に勤めたことがあり、)どの会社も自分の企業文化はあると思うが、こちらのように手帳があり、会社の上から下までみな、一人一人がフィロソフィを学ぶというのは、ほかにはないと思う。M社(日系大手)もフィロソフィがあると聞いたが、簡単なものしかない」。

「京瓷哲学」を通じて、「チーム」「仲間」の大切さを理解した女性組長もいる。彼女は入社したときは、とても内気な人であった。人とどう接すればよいかわからなくて、いつも独りぼっちであった。朝礼で「京瓷哲学」を輪読しても、最初はさっぱりわからなかった。しかし半年後、ある日突然わかったような感じになった。普段意識しないまま読んできた「京瓷哲学」に書かれている「大家族主義で経営する」「パートナーシップを重視する」の話が一瞬にして光った後、「自分は一人ではない、仲間がたくさんいる」、その仲間たちに頼りながらやっていくことの大切さを理解したという。

「入社してこの五年間、私自身の変化がとても大きいです。部下との交流、上司との交流、他部門との交流。その上、京セラフィロソフィは本当に私を助けてくれた。仕事も日常生活も、自分の仲間を大切にしなくちゃ。それが京セラフィロソフィから学んだこと(略)フィロソフィのおかげで、私の心と考え方もよい方向へ変わりました。それが私がいいたいこと」(女性組長)。

仕事後、寮に帰ってからも、ときどき手帳を取り出して読むことがあると、入社して一年目のあるワーカーがいっていた。こうして、「京瓷哲学」はじわじわと従業員の日常生活の中に溶け込んでいく。

じわじわと浸透、そして意識改革

しかし、フィロソフィはあくまでも考え方であり、現場管理の方法や仕事の具体的な手法を教えるものではないので、すぐには仕事に大きな変化をもたらさなかった。ところが時間が経つにつれ、従業員の思考パターンや態度に微妙な変化が見られるようになってきた。京セラフィロソフィの浸透とそこからの意識改革は、じわじわと浸透していく、ゆっくりしたプロセスだったようだ。

現場の従業員の声に、次のようなものがある。

「正直にいうと、最初はピンとこなかったよ。しかし、ある日突然、わかったような感じ」。

「難しいことがあったとき、哲学手帳に書かれた言葉を思い出す。助かった」。

「この会社の仕事ができるための内容というよりは、人生や生き方についての内容だ。ちょっと特別だね」。

また、組長やアシスタントエンジニアになっている人たちの次のような声は、理解がどのように進んだかを示している。前項で紹介した女性組長と同じような感想である。

「正直、最初はさっぱりわからなかった。面倒くさいなあと思った。ただの一冊の本として読んでいただけ。学校を出たばかりだったので、仕事の経験も人生の経験も少なくて、それを読んでもよくわからなかった。ところが、今になって、仕事や人生において、困ったり悩んだりするときに、フィロソフィの内容がすぐ思い浮かんでくる。京セラフィロソフィが日常生活においても、仕事の面においても、とても関係しているし、意味深いことがたくさん書かれている。管理のことや部下との関係、さらに仲間との関係も書かれている」。

「正直にいうと、最初は読む気がなかった。でも時間が経つと、内容の理解も深めたし、自分の仕事と、このフィロソフィの話と関連づけながら考えたり反省してみると、ほんとうによいことをいっているんだなあと思う」。

「すぐにどう使うかということではない。仕事の経験をある程度積まないと、フィロソフィの本当の意味がわからない。いざ、何かが起きたとき、あっ、そういえば、フィロソフィがこういっていた！と内容を思い出し、行動や思考のガイドラインになる」。

「最初はヘンだと思ったんだよ。だけど、だんだん慣れてくる。今になって、とても役に立つものだと思う」。

こうして京セラフィロフィの理解が進んでいくと、ワーカーレベルでは、作業の開始時間に遅れてくる人が少なくなったそうである。仕事は八時二〇分から開始するが、全員が八時ごろにはすでに現場に来て準備を始める。遅れて来たり、ぎりぎりに来るような人はほとんどいない。以前ほかの工場で勤務したことのあるワーカーがいう。

「はじめてこの工場に来たとき、しつけがよくできてるなあというイメージを受けた。仕事の前に哲学の輪読をするし。学校みたい。朝八時二〇分から仕事開始ですが、みんな八時ごろにはラインに来て、自分の道具などを点検し準備する。八時一九分ぎりぎりになって慌てて来る人はいない。それはまさに企業文化の影響だと思う」。

ある現場監督者には、次のような経験がある。

「たとえば、ワーカーの残業時間の管理、それから、手袋の交換、一つにつきいくらか必要になる。それを考えるようになった。以前は毎日交換していた。今は破れたら交換する。毎日変える必要はないと思う。モッタイナイよ。節約という考え方が浸透したからね」。

「そんな簡単なことをやるだけ?と思われるかもしれないが、じつに大切な考え方がこれをやることによって浸透している。それが『浪費しない』という基本概念が少しずつ浸透する。『浪費しない』という考え方が生産においてとっても重要」。

組長レベルには組長レベルのフィロソフィの活用の仕方があり、管理者レベルになるとまた管理者レベルの意識変化が見られる。ある管理者が次のような変化を語った。

「管理者としての仕事の態度が変わりました」。

「フィロソフィがなかったとき、方向性がなかった。給料のことは気になるが、給料をもらったら何に使うか、とか考えるだけだった。フィロソフィを理解して実践してから、給料ももちろん重要ですが、それだけじゃなくて、この会社は今後どういうふうに発展していくんだろう。部下をどう管理すればよいか。とか、着目点が違ってきました。お金、給料以外に、考えることが増えた。たとえば、部下をどう育成するのか。どの方向に持っていこうとか。考える方向性が少し違ってきました。それから、ものの見方、考え方も違ってきました」。

給料のことだけではなく、部下をどう育成していこうかとか、会社の方向に合わせて自分がどのようにすればよいかなどを考えるようになるという。全員がコスト意識を持つ、愛情を込めて部下を管理するなど、気づいたら意識が変わってきていた。別の管理者も、生産管理に関する意識変化について次のようなことを教えてくれた。

「京セラフィロソフィがなかったときは、生産ラインの仕事ならば、プロダクションカウンターを見るだけ。一日一〇〇台だったら一〇〇台を作ればよい。ところが、フィロソフィのアメーバ経営の考え方では、コスト、生産量、時間も考えて、利益を考える。本当に細かいところまで見る。使った水の量とか、電気代まで。マスタープランの目標を見て、達成するにはどうすればよいかを考える。そうしたら、たとえば、この部屋は使っていないのならば、エアコンを消す。このような行動が自然にできてくる。これを京セラフィロソフィが教えてくれた」。

「人間尊重を前提とした管理」について

中国では高圧的な管理方法がよく見られる。中国進出している韓国系や台湾系の企業も、中国式の厳しい管理スタイルで経営することが多いという。ワーカーの間からは、「韓国企業はよく人を殴る。人の管理が厳しい。台湾企業は人を使い捨てる。生産量が増えるときに、高い給料で雇い、注文が減るときはすぐに解雇する。約束通りに給料を払ってくれない場合もある」などといった話がよく聞かれる。日系の中にも、中国で工場経営する際は、台湾式のような高圧的な管理手法に切り替える企業がある。京セラのような経営は中国人の管理には向いていないと、一般的には思われるだろう。

しかし、それは違う。石龍工場の中国人人事部長は、入社する前の六年間、日系企業のV社に勤めたことがある。彼は次のように語った。

「V社の管理方法は厳しい。厳しいというのは、労働者をすぐ解雇する。一番安い管理手段なので。それ以外にも、さまざまな政策が非常に厳しかった。(略)一番大きな違いは、京セラのほうは、人を非常に尊重する。日本人はみんな優しい。ぜんぜん違和感がない。とても居心地がよい。だからまだここにいる。もうほかの会社には移らない」。

「何かあったとき、相談という形で私たちの意見を聞いてくれる。(V社のような)命令をあまりしないし、周りの状況を聞きながら、最終判断する。僕らの意見を尊重してくれる。自分がそんなに重要かと驚いた」。

「やはり六年間V社のほうで育てられたし、昔は人事の経験がなかった状況でスタートしたので、厳しい管理が一番だと思っていた。管理っていうのは、やっぱりこれだね、という」。

「京セラに入社したら、なんでこんなに優しいのですか？こんな管理方法でよいのかな？と疑問を持った。（理解できるまで）一年半かかった」。

すぐには理解できなかったが、時間が経つにつれ、人を尊重し、人の心をベースにする経営のスタイルも、中国では機能できると確信した。

「それは、人が尊重される、理想を持ってね。それが生産性につながるのではないかと思う。『お前やれよ』といわれたら、やるんだけど、気持ちが違う。ほんとうにやりたいわけではないから。どうしようもなくてやる。（略）やっぱりここ京セラは人を大切にしている。だから、その恩を返したい。大切にしてもらっているから、その恩を上司に、会社に返すために、がんばってやろうと」。

こうした管理のあり方が、良好な労使関係、低い離職率、品質維持につながっているという意見も、多く聞かれた。

「十数年間ずっとこの工場で勤続してきた人が、どの生産ラインにも数十人いる。つまり、ほかの企業に比べ、人の流動性が低い」（中国人スタッフ）。

「なぜワーカーの離職率が低いのか。その理由は、ほかの企業に比べ、相対的に人への投資が大きいからだと思う。来て何年間働くかには関係なく、みんな平等に教える。だが、ほかの工場の場合、最初から『長く勤められないだろう』と思って、投資も少ない」（中国人現場管理者）。

「コミュニケーションも育成も、一種の投資である。それにはお金もかかるし時間もかかる。ほかの日系企業も、そこまでやっていないと思う。京セラフィロソフィもそうだが、そこまでやる日系はない。中国で長い目でやっていこう、中国の従業員と長く付き合っていこうという意思を感じる」（中国人現場管理者）。

「他の工場ならば、ワーカーの人なら機械を操作するだけでしょう。彼らに別に感情を持たないし、心を注ぐこともない。仕事がないと、もう来なくてもよい。だけど、ここは違う」（中国人現場管理者）。


実際、石龍工場のこのような対応に、とても感動したというワーカーもいる。前述したタイの洪水によるラインストップ時の研修のことだが、その研修内容はプリンターの構造と原理であった。普段はプリンター製造の数工程にしかかかわらないワーカーにしてみれば、「自分が作っているものが、こういう製品なんだ」とわかったときの感動は大きい。また、自分を大切にしてくれる、教育してくれるということも実感される。このようなラインストップ時の教育、また教育内容そのものも、日系企業の中でも相当に珍しいという。

「大家族意識を育て、一体感を醸し出す」について

KDCが試みている多くの従業員参加のイベントについては、従業員の次のようなコメントがある。

「大家族のような感じ。このようなイベントは、ほかの会社にはない。以前勤めていた会社にもない」。

「仲良くなる。仕事上の話もしやすくなる。昔と雰囲気が全然違う。人と人との間の摩擦も減った」。

「運動会に一緒に参加して、仲良くなった」。

「企業文化がよい。イベントをたくさんやってくれる」。

こうしたイベントはインフォーマルな会話をする機会にもなっているようだ。たとえば、中国人管理者たちからはこんな感想が聞かれた。

「自分の部下と仲良くなった。休憩時間に部下とコミュニケーションしたり冗談をいったりすることができるようになった。気持ちの変化があったね。それは仕事において何かを大きく変えたわけではないが、確実に意味があると思う。あなた（筆者のこと）も遊びにおいでよ！」。

「管理職になると、普段はワーカーとしゃべる機会があまりないが、運動会、旅行などを通じて、部下の名前を覚える、コミュニケーションのチャンスが増える」。

従業員たちもポジティブである。

「運動会のとき、雰囲気がよりオープンになるから、『走りが速いね』『すごいね』『なるほど、中学校のときも陸上をやっていたんだ』とか、声をかけやすくなる。運動会のおかげで、コミュニケーションが多くなった」。

「普段の生産の環境・仕事の環境から離れるから、より気軽にコミュニケーションできる。仕事と関係ない話もしてね」。

一見仕事と無関係のようなイベントや活動も、「人と人のつながり」を強め、最終的にチームワークを中心とする生産活動の質を高めることにつながるのである。

5 中国でも有効な「京セラフィロソフィ」

洋の東西を問わず、人間の本質は変わらない

「京セラフィロソフィ」という経営理念・企業文化は、日本で生まれ育った「思考・感情のベース」である。しかし、それは石龍工場にも徹底的に伝承され、日本と同じように定着させることができた。なぜそれができたのか。その理由について考えてみよう。

まず、なぜ「京セラフィロソフィ」が中国の石龍工場においても有効なのだろうか。その理由は、「京セラフィロソフィ」の普遍性と、労働集約的な量産型生産システムとの間の適合性にある。

そもそも人間は国籍や貧富などに関係なく、本質は同じである。人間としての基本的な倫理や欲求に

基づく「京セラフィロソフィ」の理念は、日本人にとっても、中国人にとっても、同じ人間である以上、成立するはずである。

高圧的な手段を使わなくても、従業員はきちんと働く。むしろKDCのような人間尊重の優しい管理スタイルのほうが、中国人従業員のやる気を最大に引き出すことができ、会社への忠誠心を高めることができる。それが「京セラフィロソフィ」の普遍性であり、国境を越えても、人間の本質は変わらない。稲盛はいう。

「時代がどのように変わろうとも人間の本質は変わらない。（略）私は人間の本質は洋の東西を問わず同じであり、京セラの経営哲学も普遍的なはずである。だから、こちらが純粋な気持ちで、誠意を持って話をすれば必ず受け入れてもらえる」（稲盛［二〇〇一］三-七頁）。

京セラフィロソフィと労働集約的生産システムとの適合性

そして、もう一つの理由は、「京セラフィロソフィ」という考え方・企業文化と、石龍工場で行われている労働集約的な組立生産システムとの適合性にある。

事務機の組立生産には、チームワークで行う労働集約的な作業が多い。組立てというのは、流れがあって、チームワークや連携がある。一つのものを作っていくためには、多くの人が手を組まなければならない。与えられた職務をきちんとやっていかないと、最後には品質に問題が生じる。教えられたことを教えられたようにきちんとやっていくということができないと、生産工場は成り立たない。つまり、従業員がみんなバラバラの考え方でバラバラに動いていたら、作業を流そうと思ってもよいものができないのである。

また、チームワークが重要だから、一体感と団結力も最終的なパフォーマンスを左右する。「今日一日でたとえば六〇〇台を生産しよう、っていって。あと五〇台。もう、できるか、できないか、という状況下でも、みんなでやろうぜ！って思う、その気持ちというのは、すっごく結果に影響する」という。従業員の間の団結力や一体感が強ければ、生産量の向上にも、従業員の定着にもつながる。従業員の行動の「ベクトルを揃える」ことと「一体感ややる気を持たせる」ことは、労働集約的な組立加工の業務の仕組みにとっては、非常に重要なのである。

そして、従業員の定着が技術蓄積にもつながるため、マザー工場的な存在になっている石龍工場にとっても重要な意義を持つ。このように、「京セラフィロソフィ」をベースとする経営スタイルが、石龍工場のビジネスモデル、とくに生産システムのあり方・機能と適合している。

こうして、「京セラフィロソフィ」が従業員の行動パターンとやる気に影響する「思考・感情のベース」と実際に業務を行うための仕組みである「生産システム」の間で適合しているとき、最大の機能が発揮される。両者がマッチしているとき、ビジネスシステムが最大の機能を発揮できるのである。

ぶれない信念を持つ

では、なぜKDCが、ここまで徹底的に「京セラフィロソフィ」をベースとする経営を石龍で実現できたのか。それは、日本でしっかり「京セラフィロソフィ」を染み込ませてきた日本人駐在員の強い信念と、彼らが石龍工場における自らの行動によって地道にかつぶれずに「京セラフィロソフィ」を中国人従業員に示してきたことによるのであろう。

「京セラフィロソフィ」の実現には、日本人駐在員の存在が不可欠である。彼らも多少の葛藤はあったものの、「京セラフィロソフィ」の普遍性を信じ、日本でやってきたことを、当たり前のように、中国でも同じようにやった。石龍工場の日本人総経理は次のようにいう。

「弊社では、フィロソフィの移転というよりは、当たり前の発想です。苦労した部分は、いかに現地語で、意味合いを表現するのかといった部分です」。

「京セラフィロソフィは、日本の会社の文化、社員の考え方を教えるものであり、現地中国の社員に通じる内容か、一般的には疑問は出ると思います。私も含めて、出向社員は着任時、少しはそのように思う部分はあったと思います。しかし、京セラフィロソフィは『人間として何が正しいのか』を判断基準とする考え方を説いている内容であり、正直、驚くほど中国人の社員に自然に入っているように思えます」。

「京セラでは、高い目標に向かって、諦めず、地道な努力を尊び、全員で取組みを行っていくことをよしとしています。その中で、誰にも負けない努力をすれば、おのずと結果は付いてきます。さまざまな生産性改善の結果もありますが、従業員のモチベーションアップができていなければ、結果は出せない。人間力を最大にすることが命題です」。

そして、石龍工場の中国人従業員の多くが、「日本人は、みんな優しい」という。日本人駐在員らが日常的にフィロソフィを象徴する行動をとり、それを体現することで、中国でも「心をベースにする経営」ができることを実際に見せる。それが、彼らの背中を通して、中国人従業員にも伝わっていくのである。

「京セラフィロソフィ」が身に染み込んでいる日本人駐在員は、フィロソフィに従った意外な行動を中国で実際にとっていた。それは、彼らが日本で経験してきたことの再現でもあった。たとえば、タイの洪水のときに従業員を自宅待機させるのではなく教育研修を行ったというエピソードを先述したが、じつは、オイルショックで受注が激減した際、京セラが同じような措置をとっていたのである。当時の産業界には人員整理や一時帰休が広がり、賃金カットに踏み切らざるをえない状態だった。しかし京セラは、運命共同体である以上、雇用は死守すると宣言し、現場の研修などを行っていたのである。

今こそ、中国で「人の心をベースにする経営」が求められる

KDCの日本人社員たちはしかし、「日本的経営にこだわろう」として京セラフィロソフィを中国に伝えようとしたのではない。それが国境や文化を越える普遍的な性格を持つものだと思うから中国でも通用するはずだと考えたのである。KDC日本本社の関連事業会社統括部長は、次のようにいっている。

「日本的な経営にこだわるのではなく、一生懸命してきたら、結果的に日本的な、日本と同じ経営手法が中国でも通じたということだと思います。（略）愚直に、真面目に、素直にやってきた成果でし

ょう」。

京セラフィロソフィは、「人間として何が正しいか」という人間が本来持つ良心に基づいた最も基本的な倫理観や道徳観であり、「愛を持って人に接する」、良心に従い、善をしよう、思いやりを持とう、など、「誰も子どものころに両親や先生から教えられ、よく知っている、人間として当然守るべき、単純でプリミティブな教え」（京セラ『京セラグループ CSR報告書 二〇一二』四頁）なのである。

そして、この「京セラフィロソフィ」のような「人の心をベースにする経営」こそが、今の中国では、必要とされているのかもしれない。

一九八〇年代の改革開放後、経済発展とともに、中国の人々は必死に働いてきた。生活水準を改善するために、労働環境が悪くても、管理者が威張っても、それに耐えながらがむしゃらに働いてきたのである。しかし、それは人間の本来の求めている姿とは異なる。最近の中国ではしばしば労働者が賃金引上げや待遇改善を求めて労働紛争が巻き起こる。また、それが供給体制にまで影響してしまうこともある。二〇一二年九月にフォックスコン中国工場で起きた騒動は、劣悪な労働環境が要因の一つであるといわれている。これまでの機械的で高圧的な手段による人の管理が、もう限界に来ているかもしれないのである。

事実、近年、「京セラフィロソフィ」が中国の経営者に大きく受け入れられている。一万部が売れればベストセラーといわれる中国で、「京セラフィロソフィ」の書かれている稲盛の代表作（『生き方』）が一〇〇万部の大ヒットとなった。また、万方集団など中国の大手企業もフィロソフィを学び、導入後に従業員の仕事に対する姿勢が変わったという。東北師範大学や天津企業管理培訓センターなどでも、「京セラフィロソフィ」を研究しようという動きが広がっている。

なぜ中国で「京セラフィロソフィ」が受け入れられているのか。稲盛は次のようにいう。

「改革開放という中で、みんなが豊かになろう。豊かになれる者からなっていこうと。それが社会的にも経済的にも、非常にいびつなものになってきた。そういう矛盾を克服しようというところに、私の本が一つの光明となったと思う。（略）人生も経営もまったく同じで、人間の心の持ち方で決まるということに気づいたのでしょう」（テレビ東京『ニュースモーニングサテライト』二〇一二年六月一二日放送「日本式経営術に学ぶ」）。

参考文献

稲盛和夫［二〇〇一］『成功への情熱――PASSION』PHP研究所。
稲盛和夫［二〇〇四a］『生き方――人間として一番大切なこと』サンマーク出版。
稲盛和夫［二〇〇四b］『稲盛和夫のガキの自叙伝　私の履歴書』日本経済新聞社。
京セラ『京セラグループ　CSR報告書――経済・社会・環境レポート　二〇一二』。
京セラドキュメントソリューションズ「会社案内」二〇一一年三月期。
黒田篤郎［二〇〇一］『メイド・イン・チャイナ』東洋経済新報社。

第3部

論理構築篇

第8章

顧客インターフェイスの機能

情報と感情の流れを生み出す

西野 和美

1 顧客インターフェイスとは何か

顧客と企業をつなぐもの

第2部では、中国に日本型のビジネスモデルを展開している企業の事例を紹介した。これらのうち、中国市場での商品販売で奮闘している事例（つまり、京セラドキュメントソリューションズ以外の事例）に共通して見られる現象はいくつかある。本章では、その中でもまず、中国の顧客と企業との境界で起きていること、とりわけ各々の顧客と企業との間で形成される関係性（以下、顧客インターフェイスと呼ぶ）に着目する。

第2部で取り上げられた事例はいずれも、企業や代理店などが顧客に対して直接何らかの働きかけを行う機会を作っていることが特徴的である。そして、それはたんに、広告宣伝のために企業側から情報を一方的に提供するのにとどまらず、顧客と企業との間で双方向のやり取りになるとか、両者の関係が継続性を持つような、さまざまな工夫がなされている。

たとえばコマツの場合、建機に設置されたコムトラックスのデータを通じ、建機のより効率的な使用についてのアドバイスや定期メンテナンスの通知などといった、さまざまな働きかけを行っている。さらに、顧客に対し携帯メールでそれらの情報を通知するサービスなど、顧客が販売店とのつながりを感じられるような関係作りが行われている。

ダイキン工業も、業界初の二四時間サービスなど安心して空調機器を使用してもらうための施策のほかに、ソリューションプラザというショールームでは最新の空調技術を模型などを使ってわかりやすく展示することで、顧客が空調をよりよく理解できるようにするとともに、その快適さを実感できるようにしている。

またクボタは、連合サービスという体制をとり、顧客である賃刈屋と一緒に中国国内を移動しながら部品交換や補修サービスなどに対応している。賃刈屋にとってコンバインは大切な仕事道具であるので、トラブルへの迅速な対応は大変有り難がられているサービスであるが、それのみならず、長期にわたる同行とトラブル時の対応を通じて顧客とクボタとの間にコミュニケーションと信頼が生まれるという。

そして日産の場合、ディーラー（販売店）はたんに顧客に新車を売るだけでなく、保険やアクセサリーの販売、補修なども行っているが、それら付帯的な商品の販売や補修を積極的に行うことによって、顧客は新車購入後もディーラーにしばしば足を運ぶことになる。そうしたことが契機となり、二台目の購入や買替えにつながっていくという。

一方、本章末の「論理から事例を読み解く」で取り上げた広州ヤクルトでは、ヤクルトレディが直接家庭訪問し、婦人たちにヤクルトの機能や効能を説明して購入を促しているし、頻繁に試飲会などを開催して「まず飲んでもらう」「高価格だが健康によいことを納得してもらう」機会を増やしている。また、工場見学を積極的に受け入れて、子どもから大人までヤクルトに親しみ理解を深めてもらおうとしている。

このように、各事例に見られる顧客インターフェイスにおいては、商品を売り込むときだけでなく、その前後にわたって顧客との関係構築が工夫されていることが特徴的である。また、既存顧客に対してのみならず、潜在的な新規顧客に向けても個々に直接働きかけるような工夫が行われている。こういった顧客インターフェイスが中国市場で競争力を持つとわれわれは考えており、本章では、その機能とともに日本企業ならではの顧客インターフェイス構築の意義について考察する。

情報と感情

まず、顧客インターフェイスで実際にやり取りされているモノについて考える。通常、取引といえば、財である商品・サービスとその対価の交換であると考えられる。つまり、顧客と企業の間では、商品・サービスが企業から顧客に流れ、その代金が企業側に流れるということになる。

これは一般的な取引の形態であるが、顧客インターフェイスでやり取りされるのはそれだけではない。企業側が発信した商品・サービスの情報や企業自体に関する情報も、顧客側に流れている。逆に顧客側からは、商品・サービスについての感想や要望などの情報が企業側に流れている。こうした「情報」のやり取りが双方向に行われれば、コミュニケーションということになる。

顧客インターフェイスにはさらに、企業と顧客との間でやり取りされる要素として「感情」が存在し、これが両者の関係に重要な役割を果たしている。

たとえばクボタの事例で、収入源であるコンバインが故障すれば賃刈屋の怒りは時間が経つにつれて増すばかりであろうが、クボタ側が組織した連合サービスが同行していくこと自体は、顧客である賃刈屋に安心感という感情を生じさせることに寄与するであろう。そして、顧客の前で一生懸命修理している姿も、顧客にクボタへの信頼という感情を生起させることに貢献すると思われる。

ただし、いつまで経っても修理に来なかったり、修理の仕方が悪かったりすれば、賃刈屋は激高して二度とクボタのコンバインは購入しないかもしれない。それだけ顧客側で生起される感情がプラス（顧客にとって好ましい）かマイナス（顧客にとって好ましくない）かということは、企業との関係の継続も含めて、じつは大変重要な問題になると考えられる。

他方、後出の広州ヤクルトでは、ヤクルトレディが熱心にヤクルトの機能や効能を説明しており、そのときの彼女たちの情熱が言葉にパワーを与えて顧客を納得させることで、購買につながっているものと思われる。子どもの健康に乳酸菌がいかに有用か、ヤクルトがいかに安全な食品か、自身も子どもを持つ婦人であることが多いヤクルトレディが自ら直接訴えかけることで、顧客としてもその言葉により信憑性を感じるのではないだろうか。

つまり、顧客インターフェイスにおいて、顧客であるヒトと企業側の前線に立つヒト（たとえば販売員や社員など）との間で情報と感情が生み出され、この両者の間を流れている。そして、その生起と流れは、両者の関係の強弱や継続性に影響を与えていると考えられる。とくに感情は、顧客インターフェイスにおける顧客と企業との間での商取引それ自体や情報のやり取りに、大きく影響を与える要素となる。

インターフェイスの媒体

顧客インターフェイスでは、情報や感情を生み出しやり取りする主体であるヒトはもちろんのこと、その生起とやり取りの過程に介在する媒体も、重要な役割を果たしていると考えられる。

まず媒体としてあげられるのは、商品そのものである。これまで見たことがない商品を目の当たりにしたときに、顧客が興味を持ち販売員の説明に耳を傾けることは、その商品を媒体として情報が流れたり感情が生じたりする例である。ヤクルトの試飲も、商品を体験することによって情報と感情が流れるきっかけ作りになっている。

加えて、商品に付帯するさまざまなサービスも媒体となる。さまざまな企業の事例において、商品購入後にアフターサービスが付与されていたが、商品が故障したときはもちろん、コマツやクボタでは故障時の修理費用や機会費用が多額であることから故障を予防するためのサービスも行っている。こういったサービスの存在が、顧客の安心感と商品や企業に対する信頼という感情を喚起し、顧客インターフェイスの強化につながっていると考えられる。

あるいは、企業側の施設など顧客と企業が直接出会う「場」それ自体も、情報や感情のやり取りの媒体となる。場そのものが媒体となって企業側と顧客との関係が強化されたり、新たな関係が新規顧客との間で構築されることもあるからである。

たとえば、顧客が大金中国のショールームで最新鋭の空調システムを体感するとか、クボタのコンバインが故障したまさにその現場で大勢の注視のもと修理がなされるといった状況においては、顧客と企業の間のみならず、顧客と顧客（もしくは潜在的な新規顧客）との間の情報と感情のやり取りも促すことになる。同行者がショールームで快適さを実感しその感動を語るとか、他人のコンバインが迅速に修理されて再び稼働するようになった様子を目の当たりにするとかいったことで、サービスの受益者はもちろん、実際にサービスを受けていない人まで感情が高まったり、彼らの間でコミュニケーションが活性化されたりする可能性がある。その結果、既存顧客との顧客インターフェイスにおける信頼関係が強化されたり、別の顧客との間で新たな顧客インターフェイスが生成したりすることもあるだろう。

つまり、直接的な売込み以外にもさまざまな工夫を企業側が仕掛けることによって、情報と感情のやり取りが活性化され、顧客インターフェイスが強化されるといえる。

2 顧客インターフェイスの機能とは

売込みにおける機能

顧客インターフェイスでやり取りされるのは情報と感情であることは先に述べたが、企業側の働きかけのタイミングとその意図によって、その機能は五種類に分類することができる（表8-1）。それは、売り込み時の「説得」「コンサルテーション」、売った後の「問題解決」「トラブル予防」、そして両方のタイミングで見られる「啓蒙」である。

一つ目の機能は「説得」である。これは、売込みにあたって自社商品の機能や品質、ライバル品との比較優位性を詳細に説明するというものである。ダイキン工業では、提案営業という体制で販売店と一緒に社員が顧客のところへ説明に行き、図面等で提案をしたりしている。売込みのための直接的な手法であるが、そこでは商品情報だけでなく、販売員の熱心さなどの感情も同時に流れることとなる。

この「説得」は、一般的な販売促進活動と同様と思いがちであるが、特徴的なのは、顧客への詳細な商品説明と、そこに流れる感情によって顧客が納得したり好感をもったりするということである。クボタでは、農村を回って説明会を開催し賃刈事業の魅力を語る際、実際にどのように賃刈りを行いどれだけの収益が上げられるのかをきちんと知ってもらうために、成功した賃刈屋に登壇してもらうなどしている。彼らの話を聞くことで、参加した農家たちの中から、高価ではあるが高機能でサービス体制もしっかりしているクボタ製品に納得するだけでなく、自分も同様に成功したいと強く思う者が出ることもあるだろう。成功した賃刈屋の存在そのものが、潜在的顧客に多くの情報と感情を伝えている例である。

表 8-1　顧客インターフェイスの機能

売り込み時	売った後
説　得	問題解決
コンサルテーション	トラブル予防
啓　蒙	

次に、直接的な商品の売込みというより、むしろ顧客の状況やニーズに対応させた商品に関する情報提供をする場合には、「コンサルテーション」ということになる。「説得」よりも、顧客に寄り添って相談に応じるなど、顧客の感情のケアをより重視した働きかけがなされる。第10章の章末で紹介される資生堂は、「カウンセリング販売」において顧客に合ったスキンケアの仕方を実践してみせることで商品

や化粧の仕方の情報を伝えている。これには、実際にメイクすることによって美しく変化するのを顧客自身に実感してもらうことで、商品の使用方法とそれを使う意義を伝えるという目的がある。

またコマツは、購入にあたり月賦払いの相談に乗ったり、テクノセンタで建機運転の講習なども行ったりするなど、購入にかかるさまざまなハードルを下げる手助けをしている。

このように、顧客インターフェイスにおいては企業側が情報のみでなく感情でも顧客に強く働きかけるために、顧客が商品の理解に加えて、商品や企業への好感、ときには感動といった感情を深めることにつながり、結果として購買にもつながるのである。

売った後の機能

一方、売った後で発生した問題に対応し解消するための、「問題解決」という機能がある。これは、問題が生じたことで顧客側が被る損害を少しでも少なくし、ネガティブな感情（怒りなど）を早期に沈静化させ、さらには解消させるための機能である。たとえばクボタは、顧客から連絡を受けた補修部員がすぐに到着するよう応急救護体制をとっており、連絡を受けてから通常の修理が終了するまでの目標を四時間と設定しているという。ここでは、情報提供もさることながら、顧客の感情のケアということも重要な意味を持つ。

ダイキンの二四時間サービスも、実際にトラブルが起きた場合の迅速な対応もさることながら、そうしたサービスの存在が顧客が昼夜を問わず空調機器を使用する際の安心感につながっていると思われる。だからこそ、中国でもあえて「二四時間」サービスにこだわったと考えられるのである。

また、問題そのものが起きないようにしようとする「トラブル予防」という機能もある。コマツでは代理店が月に一回程度、顧客のところにまで行って定期メンテナンスを行い、必要であれば補修部品を交換するなどのケアを行っているし、ダイキン工業は施工時を含め五回もの検査を行うサービスを提供している。トラブルを予防することによって顧客の利益を守るためであるが、ここには顧客の感情がマイナスに振れないための予防機能もあるといえる。

アフターサービスというと、つい問題解決のための施策を考えてしまうが、そもそも顧客に問題発生によるストレスやネガティブな感情を起こさせないことを重視するならば、こうした「トラブル予防」はとても重要な機能であるといえよう。また、そうした対応が顧客には手厚いサービスと認識され、企業への好感度向上につながると考えられる。

そして、こうした商品の売り込み時や売った後に関係なく存在するのが、「啓蒙」という機能である。これは、商品に直接は関係しないが顧客の生活や健康に関する情報など、商品の売込みにはすぐに結びつかなくとも役に立つ情報を提供し続けることで、顧客の意識を高めてもらうことを目指すものである。たとえば広州ヤクルトでは、ヤクルトレディが季節ごとに随時、健康情報や食生活に関する情報を顧客に提供している。これはヤクルトそのもののPRというよりも、むしろ健康に留意した生活の重要性を顧客に認識してもらうことが目的であり、そうした中でヤクルトが果たす役割の大きさに気づいてもらうことを目指しているものと思われる。

日本企業が提供する商品やサービスのよさをより理解してもらうためには、その基盤となる知識も必要になることがある。たとえば、ヤクルトのような乳酸菌飲料を継続的に飲む必要性の根拠となる、人体や健康に関する知識。または、ダイキン工業の空調機器による省エネ効果の重要性の根拠となる、環境に関する知識。こうした知識を絶えず伝え「啓蒙」することが、先の四つの機能がより顧客に受け入れられるためにも必要となるのである。

理解、信頼、ニーズ情報

顧客インターフェイスのこれらの機能は、次の三つの効果をもたらす。それは、顧客側の「理解の深化」「信頼やロイヤルティの向上」、企業側の「市場に適合的な商品開発の実現」である。

「理解の深化」とは、顧客側が保有する知識の量が増加し質が向上することによって、商品や企業への理解、そして企業側が提示する販売にかかわる諸条件への理解が、それぞれ増すことである。とくに売り込み時の機能である「説得」と「コンサルテーション」によって、顧客は企業から直接商品や企業に関する情報を大量に受け取ることになり、マス広告からよりも理解を深めることができるものと考えられる。

とりわけ第2部で取り上げた企業のほとんどは、現地のライバル企業の商品と比較すると、価格が必ずしも安くなかったり、前金で支払わなければならないなど支払条件が厳しかったりした。とはいえ顧客も、商品の機能や品質の高さ、そしてさまざまなサービスの内容が十分に理解でき、それが価格に見合うだけのものであると納得できたならば、安くない価格でも購入しようとするであろうし、前金でもきちんと支払いをするであろう。「説得」「コンサルテーション」により顧客インターフェイスが活性化することで、高品質だが高価格といわれがちな日本企業の商品も、中国の人たちに納得してもらうことができ受け入れられやすくなると考えられる。

「信頼やロイヤルティの向上」とは、企業との距離が縮まることで、信頼や企業へのロイヤルティが高まることである。とくに「問題解決」と「トラブル予防」によって、その企業に対しより好意を感じるようになるだろうし、それらが迅速かつ適切なものであるほど、企業への信頼は高まると思われる。また、商品そのものの機能や品質も、それが実感されるほど企業への信頼を高める効果がある。

たとえば、「問題解決」が素早ければ機会費用は少なくなるし、「トラブル予防」によって実際に問題が起きなければ無駄な費用は発生しない。このように顧客インターフェイスでは、情報のやり取りに加えて直接顧客がさまざまな便益を受けるがゆえに、企業への信頼が向上し、次もまたこの企業の商品を購入しようというロイヤルティへもつながっていくと考えられる。

これら「理解の深化」「信頼やロイヤルティの向上」の両方に、間接的ではあるが「啓蒙」もプラスの影響を与えている。顧客の意識が向上することは、これら二つの効果の素地となりうるからである。商品や企業をよりよく理解するための基盤が形成されることで、商品の価値をより高く評価してもらえるようになったり、企業への信頼が向上するといった効果につながるものと思われる。

一方、企業側の効果として「市場に適合的な商品開発の実現」がある。情報のやり取りが双方向となり、企業へニーズ情報が豊かに集まることで、中国市場に適合的な商品開発やサービスの改善などにつながる。顧客からのニーズ情報の収集を顧客インターフェイスで直接行うことで、企業はより実態に即した情報を獲得することができるだろう。

顧客インターフェイスによって、商品や企業に対する顧客の理解を獲得して購入につなげるとともに、信頼をも獲得して継続的に顧客であり続けてもらう。一方で、ニーズ情報を直接収集し、市場特性に適合する商品の開発とサービスの改善を行っていく。こうしたことがその企業の競争力となって、競争の激しい中国市場で生き残ることを可能にしていくものと考えられる。

3 機能を生み出す設計

設計の大切さ

本章で顧客インターフェイスの機能として提示した、企業側から顧客に向けてのさまざまな働きかけは、通常はマーケティングの範疇に収められてしまいがちであろう。マーケティングミックスにおけるプロモーションや、顧客との一対一の関係構築による関係性マーケティングなど、顧客に接して商品の販売につなげるような行為は、一般的に企業の対顧客戦略として考案され、実行されるものと考えられがちである。

しかしながら、これらをたんなるマーケティング活動の一環としてのみ捉えるのではなく、ビジネスモデルの観点から捉えることの重要性を、ここでは強調したい。なぜなら、この顧客インターフェイスは、顧客との関係をより強固なものにして企業へのロイヤルティを上げてもらうための戦略的行動の要であるとともに、きちんと収益を確保するという観点からコストとの兼合いも強く問われることとなるからである。また、顧客インターフェイスが企業の競争力の源泉になるには、先に述べた諸機能を継続的に提供できなければならないからである。

これまで紹介した企業の事例では、いずれも、販売員やサービス部員などの対応が顧客にとって好ましいものであり、顧客自身が高いサービスを受けていると思えるような工夫がなされていた。こうした場合、どの顧客に対しても同様の高いサービスを提供できるように、仕事の仕組みとして恒常化させる必要がある。

ただし、日本での事業展開とは異なり、中国でそうした仕組みを作ったからといってすぐに想定通りの機能が提供できるわけではない。それは、そもそも中国におけるサービスに対する考え方が日本とは異なるためである。そのため、サービス提供の仕方のみならず、インターフェイスで顧客に接する人材の育成なども含めた仕組みの設計が、中国での事業展開においては不可欠となる。

また、こうした顧客インターフェイスの機能を継続させる仕組みとともに、中国市場における債権回収の難しさなどの市場特性から、事業収入を確実に獲得するための仕組みも不可欠となる。高いサービスの提供と確実な債権回収、この二つを両立させるためには、中国の商習慣を踏まえつつも合理的かつ効率的な債権回収システムを設計すること、それへの反発を超えて顧客がきちんと支払いたくなるような、魅力的なサービスとその体系的提供システムを設計すること、これらを同時に行う必要がある。ビジネスモデルの一部分として顧客インターフェイスを考えることの重要性はここにある。

仕事の幅とコントロール強化

顧客インターフェイスが機能し続けるために、企業は背後の仕事の仕組みであるビジネスシステムの設計を工夫している。たとえば広州ヤクルトのように、ヤクルトレディが直接顧客に商品を手渡すのは日本と同様でも、中国ではあえて、営業所から営業部隊がトラックでスーパーやコンビニなどの店舗を直接訪問し、自ら店頭に商品を並べるといったことまでしているという事例もある。つまり、生産拠点から流通網、そして顧客の手元に渡るその瞬間まで、一部外部に委託してはいるものの、システム全体として企業側のコントロールが一貫して強いというのが特徴的である。

この理由として考えられるのが、品質管理の難しさである。中国では日本の場合よりも高品質を実現し維持することがさまざまな条件から困難であるために、他者に容易に任せずに自ら品質管理にかかわる仕事へ乗り出してコントロールをより強めなければならない。

広州ヤクルトの場合、スーパーの搬送口まではきちんと冷蔵された状態で届けられたとしても、それが店頭に即座に並べてもらえているかまで把握できなければ、顧客が商品を手に取る肝心なところでの品質を保証することができない。もしかしたら、広州の暑い日差しの中、スーパーのバックヤードでヤクルトのパックが放置されたままになっているかもしれないのだ。だからこそ、広州ヤクルトの社員が自ら店頭に並べることまでして、顧客が手に取る瞬間まで、何とか品質を管理しようとしているのである。

ダイキン工業の場合も、品質管理のために仕事の範囲を広げたり、他者に委託する仕事へのコントロールを強めたりしている。たとえば、施工のチェックもその一つである。各販売店の施工担当者を集めて研修を行って、施工に関する技術向上と一律化を目指すとともに、施工中から施工後にかけて五回も定期的な検査を行うといったことも、代理店などに対して行っている。

ビジネスシステムの中での自ら行う仕事の範囲を日本のときよりも広げ、モノの流れとカネの流れのコントロールを日本よりも強化することで、顧客インターフェイスにおいて、支払いには厳しいけれどその分商取引は公正でクリーンな企業イメージ、そして商品の品質が維持されることによる企業への信頼感が形成されていくのだと考えられる。

4 中国における重要性

商品理解の必要性

顧客インターフェイスは、もちろん日本市場においても有用である。しかし、とくに中国市場での重要性を強調するのは、中国の市場特性によるところが大きい。

中国は巨大な市場である。これは需要が巨大であるだけでなく、参入企業数も多いということである。新規参入を狙う企業も多く、いずれの企業の事例においても競争は厳しい。競争が激しい中で、企業にとってはいかに自社の商品を理解してもらうかが大きな課題である。とりわけ、いずれの事例でも共通して、当時の中国では高品質かつ新機能だが比較的高価な商品を投入していたため、いかに顧客にきちんと理解してもらうかが購入の鍵となっていた。

たとえばダイキン工業の場合、日本で展開している先端の商品を中国市場にも投入することで、中国では参入時からダイキンエアコンは新規性の高い機能を持つ商品であるという認識をもってもらえた。ただし、ダイキン工業のカセット型エアコンはそれまで中国市場にはなかったものであり、これまで見たこともなければどのようなものかもわからないという人がほとんどであったと思われる。

そのため、商品がどのような機能を持っていて、それが競合企業の商品と比較してどのように優れているのかを、きちんと潜在顧客に理解してもらう努力をすることが重要であった。そこで大金中国では、機能面はもちろんのこと、設置のメリットや設計・間取り等にどのように影響するのか、潜在顧客向けに直接、商品を説明する会を頻繁に開催した。また、ソリューションプラザの開設後は、一般客向けに最新の空調を体感できるような展示も行うことで、実際にどのような快適さなのかを身をもって体験し理解を深めてもらうという工夫を行ったのだった。

あるいは、コマツやクボタの場合、稼働時間の長さから商品に耐久性を求められるが、それに見合うだけの品質であることは、購入前にはなかなか理解されにくい。だからこそ、さまざまなサービスの存在と合わせて、顧客に耐久性の高さとそれに見合う価格であることを直接説得するとか、他の顧客に対して迅速に問題解決する状況をあえて見せるなどの工夫が、重要になるのである。

品質リスクへの対応

ましてや中国の市場では、たとえば商品がすぐ壊れてしまったり宣伝通りの機能ではなかったりなど、商品の品質に対するリスクが比較的大きく、顧客も不信感を持ちがちである。安かろう悪かろうといった、参入企業が多いがゆえの玉石混淆のリスクである。とくに食品の場合、安全性は大変大きなリスクとなる。

だからこそ、それらのリスクを徹底的に取り除くことで顧客は安心して商品を使用できるのである。ダイキン工業も、顧客が不安を解消し、ダイキンエアコンを安心して使用できるようにするための工夫を行っている。施工時から施工後まで定期的な点検を行うことで顧客の施工に関する不安を解消しているし、二四時間サービスによって万が一トラブルが起きたときにはいつでも駆けつけるという体制を作っている。

広州ヤクルトも、安全性を示すために厳密な品質管理を行っている。工場の見学を積極的に受け入れたり、中国政府からの「保健食品」の称号授与を大きくアピールしたりするなどして、顧客の不安を解消しようとしている。

顧客インターフェイスの有用性は、顧客と直接相対し、自社商品のよさや他社商品との違いを顧客がきちんと理解できるように伝えるとか、自社を好ましく思ってもらえるような努力を行えるところにある。それはまた、ただ商品を見ただけではわかりにくい品質のよさや品質管理への取組みも、顧客に直接きちんと伝える絶好の機会になっている。

こうした結果、既存顧客のロイヤルティが向上するとともに、口コミなどによる新規顧客の獲得にもつながる。つまり、顧客の不安を取り除く努力を積み重ねること、そしてそれらの努力が多くの顧客に好意的に受け入れられること、この両方が成立することで競争優位性が生じるのである。

日本型顧客インターフェイスの競争優位性

第2部で取り上げた企業の事例や広州ヤクルトの事例は、いずれも各企業がこれまでの長い企業活動の中で試行錯誤し洗練させてきた顧客インターフェイスを、中国で展開したものである。日本人にとってこれらのサービスは、とくに新しいとか手厚いとかいえるものではないかもしれないが、中国の人たちにとっては多分に新しく、手厚いものであると推測される。

「心のこもったおもてなし」など、日本人が当たり前だと思っているサービスが、意外にも海外の人々を感動させるという話がしばしばある。日本で普通になされている、顧客との「感情のこもった」コミュニケーションや関係作りを、中国でも同様に行えるならば、じつはそれは大きな競争力を持ちうるものと考えられる。

それは、日本で発展してきた、いわゆる「日本型」の顧客インターフェイスが、世界的に見て顧客に高い価値を提供しうるからということだけではない。「心のこもったおもてなし」のようなコミュニケーションのあり方にそもそも馴染みのない国（地域）に日本型顧客インターフェイスを移植すること自体、じつは難しいことであるからである。文化的に、そして社会的な習慣として馴染みのない慣習を根づかせるだけの、長期にわたる努力と工夫が必要であるがゆえに、それがきちんとできたところは他に先んじることができるだろう。だからこそ、ビジネスモデルの一部として顧客インターフェイスを捉え、その枠組みと内容をきちんと中国で築き広める必要がある。

ローカルメーカーひしめく中国国内でいかに日本企業のブランド価値を高めるか、それも、いかに中国の人々に親しみや愛顧の感情を抱き続けてもらうかについては、近年難しい局面に入ってきているかもしれないとはいえ、こうした日本型顧客インターフェイスの構築と維持が、競争力を高める一つの鍵となるのではないかと思われる。

広州ヤクルト　直接手渡す「健康」と「安心感」

ヤクルトレディは中国にも

ヤクルトは、世界中で多くの人々に親しまれ愛飲されている日本発祥の飲料品の一つである。国内でヤクルトの製造販売が始まったのが一九三五年、その後、初の海外事業所として台湾ヤクルトが設立され営業を開始したのが六四年であった。以来、一九六八年にはブラジル、六九年には香港、七一年にタイと韓国、と続き、さらにフィリピン（七八年）、シンガポール（七九年）、メキシコ（八一年）と、次々と事業所（販社）が設立され、販売網が拡大した。そして現在、海外二八の事業所を中心に、日本を含む三二の国と地域に広がり、一日約三〇七〇万本ものヤクルトの乳製品が愛飲されているという（ヤクルト本社「平成二五年三月期決算資料」）。

ヤクルトといえば、昔から変わらない独特の形状の容器もさることながら、「ヤクルトレディ」による宅配を思い浮かべる人も多いだろう。これは「婦人販売店システム」として、日本で一九六三年より始められたヤクルト独自の販売方法である。

ヤクルトレディとは、ヤクルト商品を一般家庭に配達したり、職場で販売したりする女性をさす。一般家庭の場合は、担当地域が決まっており、契約している顧客に定期的に商品を配達することが仕事となる。法人の場合は、担当する職場に出向き、商品を一つ一つ販売することが仕事となる。海外におい

表 8-2　中国でのヤクルトの事業状況

社　名	事業内容	営業開始	1日平均販売本数	社員数	取引店舗数	ヤクルトレディ数
台湾ヤクルト	ヤクルト等の製造・販売	1964年	93.3万本	325名	33,475店	1,572名
香港ヤクルト	ヤクルト等の製造・販売	1969	54.0	179	11,396	0
中国ヤクルト	中国各社の統括管理，ヤクルトの販売	2007	91.1	785	17,574	23
広州ヤクルト	ヤクルト等の製造・販売	2002	137.8	666	17,418	1,456
上海ヤクルト	ヤクルト等の製造・販売	2005	41.3	318	9,523	243
北京ヤクルト販売	ヤクルトの販売	2006	21.0	152	3,815	98
天津ヤクルト	ヤクルトの製造	2011	—	86	—	—

（注）　1日平均販売本数は2012年（1～12月）の年間平均本数，社員数・取引店舗数・ヤクルトレディ数は2012年12月末現在。
（出所）　ヤクルト本社「平成25年3月期決算資料」。

ても、国によってではあるが日本と同様にヤクルトレディによる商品の配達を行っており、約四万一八〇〇名ものヤクルトレディが活躍しているという（ヤクルト本社「平成二五年三月期決算資料」）。

このヤクルトレディは、中国でも活躍している。現在、中国における製造販売拠点としてヤクルトは、中国本土の製造販売会社の広州ヤクルトと上海ヤクルト、中国各社の統括管理と販売のための中国ヤクルト、製造会社の天津ヤクルト、販売会社の北京ヤクルト販売、という各社を有する。その中で最も早い二〇〇一年に設立されたのが広州ヤクルト（広州益力多乳品有限公司。以下、広州ヤクルト）であり、この広州ヤクルトには現在一五〇〇名を超えるヤクルトレディが在籍し（二〇一三年四月末現在）、一般家庭へのヤクルト等の配達を行っている。

表8-2に示すように、広州ヤクルトは、一日平均販売本数で台湾、香港を抜いている。古

参の台湾ヤクルトと比較すると、取引店舗数が半分程度でヤクルトレディの数も八割強であるにもかかわらず、販売本数は約一・五倍に上っている。また、近接する香港ヤクルトでは、設立当初はヤクルトレディによる配達も行っていたが、香港の住宅事情を鑑みて一九七三年より営業政策の転換が図られ、直販のみとなった経緯がある。これらのことと比較しても、販売本数が多く、また日本発祥のヤクルトレディによる配達方式が着実に根づいている広州ヤクルトは、大変興味深い存在であるといえるだろう。

説明と啓発

広州ヤクルトでは、さまざまな手段で顧客とのコミュニケーションを活性化するような工夫をしてきた。そのため、スーパーマーケットやコンビニエンスストアなどの量販店や小売店での販売も行っているが、まず力を入れたのはヤクルトレディによる宅配であった。それは、ヤクルトレディが直接そして積極的に人々とコミュニケーションをとり、ヤクルトや健康に関する情報をきちんと伝えて納得してもらうことが、売上げ増加に効果的であることを、日本をはじめ世界各国に進出したこれまでの経験からヤクルトの経営陣が学んでいたからである。

ヤクルトの販売を増やすには、顧客に継続的に飲むようにしてもらうことが不可欠である。そのためには、継続的に飲むことの重要性をきちんと納得してもらう必要があった。乳酸菌が人間の体にどのように作用するのか、ヤクルトがいかに健康によいか、なぜ継続的に飲む必要があるのかなどの情報を、ヤクルトレディを通じて、潜在顧客だけでなく既存顧客にも、繰り返し伝える必要があったのである。

中でも重視しているのは、母親への啓発活動である。中国では、ヤクルトの六割以上は子どもが飲んでいるという。したがって、いかに多くの母親に購入してもらい冷蔵庫に常備してもらうかが鍵となる。

そのため、子どもの健康に乳酸菌がいかに有用であるか、またヤクルトがいかに安全な食品かを、母親に理解してもらえるように説明しているという。このようなとき、自身も子どもを持つ主婦であることが多いヤクルトレディは、母親としてのさまざまな不安を身をもって知っているがゆえに、より親身なアドバイスができるという。

とはいえ、中国では飛込みの訪問販売ができない。そのため、見込客を既存顧客から紹介してもらい、そこへの訪問許可を得ることで新規顧客を開拓している。また、購買力の高そうな家庭が多いマンションの中庭や駐車場の脇などで、通りかかる人々に試飲してもらいその効能を説明する、といったことも行っている。これも新たな家庭への訪問許可を得るためである。

家庭を訪問しても、中国では訪問時の顧客の注文に応じた販売であり、支払いも商品受渡しの都度の現金払いとなっている。これは確実に顧客から代金を受け取るためなのだが、いつも買ってくれるとは限らないところが日本とは大きな違いである。

したがって、家庭を訪問したときや潜在顧客に相対したときに、いかに顧客の心を摑み、ヤクルトを継続的に購入したいと思ってもらうか、そこがヤクルトレディの腕の見せどころとなる。中国では説明の仕方いかんで売上げが大きく変わるため、ヤクルトレディも真剣なのである。

直接ヤクルトレディから購入する顧客は、時間通りに訪問してくれることや、スーパー等へいちいち買いに行く手間が省けること、何よりも宅配のほうが新鮮だと感じられることなどをメリットにあげている（『日経産業新聞』二〇〇四年五月一八日）。

こうしてヤクルトレディは、地道に訪問可能な家庭数を増やし、それらを定期的に回ってヤクルトを販売している。販売数が収入に直接反映されることもあり、ヤクルトレディには、顧客に対してわかりやすく説明できるスキルも必要だが、同時に、定期的に家庭訪問できるだけの顧客との関係構築能力も求められている。

顧客インターフェイスの強化

こうしたヤクルトレディによる家庭訪問のほかに、広州ヤクルトでは、工場見学を積極的に受け入れている。基本的には団体（町内会や学校などのグループ）で申し込んでもらい、バスでの送迎などの対応もする。そして、実際にクリーンかつ少ない人員でヤクルトを製造している様子を見てもらい、ヤクルトの衛生意識の高さを実感してもらう。加えて、ヤクルトがいかに健康に有用であるかを理解してもらい、ヤクルトをはじめとするさまざまなお土産を持ち帰ってもらうのである。

また、子どもたちに対しても直接、啓発活動を行っている。幼稚園に直接出向いてビデオなどで健康の大切さを伝えヤクルトを配布するなどのイベントを行っているし、子ども向けのテーマパークにも出展している。

一方、店舗での販売においても、店頭で試飲をさせながらその効能を説明するという販売促進活動を頻繁に行っている。その小売店のバイヤーに対しても、工場見学などヤクルトに関する知識を得られる機会を提供し、理解者になってもらうような工夫をしている。

理解者を作るということでいえば、現地の研究者や栄養士などの有識者に、シンポジウムなどを通じてヤクルトの効能を理解してもらい、ヤクルトのオピニオンリーダーになってもらうような努力もしている。

ヤクルトの顧客インターフェイスの構築は、日々の普及活動の積重ねというべき地道なものである。

一人一人にヤクルトの効能を知ってもらい、健康への意識を高めてもらうことが、結果として販売拡大につながるという考えに基づいているからである。このように、顧客と直接接する機会を持ち、乳酸菌やヤクルトに関する知識を積極的に伝えていくとともに、テレビCMやバス広告などのメディアへの露出も続けることによって、顧客側のヤクルトへの認知や理解を高めるような努力がなされてきた。

その成果として、顧客のヤクルトへの信頼も次第に深まり、販売本数も着実に増加していくこととなった。こうした信頼には、ヤクルトの科学的な効能評価もその裏づけとなった。たとえば、広州ヤクルトは二〇〇六年に中国政府から「保健食品」の称号を授与されている。このことで免疫力アップに有効であると表示することが許されたので、整腸作用のみならず、鳥インフルエンザなどの感染症に対する母親の不安に応えるような販売促進も行っている。

こうしたさまざまな取組みが功を奏し、ヤクルトは北京市の最大手朝刊紙『京華時報』および大手ポータルサイト「ソフー」が主催した「二〇一一年私が最も信頼する食品ブランド」調査で、「最も信頼される食品ブランド」を二年連続、「最も人気のある食品ブランド」を三年連続で受賞するまでに至っている（『通商弘報』二〇一〇年七月二日）。

また、二〇一二年九月には、デモ発生直後こそ一部店舗への納入が滞るなどしたが、製造工場やセンターなどに被害はなく、目立った影響はなかったという。それどころか、ヤクルトを飲むと癌が治る、美白効果があるなどの噂が流れ、買占め騒動が発生した（『プレジデント』二〇一二年九月一七日）。近隣の香港でヤクルトが買い占められ、中国本土で高値で売られるという事態にまでなったという。

ヤクルトレディの育成

広告塔としての役割もあるヤクルトレディには、直接顧客に乳酸菌やヤクルトの有用性を説明し、季節に合わせて健康情報や食生活に関する情報も適宜提供するという、幅広い知識が要求される。したがって経営陣は、ヤクルトレディの育成については数のみならず質を重視したという。二〇〇三年八月に最初の配送センターが設立されたが、質を重視した結果、最初の六カ月間はわずか八名であったという。これまで、ヤクルトレディのような販売を行う存在すらなかったのだから、当初は彼女たちとしてもどうすればよいのか見当もつかなかったのである。日本の営業部隊は販売の仕方を一つ一つ根気強く彼女たちに教えていったという。

しかも、たんに知識として覚えさせるのではなく、実践することで身につけさせようともした。たとえば配送センターの朝礼では、顧客訪問の場をシミュレーションし、実際に商品説明や健康情報が提供できるかの確認を行ったりもしている。ヤクルトレディたちが顧客と説明側に扮し、ある質問に対してきちんと説明できるかを、みなの前で披露するのである。これには、さまざまな場面を想定して毎回違ったシミュレーションをすることで、多様な状況に対応できるだけの知識とスキルを身につけさせようという意図がある。乳酸菌はなぜ身体によいのか、ヤクルトは競合品とどこが違うのか、スラスラと説明できるだけのプレゼンテーション能力も、優秀なヤクルトレディの能力の一つであると考えられているのである。

前述の通り、ヤクルトレディの販売数は、収入に直接反映される。二〇一一年度の平均では、ヤクルトレディ一人で一日当たり二五〇本を販売しており、優秀な人なら三五〇~五〇〇本程度にもなるという。配送センターでは、各ヤクルトレディの販売目標や販売実績をホワイトボードに大きく掲示し、世界の成績優秀者が日本で一堂に会するヤクルト世界大会への参加をはじめ、新年会、国内旅行などのイ

図 8-1　広州ヤクルトにおける 1 日平均販売本数の推移

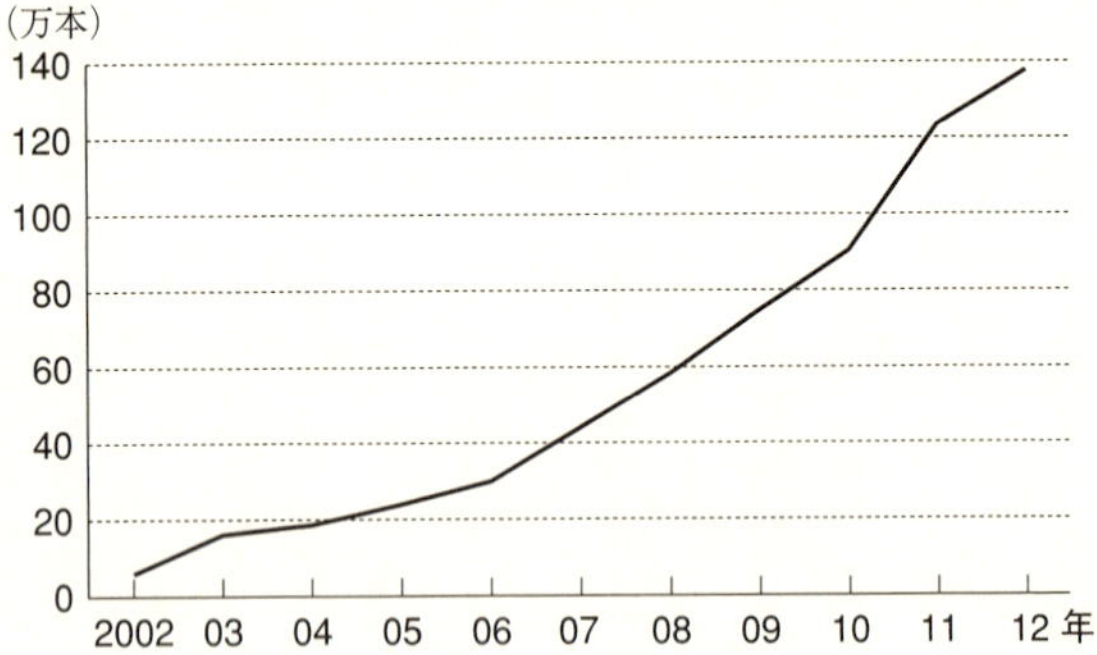

（出所）　ヤクルト本社 “Annual Report” より作成。

ベントも多数行っている。

こうして広州ヤクルトでは、ヤクルトレディの質を向上させるとともに数も徐々に増やしつつ、顧客とのコミュニケーションを重視した販売を展開している。二〇〇五年にはヤクルトレディはまだ三〇〇名ほどしかおらず、〇六年にようやく売上げ全体に占める宅配比率が一八%になったが（『日経ビジネス』二〇〇七年二月一二日）、販売本数はこのころから順調に増加している（図8-1）。こうした中、初期のヤクルトレディがマネージャーになるなど少しずつ人も育ち始め、ヤクルトレディが同じ配送センターの新人教育もできるようになってきた。

そして今では、多くのセンター長やマネージャーを元ヤクルトレディが務めるまでになっている。彼女たちは、自らの経験を通じて獲得した販売ノウハウを配送センターのヤクルトレディたちに伝えるとともに、販売の大変さを知っているからこその細かな心配りを見せる。彼女たちの存在は、ヤクルトレディたちの目標ともなっている。配送センターには、誰かが大変なときにはみなで助け合う雰囲気があり、それがヤクルトレディたちのモチベーションの維持にもつながっているという。

品質を支えるビジネスシステム

広州ヤクルトが顧客から信頼を獲得するに至ったのは、もちろんヤクルトの品質の高さに裏づけられたものであることはいうまでもない。とくに、乳酸菌飲料であるヤクルトの品質管理をきちんと行うことは、広州ヤクルトにとって事業開始時からとても重要な課題であった。

ヤクルトには乳酸菌の活性が大変重要であるので、品質維持のためにはいかにヤクルトを顧客に新鮮な状態で届けるか、商品の維持管理をいかに徹底させるかが大きな課題となる。そのため広州ヤクルトでは、店頭販売以外をすべて自社で手がけている。

広州工場からは、営業所（直販の拠点）五カ所、域内各所の配送センター、代理店一カ所にヤクルトが配送される。工場からの配送は業者（日系企業）に委託しているものの、ルート用のトラックは一〇〇台ほどをすべて自社で所有している。これらは保冷トラックであり、自社で商品の温度管理を徹底させるためのものである。

また前述の通り、営業所からは営業所員自らトラックで直接店を訪問し、スーパーやコンビニなどの店頭にヤクルトを並べることまでしている。これは、店舗を開拓するとか売場の棚を確保するためでもあるが、顧客の手に渡るまできちんと監視の目を行き届かせるためでもある。

こうした品質管理は、製造現場においても同様である。広州工場内の製造設備は、日本と同じ仕様の設備を使用している。一日約一五〇万本が製造されているが、ピッキングマシンなどを自動化することで、工場では七〇名前後の社員が二交代で勤務するのみとなっている。

これも先述したが、広州工場は工場見学を広く受け入れており、二〇一一年には一年間で三万五〇〇〇人ほどが見学に訪れている。見学者が製造ラインから受けるインパクトは大きいようである。中国の製造業で多く見られる、たくさんの従業員が一列になって黙々と仕事をするような光景とは正反対だからであろう。

このほかにも、広州ヤクルトでは工場で厳密な品質管理を行っていることを示すため、工場操業初期より規格取得も積極的に行っている。二〇〇三年に品質マネジメントシステムの国際規格ISO九〇〇一や環境マネジメントの国際規格ISO一四〇〇一を、〇四年にはHACCP（総合衛生管理製造過程）を取得している。また、水の浄化は何重にも行っており、開発区で浄化した水をさらに工場で三重に濾過し、殺菌している。工場では、乳酸菌の培養から各製造工程、出荷まで、数多くの検査項目を設けているという。

ヤクルトの品質のよさや品質管理の徹底ぶりは、店頭で商品を見ただけではわからない。顧客が納得できるだけの「目に見える証拠」が、実際の品質管理の努力と並行して必要となるが、それがこの工場だという。

二〇一二年一一月、広州ヤクルトは第二工場の建設に着工した。広州ヤクルト第一工場と同じ地域にあり、生産開始は二〇一四年の春を予定している。広東省や海南省の需要の拡大を見込み、最終的な生産規模は一日当たり約三五〇万本を見込んでいる。

いかに多くの母親に購入してもらい冷蔵庫に常備してもらうか。そして子どもが毎日飲む乳酸菌飲料としての地位を確立するか。ヤクルトへの信頼感や安心感をより高めてもらうための取組みは日々続いている。

参考文献

『エコノミスト』二〇一一年三月二二日。

『NNA．ASIA』「ものづくり最前線　廣州益力多乳品（広州ヤクルト）」（http://news.nna.jp/free/china/interview/201_300/0234.html, 二〇一三年九月確認）。

『通商弘報』二〇一〇年七月二日。

『日経産業新聞』二〇〇四年五月一八日、二〇〇八年八月二七日。

『日経ビジネス』二〇〇七年二月一二日。

『日本経済新聞』二〇〇二年一〇月一七日、二〇一三年二月二六日。

『プレジデント』二〇〇一二年九月一七日。

ヤクルト本社「平成二五年三月期決算資料」。

ヤクルト本社広報室『ヤクルトの概況　平成二四年七月』。

ヤクルト本社 "Annual Report".

第9章 補助的サービスの中核性

地味な差別化、豊かな成果

藤原　雅俊

1　補助的サービスという視点

競争の焦点

中国市場で競争優位を築いている日本企業は、いったいどこで差別化しているがゆえに強いのだろうか。その差別化を実現するために各社が構築したビジネスモデルには、いったいどのような共通点を見出せるのだろうか。論理構築篇を通貫するこの二つの問いを、補助的サービスという視点から分析するのが本章である。

一般に、製品なりサービスなりの財は、それが提供する主要機能と、その機能を補強する補助的サービスから成り立つと考えられる。主要機能は、財にそもそもの存在意義を与えるものである。自動車であれば人や物を運ぶ移動機能が、プリンターであれば印字機能が、それぞれ主たる機能に相当する。病院であれば医療機能が、運輸業では配送機能が主要機能となる。

しかし、それだけで財が完成するわけではない。自動車には心地よい座席があるとよいし、一括払いより割賦で購入できたほうが好ましい。詰問調で迫る主治医よりも、語り口の優しい主治医に対するほうが、長くお世話になろうという気になる。財を手に入れようとする購買者が気にする点は、財の主要機能だけではなく、それ以外にも及ぶのである。補助的サービスは、そうした財の主要機能を補強するさまざまなサービスのことをさす。

中国のような新興成長市場であれば、とくにその上級セグメントにおいて、財そのものの品質が日本企業にとって最も華々しい差別化要素となり、それだけで十分戦えるようにも思える。しかし、興味深いことに、われわれが分析してきた一連の日本企業は、そうした目立ちやすい主要機能面での差別化もさることながら、あまり目立たない地味な補助的サービスに対しても繊細な気遣いを示し、その充実を図っているように見える。

なぜ、彼らは補助的サービスの整備に心を砕くのであろうか。この素朴な問いを考えていくと、補助的サービスの中核性とでもいえるような戦略的重要性を見出すことができる。本章は、それを主張するための短い論考である。

補助的サービスとは何か

補助的サービスとは、財の主要機能を補強するさまざまなサービス体系のことである。しかし、このままでは概念として非常に幅広く、曖昧なままである。そこで、補助的サービスを、財の購入前・購入時・購入後という三つの時点に分けて整理しよう。

財の購入前に提供される補助的サービスは、一般に購買支援サービスといわれることが多い。財の体験機会を提供し、顧客がその主要機能を認知しやすいようにするのである。ここでのキーワードは、顧客への啓蒙活動となる。啓蒙活動を通じて、自社が供給する財のよさを認知してもらうのである。

日産はディーラー網を整備して顧客が訪れやすい体制を整え、ダイキン工業はソリューションプラザを設置して顧客にエアコンの性能を体感してもらうようにしていた。クボタは、各村々を回って投資説明会を開き、コンバインが投資対象として十分な性能を発揮することを説いて回っていた。これらは、一般に営業活動として整理されるけれども、少し異なる視点から再解釈すると、顧客に主要機能を認知してもらうべく財購入前に提供する補助的サービスとして読み替えることもできよう。

財の購入時に提供される補助的サービスは、追加付帯サービスとでも呼べる。たとえば自動車各社は、多様な支払方法を提供したり、多様な付属品を用意したりしている。納期も選べる。そうすることで、顧客が不自由することがないようにしている。ここでのキーワードは、多様性への対応である。顧客が財購入時に抱くさまざまな欲求に対応することで、よりきめ細かな財供給を目指すのである。コマツは改造サービスや月賦払いを提供し、日産は保険や付属品販売を行っている。

財の購入後に提供される補助的サービスは、アフターサービスと一般に呼ばれる。製品を使用している過程で生じるさまざまな問題を解決するサービスのことである。製品の定期点検サービスや補修、部品交換などが、その代表例であろう。ここでのキーワードは、顧客保持である。財を購入してくれた顧客を継続的に満足させることで、財に対する信頼を深めてもらい、彼らのブランド忠誠心を高めることができる。

コマツは、補修技術を備えた人材を優先的に採用し、その育成にも注力していた。クボタも、連合サービスを担う人材育成に力を注ぎ、賃刈屋の稲刈行脚に合わせて高度に機動的な補修チームを組織していた。ダイキン工業は、年中無休の補修サービス体制を構築し、日産も、運転の荒い顧客が起こす事故や故障に対応するように、補修サービスや部品交換体制を整えていた。

今記してきたように、中国市場でうまく事業を展開している日系四社を見たところ、各社とも優れた補助的サービスを提供していたのである。とくに財購入後に提供されるアフターサービスの提供活動には四社とも格別の配慮を示し、多くの資源を投入して整備していた。一連の行動は、彼らにとって補助的サービスが中国市場でいかに重要なのかを物語っているといえよう。

なぜ中国で重要だったのか

なぜ、日系各社にとってこうした補助的サービスが中国市場で重要だったのだろうか。その根本的な理由は、各社の参入先が既存市場の上級新セグメントだったからだと考えられる。日産が参入した自動車市場、ダイキン工業の業務用エアコン市場、コマツの建機市場、そしてクボタのコンバイン市場は、いずれもすでに中国に存在していた市場であった。その意味で、いずれの企業も既存市場に参入したのである。

しかし、各社はそれら既存市場の中で新たなセグメントを創り、築き上げたといえそうである。その傾向が強いのは、ダイキン工業、クボタ、コマツの三社である。ダイキン工業は、中国市場で繰り広げられていた叩き売り競争とは明確に一線を画し、きわめて高品質な空調機を携えて参入した。コマツやクボタは、日本では考えられないほど耐久性の高い製品を投入した。具体的に年間稼働時間で記すと、コマツは、八〇〇時間（日本）に対して二一〇〇時間（中国）を実現した。クボタも、一〇〇時間（日本）に対して一〇〇〇時間（中国）もの年間稼働時間を実現した。いずれも、地場企業には手を出せないほど上級なセグメントを新たに開拓し、競争優位を築いたのである。

　これら上級セグメントへの参入は、日本企業におなじみの行動であるように見える。しかしそうではない。なぜなら、これら三社は、自社が日本で蓄積してきた既存資源をそのまま転用するだけで済むセグメントに参入したのではないからである。むしろ既存資源を発展的に伸ばしてようやく対応できる超上級セグメントを新たに創造したのである。ここに、本質的な論点がある。

　ではなぜ中国において、既存市場の上級新セグメントに参入すると、補助的サービスが重要になるのだろうか。その主な理由は、三つあげられる。

　第一に、多くの場合、上級品はそもそも商品としての手離れが悪いことが多いからである。上級セグメントに投入される製品やサービスについては、その使用方法あるいは効能などの品質内容が相対的にわかりにくいため、顧客への説明を要する場面が少なくない。その手離れの悪さが、事前の補助的サービスを求めるのである。中国のような新興市場では、これがいっそう重要になると考えられる。

　第二に、中国において既存市場の上級新セグメントに参入するという行動は、低廉品の価格競争が渦巻く中での製品差別化行動に相当するからである。低廉品と上級品との間には、少しの品質差を顧客に無視させてしまうほどの大きな価格差がある。そのため、財の効能をとにかく懇切丁寧に説明し、価格差以上の品質差を顧客に理解してもらわないと話にならない。上級品は、ただでさえ手離れの悪い上に、低廉品との違いを顧客にわかってもらう必要もあるがゆえに、いっそう補助的サービスを求めるのである。

第三に、とくに経験財的性格を備える耐久財の場合、顧客は製品耐久性への不安を感じ、購入に及び腰になるからである。耐久財の上級品はきわめて高価になるため、顧客はかなり高い製品耐久性を期待する。しかし、本当に長持ちするかは実際に使ってみないとわからない。それゆえ、高い金額を出して買う価値が本当にあるかどうか不安になるのである。この種の不安は、事前の補助的サービスを通じていくら説明しても、なかなか取り除きがたい。未知なる新たなセグメントに投入されている製品のような場合、それはなおさらであろう。

ここで重要な意味を持つのが、アフターサービスである。アフターサービスは実際には財購入後に提供されるものだけれども、その存在自体が顧客に安心感を与え、背中を押してくれる。よって、事前の売り文句にできるほど高品質なアフターサービスを整備し、製品の継続的な安定稼働を約束することが重要になるのである。

以上の理由から、補助的サービスは中国市場でとくに大切な意味を持ったのだと思われる。しかし、補助的サービスの議論は、ここで終わらない。中国という固有事情を超えて、より普遍的な意義が補助的サービスに見出せるからである。結論を先取りしてその意義を記せば、①模倣の難しさ、②追加的収益源、そして③変化対応力の源泉、という三つがあげられる。次節では、これらについて検討していこう。

2 三つの普遍的意義

模倣の難しさ

補助的サービスに備わる第一の意義は、それが模倣されにくい差別化要素になるということである。模倣が難しいのは、次の三つの理由による。

第一の理由は、やや逆説的に聞こえるかもしれないけれども、補助的サービスで差別化を図るには、優れた主要機能が何よりまず求められるからである。優れた財を投入している企業、たとえば耐久性に優れた建設機械や農業機械を投入したコマツやクボタにとってみれば、すでに耐久性の高い製品を補助的サービスによってさらに長持ちさせることで、高価格に見合うだけの、あるいはそれ以上の価値を顧客に感じてもらえる。

一方、粗悪な低廉品を販売する企業がショールームを開けば顧客の購買意欲は削がれるであろうし、アフターサービスを用意すれば粗悪さを許容できない顧客の苦情が殺到し、その対応に追われてしまうだろう。主要機能で大きく劣る企業が補助的サービスだけを真似すると、かえって自分の首を絞めるのである。そうした企業にとっては、補助的サービスの設計は考えず、使い捨て感覚で製品を購入してもらったほうが割に合う。クボタやコマツに補助的サービスで追いつこうとすれば、まず主要機能で追いつく必要があるのであって、その分だけ追随に時間がかかるのである。[2]

第二の理由は、補助的サービスは、その一つ一つを客観的指標で測ることが難しい上に合わせ技で複合的に提供されるため、その内容がきわめて曖昧になるからである。財の主要機能の場合、たとえば自動車であれば燃費、コマツやクボタのような機械関係であれば耐用年数といったように、性能指標が明確に表れやすい。しかし、コマツやダイキン工業、クボタが提供している補修サービスの中身について、何らかの客観的指標で測ることは非常に難しい。その上、こうした補修サービスは、さまざまな手が組み合わされて複合的に提供されている。そうなると、競合他社にとっては、何をどこまで真似ればよいのかが曖昧かつ不明瞭で、模倣が難しくなるのである。

補助的サービスは曖昧で、客観的指標に基づいた振り返っての再評価が難しいということは、補助的サービスの質に対する評価が、顧客の知覚や認識にかなり依存することを意味している。意識の中に埋め込まれる分だけ、評価の印象は顧客の心の中に長続きしやすくなるだろう。すなわち、高品質な補助的サービスは、その曖昧さゆえに、他社による模倣を難しくするだけでなく、顧客のブランド忠誠心を高め、他社への心理的な転換費用を高めてくれると考えられるのである。それが、より堅牢な競争優位につながる。

第三の理由は、高品質な補助的サービスを提供するには、ビジネスモデルをかなり緻密に設計して構築する必要があるからである。ビジネスモデルを構築するには、販売網やサービス網といった基盤を整備したり、そのビジネスモデルを円滑かつ効果的に動かせる人材を均質に用意したりする必要がある。部分的ながらもビジネスモデルの運用を外部者に依存する場合には、彼らへの動機づけ施策もまた求められる。

これらの資源的裏づけをかなり広範かつ細部まで行き届かせて、はじめてビジネスモデルが整備され、補助的サービスが顧客に提供される。その補助的サービスの価値がわからない企業には、この労力面ばかりが目につき、割に合う活動だという認識には至らないだろう。かりに価値に気づいたとしても、その裏づけを広範かつ細部まで展開するには、かなりの時間と根気を要するはずである。

追加的収益源

補助的サービスに備わる第二の意義は、企業の追加的収益源になってくれるということである。顧客は、財そのものに対してだけでなく、補助的サービスにも対価を支払う。財購入前においてですら、対価を支払って補助的サービスを受けることがある。たとえば、専門ソフトウェアの有料体験セミナーを思い浮かべればよい。参加者の中には、まだ購入していないけれどもそのソフトウェアに関心を寄せている潜在顧客がいるのである。財購入時の追加付帯サービスに関しても、対価が支払われる。自動車を購入する際に余計な付属品まで購入してしまった経験を持つ読者は、筆者を含め、少なくないだろう。アフターサービスからも収益は上がる。つまり、補助的サービスは、収益モデル設計の自由度を企業に与えてくれるのである。

一連の補助的サービスから上がる追加的収益には、大きく次の二つの役割がある。第一の役割は、自社のための利益創出である。付属品販売や補修、部品交換を通じて収益を追加的または継続的に上げることで、次の事業展開への資金源にできる。第二の役割は、他者のための利益配分である。たとえば販売を代理店に依存しているような場合、補助的サービスから得られる追加的な収益を彼ら代理店に配分することで、うまく動機づけることが狙える。

一般に収益モデルといえば、自社への利益創出機能を想定することが多い。しかし筆者は、他者への利益配分についても収益モデルの設計対象に入れるべきだと考える。補助的サービス体制を整える上で、代理店や外部業者の協力が欠かせないことが多いからである。彼らとて、儲かりにくい仕組みには付いてこない。そこで、補助的サービスから得られる追加的収益を適切に配分することで、彼らを動機づけることが大切になる。たとえば、補修部品の販売収益が代理店に落ちるようにすることで、補修サービス体制に対する代理店の協力的姿勢を引き出しうる。端的に記せば、他者への利益配分を含めた収益モデルの設計次第で、ビジネスシステムが円滑に稼働するかどうかが左右されるのである。

では、本書で取り上げてきた日系各社は、補助的サービスにどの程度依存しているのだろうか。一例として、アフターサービスへの依存度を見ると、ダイキン工業は「保守・メンテナンス・サービスというソリューションビジネスで稼いでいくことにした」と明言している。日産は「一人の顧客が補修に来る頻度は、平均で二～三カ月に一度であり、補修目的だけではないが一カ月で三〇〇〇人もの顧客が来店する」という。かなりの頻度である。

他方で、コマツやクボタの依存度はさほど高くない。コマツは、中国における全売上高の五%が部品・サービスによるものであり、これはコマツ全体で見た場合の一五%という数字よりも小さい。クボタも現時点ではさほど高くない。自動車や業務用エアコンに比べ、建設機械や農業機械の本体単価が高いためであろうか。あるいはこの依存度の低さは、将来的なサービス展開の可能性を示唆しているのかもしれない。

筆者の取材によれば、中国では製造者責任がかなり徹底されており、建設機械や農業機械の補修そのものから高い収益を上げることは難しいのだという。この場合、アフターサービスの収益源は、補修よりも交換部品となろう。[3]

ただし、利益に直結しないかもしれないけれども、補修作業にも利点はある。補修作業は、既存顧客のブランド忠誠心を高めると同時に、新規顧客への実演効果を持っているからである。顧客のブランド忠誠心が上がれば、更新需要をより確実に取り込めるようになる。さらに、そのアフターサービスが魅力となって、新規購入を考えている潜在顧客に自社製品の購入を動機づけることも見込めるのである。

補修作業が持つこれら一連の効果は、クボタの事例でとくに顕著であった。各地の圃場で行われる補修作業が、すでに顧客となっている賃刈屋のブランド忠誠心を高めるだけでなく、周りで補修作業を眺めている潜在的な顧客たちを惹きつけ、彼らにクボタ製コンバインの購入を考えさせるようにもなるのだという。だからこそ、収益には直結しないかもしれない補修作業を、代理店も真剣に担っているのである。

変化対応力の源泉

補助的サービスが備える第三の意義は、それが変化対応力の源泉になるということである。とくに対面交流を伴って補助的サービスを提供すると、さまざまな情報が顧客側から企業側に流れ込みやすくなるため、次なるニーズの変化にいち早く対応できるようになると考えられる。

財購入前の購買支援サービスについて考えると、財の体験機会を提供することによって、顧客に財の購入を促す機会を提供すると同時に、顧客の意外な期待や要望といった情報を吸収し学習しうる。多様な追加付帯サービスを整備しておくと、顧客から追加的な問合せを引き出しやすくなる。また、アフターサービスの提供は、顧客が自発的に施す製品改造といった、財の意外な使い方を学ぶための貴重な機会になりうる。いずれも、補助的サービスを提供するために行われる顧客との対面交流が、見えない顧客情報や次なるニーズを学習する重要な機会にもなっているのである。

顧客から得られる情報は、顧客が意識して発する自覚情報と、顧客が無意識のうちに発する無自覚情報の二種類に分けられる。自覚情報とは、顧客が意識して自ら発する要求や苦情のことである。一方で、無自覚情報とは、顧客がふと見せる仕草や振舞い、発言、あるいは何気なく施している自発的な製品改造といった情報のことをさす。

このうちより重要なのは、無自覚情報である。自覚情報については、顧客が自ら発するため多くの企業が高い確率で等しく探知可能であるのに対し、顧客すら意識していない無自覚情報をどれだけ吸収できるかは、各社の主体的な感知能力にかなり依存しているからである。無自覚情報を吸収するということは、他社がまだ感じ取っていない次なるニーズをいち早く学び取るということを意味するのである。

この無自覚情報の中でも、アフターサービスを提供している際に得られる情報が最も重要である。なぜなら、購買支援サービスや追加付帯サービスを提供する際に得られる無自覚情報は、顧客がまだ財を使用していない時点での情報であるのに対し、アフターサービスを提供している際に得られる無自覚情報は、顧客の実用体験に基づいた情報だからである。顧客が見せる製品の意外な使い方や改造など、その一つ一つが財の主要機能を改善していくための重要な情報となってくれる。

クボタやダイキン工業では、補修作業を通じて顧客が製品をどう使用しているのかをこまめに把握していた。コマツの場合は、よりきめ細かい。同社は、コムトラックスと人的な対面交流とをうまく組み合わせることで、建設機械を購入した顧客の無自覚情報を逐一吸収しているのである。その情報が、より壊れにくい製品設計を可能にしているのだという。情報通信技術を活かしながら頼り切らないところにコマツの強みが垣間見える。

もちろん、補助的サービスを提供しさえすれば顧客の無自覚情報を自動的に吸収できる、というわけではない。では、顧客がいつ発するともわからない無自覚情報をどうすれば企業はうまく吸収し、顧客から学習できるのだろうか。

基本的な施策として考えられることは、顧客との情報接点の数を増やすとともに、それぞれの接点における情報吸収効率を高めることである。徹底的に顧客に張り付けるように接点を増やし、情報感度の高いサービス人材を各接点に配置するのである。これらの施策は、顧客との対面交流機会が増えるように仕事の線引きを定め、最も豊かに情報が流れ込むように経営資源を投入するということを意味するものであり、ビジネスモデルの中でもビジネスシステム設計の議論に相当する。そこで次節では、補助的サービスを提供するために各社が構築したビジネスシステムについて議論しよう。

3　ビジネスシステムの工夫

アフターサービスの先行整備

高品質な補助的サービスを提供するために各社が構築したビジネスシステムには、いったいどのような共通的工夫が見出せるだろうか。

一つ目の共通的な工夫は、アフターサービスを担う仕組み作りの着手時期にある。この点については、とくにコマツ、ダイキン工業、クボタに、興味深い一致が見られた。三社は、アフターサービスを提供する仕組み作りに、かなり早い段階で手を着けているのである。

中国市場に参入したコマツは、営業活動を担う代理店人材として、補修技術を備えた人々を優先的に採用した。しかも、「メンテナンスのノウハウはないが、営業のノウハウはあるという人は選ばなかった」。代理店を作ってこれから市場を開拓しようというときに、すでに補修を視野に入れた施策を打っていたのである。ダイキン工業は、中国市場に参入したわずか二年後の一九九七年に、補修の二四時間サービスを始めていた。潜在顧客にエアコンを体感してもらうソリューションプラザを同社が開設したのは二〇〇四年であるから、補修体制の整備がいかに早かったかがわかる。

クボタは、一九九八年の中国参入時から投資説明会を通じて購買支援サービスを展開していた。その後に連合サービスを始めたという意味では、補助的サービスの中でアフターサービスの整備が一番先だったわけではない。しかし、連合サービスが始まったのは、中国市場向けコンバイン開発チームが本格的に組織された年に二年先駆けた、二〇〇二年である。誤解を恐れず端的に記せば、アフターサービスの展開が、現地向け製品開発に先立っていたのである。以上の単純な時期比較から見ても、各社が当初からアフターサービスにかなり力を注ぎ、先行整備していたことがわかる。

日系三社がアフターサービスのための仕組み作りに早くから着手したのは、製品特性上の事情もあっただろう。第1節で論じたように、三社が販売していたのは、業務用エアコン、建設機械、農業機械と、いずれもそもそもが高価な耐久財であった。その市場に、輪をかけて高い価格で製品差別化してきたのが、彼ら日系企業であった。中国の顧客からすれば、法外な値段に見えたはずである。その顧客を説得するには、優れたアフターサービス体制をまず用意して、かなり目立つ形で製品耐久性を保証する必要もあったのだろうと推測される。

アフターサービスを提供するためのビジネスシステムは、いち早く構築されただけでなく、各社で継続的に充実化された。コマツは、中国参入三年後の一九九八年にトレーニングセンターを常州に設立し、その後は山東交通学院と連携して技術者育成専門クラスを大学に設けるなど、サービス技術者の育成を熱心に進めた。二〇〇四年にはコムトラックスを建設機械の標準装備とし、顧客の使用情報を逐次把握することで、アフターサービスを提供しやすい環境を整えた。ダイキン工業は、アフターサービスを担う完全子会社を設立していた。クボタは、連合サービスの運用を代理店に任せきるのではなく、KAMSの技術者たちも参加させて一体的に進めていた。

内部化業務の情報感度を高める

アフターサービス以外の補助的サービスについても、各社はビジネスシステムをさまざまに設計し、その高品質化に努めていた。たとえば、ダイキン工業は、エアコン施工サービスを提供するため、施工のトレーニング施設を用意し、施工技術の研修会を頻繁に開催していた。前章で紹介された広州ヤクルトは、商品の配送業務を別の配送会社ではなく、自社のヤクルトレディにわざわざ行わせている。安心を手渡すためである。日産も、修理体制を整備すべく、決して少なくない資源を投入しているように見える。このようにして日系各社は、自社の活動領域を顧客の財購入後にまで広げたのである。

こうした一連の施策からわかることは、程度の差はあれど、各社とも補助的サービスの提供業務をできる限り自社に内部化しているということである。これが、ビジネスシステムに関する二つ目の共通的工夫だと考えられる。中核業務を自社に取り込み、できる限り内部化するという施策は、ビジネスシステム論が教える定石である。

もちろん、補助的サービスを提供する中核業務のすべてを内部化しきることは難しい場合もある。大金中国はアフターサービスを完全子会社に行わせていたけれども、クボタやコマツは代理店を活用している。このように部分的ながらも外部者に業務を任せる際に重要なことは、彼らをどう動機づけるかである。組織内であれば権限関係に基づく指示命令で行えることを、組織外のプレイヤーに対しては別の何らかの方法で動機づけなければならない。

それを司るのが、収益モデルである。自社への利益創出だけでなく、他者への収益配分を巧みに設計することで、彼ら外部プレイヤーを動機づけるのである。この点については、すでに前節で詳しく論じたので、繰り返すことは控えよう。

三つ目の共通的工夫は、こうして内部化した業務をどのように行うか、ということに関する工夫である。各社は、補助的サービスを提供する業務の多くが人に依存するように、ビジネスシステムを組み立てていたのである。

内部化した業務を人が担うかどうかは、用意した補助的サービスがそもそも人手に頼らないと提供できないものなのかどうか、という補助的サービス側の事情と、必ずしも人手に頼る必要はないけれどもあえて人に任せる、というビジネスシステム上の工夫という、二点に依存して決まる。本書で扱った日系各社の場合、事前の意図はどうあれ、多くの補助的サービスが人に依存しない限り提供できない性格のものであった。その結果、サービス人材たちが顧客に張り付く仕組みができ上がり、顧客との対面交流機会が増えることとなった。

かくして補助的サービスを担う人材たちは、顧客の一挙手一投足や何気ない仕草を捕捉できる可能性を持った。現行製品に対する感覚、新規ニーズの芽吹き、顧客が何を代替品と感じているのか。補助的サービスを日々運用していく過程で、これらの情報を読み取りうるようになったのであった。すなわち、補助的サービスにかかわる人々は、サービス提供者としての役割を担うと同時に、潜在ニーズを捕まえる捕捉者としての役割をも担うこととなったのである。

しかし、顧客が何気なく見せる仕草や生の声に溢れる場に身を置く機会が増えたとしても、次なるニーズを示唆するような貴重な無自覚情報に気づけるかどうかは、顧客と向き合うサービス人材の質次第である。そこで、顧客の無自覚情報に対して常にアンテナを張り続ける、情報感度の高いサービス人材を育成し、顧客接点に配置することが重要になる。未熟なサービス人材には、顧客が示す何気ない仕草に気づくことは期待できない。ただ目の前を情報が通り過ぎるだけである。よい情報は、十分に準備した人物の耳にのみ届く。そのことを本書の日系各社は深く理解しているのだと考えられる。だからこそ、多額の資金を教育に注ぎ込むのだろう。内部化した業務の情報感度を高めるための投資である。

補助的サービスの中核性

図 9-1　ビジネスモデルと補助的サービスの概要

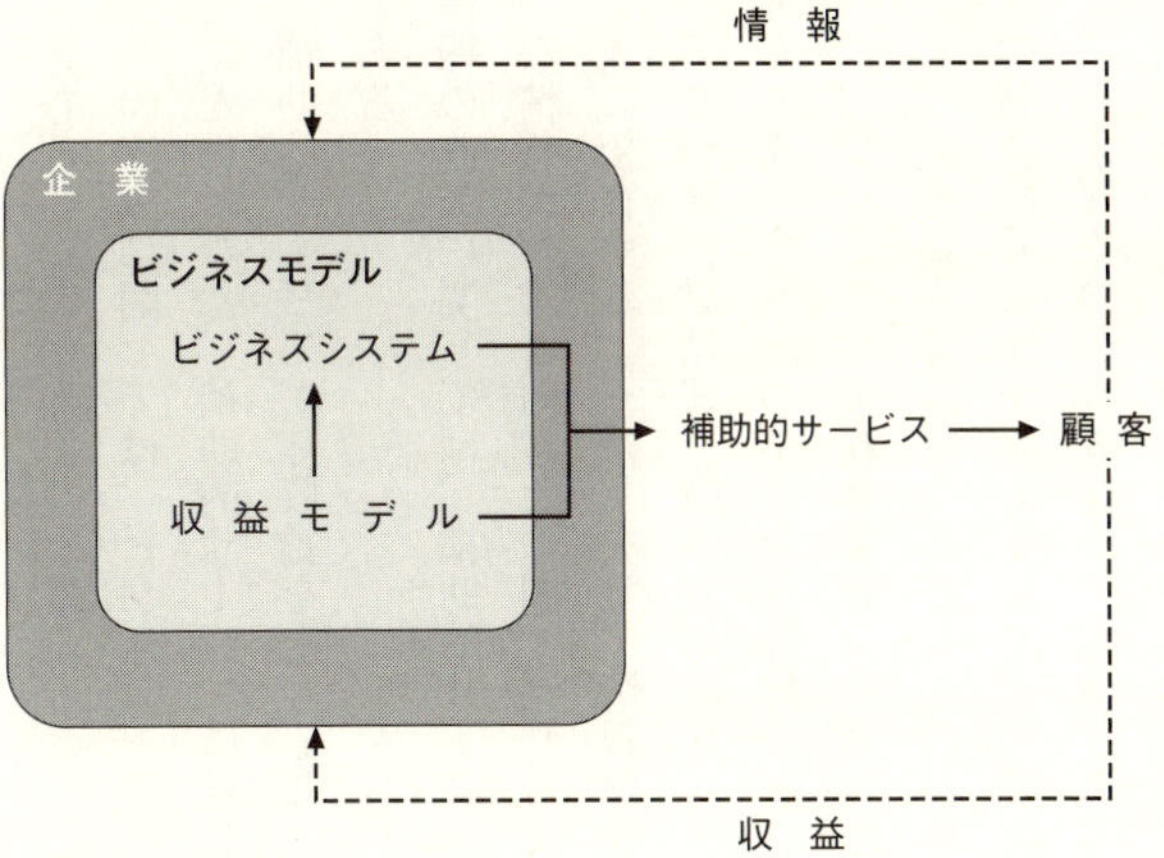

（出所）　筆者作成。

本章では、財を構成する主要機能と補助的サービスのうち、補助的サービスの重要性を指摘した上で、そのサービスを生み出すためのビジネスモデルについて論じた。議論の概要を模式的に表したのが、図9-1である。

財は、もちろんその主要機能があるからこそ存在が許されるものである。補助的サービスは、第一義的にはその主要機能を補強するために整備されるものである。しかし、優れた補助的サービスはそれだけにとどまらず、曖昧で模倣が難しい上に、企業にとって追加的な収益源となってくれ、さらには顧客からの学習を通じて次なる変化への対応力を鍛えてくれる。端的に対比させれば、財そのものの主要機能は今日の顧客を華々しく魅了してくれるのに対し、補助的サービスは、昨日の顧客を地道に満足させながら、明日の顧客に気づかせてくれるのである。この意味で、補助的サービスは、たんなる補助的な性格を超えて、中核的な戦略的重要性を帯びるようになる。

補助的サービスが自社に対して重要な役割を果たすのは、顧客から企業へ収益（カネ）と情報が流れ込んでくるからである。もちろん、この流れは自動的に実現されるものではない。カネと情報が豊かに流れ込む仕組みをどう作り上げるのか。これは、まさにビジネスモデルの設計にかかわる議論となる。

カネの流入に関しては、ビジネスモデルのうち収益モデルが担う役割である。顧客は財の主要機能に対してだけでなく、補助的サービスに対しても対価を支払う。その案配をどう設計するのか。どうすれば、補助的サービスから収益を上げることができるのか。これを解くのが、収益モデル設計の一つ目の鍵である。

情報の流入に関しては、補助的サービスを提供するためのビジネスシステム作りが重要になる。より豊かな情報が企業と顧客との間で流れるように、補助的サービスの提供業務をできる限り内部化した上で、人に依存するように工夫し、情報感度の高い人材を配置する。そうすることで、顧客が日ごろ意識していない無自覚情報を吸収し、潜在ニーズを学び取れるようにするのである。

もちろん、すべての業務を内部化することは難しく、他者に業務を委ねる場面もあるだろう。このときに大切になるのが業務を委ねる他者への動機づけであり、ここで再び収益モデル設計の出番となる。ただし、先の論点は自社への利益創出にかかわる収益モデル設計だったのに対し、ここでの論点は、他者への利益配分にかかわる収益モデル設計となる。どうすればビジネスシステムを円滑に稼働できるのか。これを解くのが、収益モデル設計の二つ目の鍵である。このように記してくると、補助的サービスとビジネスモデルとの間には、密接不可分な関係があることがわかるだろう。

補助的サービスに戦略的中核性が宿るという帰結は、人的資本を重視してきた日本企業にとって、決して相性の悪くない、むしろ未来の見える話だともいえる。顧客に提供する補助的サービスが企業独自のものになる以上、その提供を中心的に担う人材も企業特殊性を帯びてくるはずだからである。長期雇用に基づく企業特殊的人材の育成は、しばしば批判の矢面に立たされるけれども、「それが補助的サービスの差別化と結びつく限りにおいて」きわめて重要な戦略的意味を持つことが示唆されている。

ヤマト運輸　セールスドライバーが創る宅急便市場

二〇一〇年の市場参入

国境をまたいでも人の本質はそう変わらない。丁寧な応対に顧客は喜びを感じ、感謝の言葉に社員はやりがいを覚える。やりがいを覚えた社員は、次のお役立ち策を考える。

ヤマト運輸が中国市場への参入を本格的に検討し始めたのは、二〇〇八年のことである。この年、中国では一人当たりGDPが三〇〇〇ドルを超え、市場としての魅力が強まりつつあった。そこで同社は四名からなる検討チームを組織してその商業的可能性を議論し、上海を最初の進出先として決めた。言わずと知れた、国際色豊かな直轄市である。崇明島を含めると、日本の群馬県とほぼ同じ広さを持つ地である。

上海で商用トラックを走らせるには、BHナンバーと呼ばれる許可ナンバーを当局から得る必要がある。しかし、市内の深刻な渋滞事情から、当局はその新規認可に否定的だった。そこで二〇〇九年、ヤマトホールディングスは、BHナンバーをすでに二三〇台分持っていた上海巴士物流に注目し、その増資を引き受けて六五%・三五億円を出資した後、同社を改称して雅瑪多（中国）運輸（以下、雅瑪多）とした（『週刊東洋経済』二〇一〇年二月二〇日、一〇七頁）。こうしてBHナンバーを得た雅瑪多は、二〇一〇年一月一八日、一〇営業所、配達車一〇〇台、電動自転車四八台、配達員（セールスドライバー）

二〇九名の体制で宅急便事業を開始した。日本で競合してきた佐川急便が同じ上海で事業を始めたのが二〇〇三年一月であるから、ヤマト運輸は七年後の事業開始ということになる。本書で取り上げてきた企業の大半が後発参入者であることは、興味深い一致である。

中国事業開業初日の実績は、二五七個。その後、精力的な営業活動の甲斐もあり、今では一日におよそ二万個を扱う程度にまで拡大している。同社の事業体制は、二〇一三年一月時点で三二営業所、配達車二六二台、電動自転車一九四台、そして配達員五四六名へと拡大している。現時点でのこの規模は、集配送網を整備するための、先行投資的意味合いもあるのだろう。

中国における雅瑪多の歴史はまだ日が浅く、大きな商業的成果が出ているわけではない。取扱いも、通信販売に伴うBtoCの配達がほとんどであり、宅急便という言葉で思い浮かべるCtoCはごくわずかである。では、いまだ潜在的な宅急便市場を創り上げるべく、雅瑪多はいったい中国でどのような取組みを進めているのだろうか。

ヤマト流にこだわる

「これは『宅急便の中国版』だとか、『現地は現地のしきたりで』といった話ではない。日本でやっている宅急便のブランドが、そのまま中国で開業するのである。社員は日本と同じ理念で働き、同じ『お客様のため』という意識で、同じサービスをやってもらわなければ困る」（瀬戸［二〇一三］一八〇頁）。

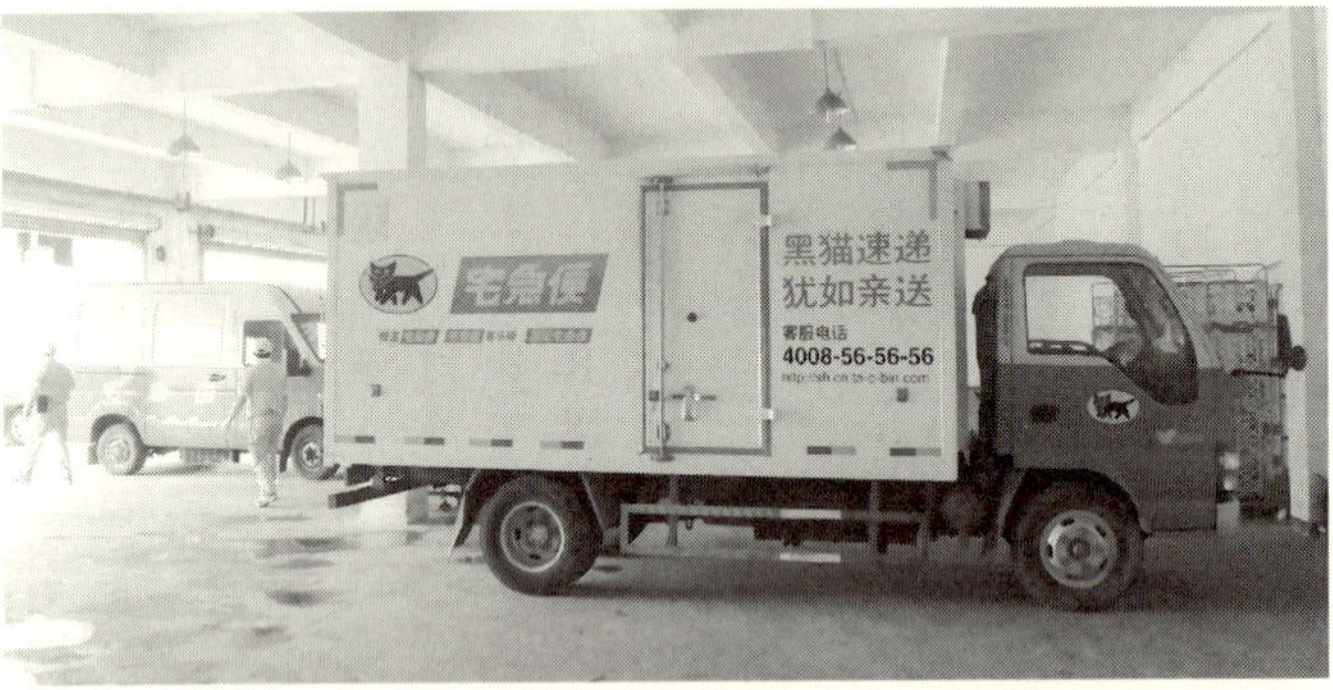

雅瑪多の集配車（2013年6月18日，宝山水産路営業所にて筆者撮影）

ヤマトホールディングス会長である瀬戸薫のこの言葉通り、ヤマト運輸は日本でのやり方をほぼそのまま中国に移転している。そのこだわり方には、目を見張るものがある。

第一に、宅急便の主要機能にあたる配達サービスについて見ると、同社は、翌日配達だけでなく、クール宅急便や時間帯指定お届けサービスを最初から展開した。ひとまず翌日配達を実現し、しかる後にクール宅急便あるいは時間帯指定お届けサービスを、という順序立てた展開ではなく、最初からこれらのサービスを展開したのであった。写真を見てわかる通り、宅急便の集配車も、クール宅急便に搭載する冷蔵コンテナも、日本とほぼ同じ仕様である。

加えて雅瑪多は、「宅急便」という日本語を用いて事業を展開し、ウェブサイトのアドレスにも"ta-q-bin"を組み込んでいる。配達サービスの品質水準が中国地場業者のそれとは大きく異なることを示すためであろう。発送した荷物が本当に相手に届くかどうか不確実なのが地場業者のサービス水準だったことを考えれば、宅急便という名称をわざわざ用いて品質の差別化を際立たせようとする行動は、よく理解できる。

配達サービスを実現する仕組みについても、日本と同じハブアンドスポーク方式が中国でも採用されている。この方式では、ハブ機能が重要な鍵を握る。集まってきた荷物の配荷・発送スピードを左右するからである。ヤマト運輸は、このハブ機能を司る施設のことを「ベース」と呼んでいる。このベースのある倉庫には、同じヤマトグループの会社が入っている。このようなグループでの一括管理体制は、宅配業者と倉庫業者で分業体制を採る中国では、珍しいことである。

このベースには、さすがにまだ自動化ラインは導入されておらず、もっぱら手作業に依存している。しかし、この施設で用いられているロールボックスパレットという折りたたみ式かご台車は、進出当初には中国に存在しなかったため、わざわざ日本から持ち込んだほどであった。この台車を使えば、トラックが走っている間の荷物の破損を防ぐことができ、またトラック一台分の荷物を五分で下ろせるようになるという。

第二に、配達サービスを担う人材についても同様であった。ヤマト運輸は、配達員のことをセールスドライバーと呼んでいる。たんなる運転手ではなく、営業や接客などセールス全般を担う運転手だという意味を込めているのである。同社は、この姿勢を中国でも貫き、セールスドライバーの育成に力を注いでいる。中国で彼らが着ている制服は、帽子の色以外、日本とまったく同じ仕様である。彼らが手にする送り状も、基本的に日本仕様である。中国のセールスドライバーが担う職務は日本同様に多能工的で、再配達サービスや代金引換サービスをはじめ、荷主や配送先への挨拶、振舞いなど、じつに細かいところにまで至っている。

もちろん、中国向けにアレンジされた部分もある。その一つが、配達前にセールスドライバーが荷物の受け主へあらかじめ電話を入れることである。この手続きは日本では行われていないけれども、中国においてはそうしたほうが荷物の受け主が安心するのだという。日本で展開してきたヤマト流のビジネスモデルの根幹は揺るがさずに移転しつつ、しかし具体的な場面に応じて中国の顧客へうまく適応を図っている好例である。

補助的サービスを中核に

日本で展開してきたヤマト流のビジネスモデルを移転するという姿勢は、トップの人選に象徴されていたといってよいだろう。在中現地法人の初代会長として中国に赴任したのは、一九七五年入社の野田実だった。ヤマト運輸が宅急便を始めたのは一九七六年一月であるから、野田は宅急便事業を文字通りゼロから知る人物なのである。

野田は、自らのキャリアが宅急便のネットワーク化とともにあったと振り返る。滋賀県で彦根営業所を立ち上げた二〇代に始まり、野田はさまざまな立場から関西圏の営業所開設に数多くかかわってきた。自ら商圏を走り、地図に線を引き、営業所長として店舗管理も行ってきた。そうした宅急便事業草創期から成長期における経験が買われ、上海での宅急便事業の立上げを任されたのだった。

配達業の主要機能は、送り主から預かった荷物を速く、そして安全に受取り主へ届けることである。しかし、中国市場はこの品質が悪い。野田の言葉を借りれば「従来の中国の宅配では、残念ながら物がなくなる、変形する・汚れる・濡れる、時間通りに届かない、という品質が当たり前」なのである（『マテリアルフロー』二〇一一年四月、一九－二〇頁）。地場業者は荷物を平気で炎天下にさらし、放り投げて移動させることも決して珍しくない。荷物が飛ぶ、のである。顧客もそれがわかっているから、荷物を入れた段ボールをテープで幾重にも巻く。箱が破損しても中身が飛び出ないようにするためである。

それに比べれば、荷物を地面に直置きすることすら禁じる雅瑪多が実現した翌日配達はかなり品質の高いものであり、それだけで十分に差別化できるように見える。しかし、今記してきたように、ヤマト運輸はこの主要機能面での差別化のみならず、その機能を補強する補助的サービス、すなわち荷物やお金の受取り、さらには挨拶や振舞いといったサービスの充実化にもかなりの力を注いでいた。その理由は、二つあった。

第一の理由は、配達事情の悪い中国においては、雅瑪多への安心感を顧客に抱いてもらうことが何よりまず重要だからである。中国の顧客は、それまでの劣悪な配達品質に辟易とし、すでに疑心暗鬼に陥っている。雅瑪多は、その中で翌日配達の宅急便という高級品によって新セグメントを創造しようとしているのである。これをうまく展開するには、顧客に信頼してもらい、宅急便の品質を理解してもらう必要があったのである。

顧客からの信頼を得るために野田が採った方策は、二つあった。一つ目は、B to C事業を幅広く手がけることで、雅瑪多の配達風景を積極的に露出していくことであった。二つ目は、セールスドライバーの担当集配エリアを狭めて担当世帯数を絞ることで、より顔の見える体制にすることであった。野田は、「狭いエリア内で毎日のようにお客様と顔を合わせ、丁寧なマナーで安心感を与え、信頼関係を作っていくことが大きな課題だからです」と、顧客に信用してもらうことの重要性を指摘している（『マテリアルフロー』二〇一一年四月、二九頁）。

第二の理由は、セールスドライバーが宅急便の根幹をなすという考えが、ヤマト運輸の中で連綿と受け継がれた企業信条となっているからである。同社社長の山内雅喜は、「セールスドライバーの主業務は荷物をただ運送することではありません。お客様と直接お会いして、注文をとり、荷物をお渡しし、時には決済業務を行う、いわば『営業』から『接客』までがセールスドライバーの任務なのです。そしてこのサービスの水準が宅急便という商品の成否を決めるのです（ヤマト運輸ホームページ「YAMATO STRATEGY」）」と彼らの重要性を述べる。

挨拶、荷物や送り状の渡し方、振舞い、ときに行われる代金引換えの進め方。これら細かな一挙手一投足が、すべて顧客によって見られている。その顧客接点での印象がヤマト運輸の評価につながる、という考え方である。だからこそ荷物を実際に運ぶ配達員が中核人材になるのであり、セールスドライバーの育成が徹底されるのである。

中国でこの人材育成を担っているのは、社内公募に手を挙げた日本のセールスドライバーたちである。彼らは、セールスドライバーインストラクター（当初は、集配インストラクターと呼ばれた）として上海へ赴任し、挨拶や振舞いから安全運転に至るまで、さまざまなことを指導して現地配達員をセールスドライバーへと育て上げる任務を担っている。しかし、彼らは中国語を話せるわけではない。実地では、身振りや手振り、簡単な用語集を通じて、セールスドライバーとしての接客や運転技術を伝えるほかに術はない。インストラクターにとっても、これはきわめて大きな挑戦であった。にもかかわらず、上海行きの第一回社内公募に対して一三〇名以上が手を挙げたというから興味深い。

この中から選ばれた第一期セールスドライバーインストラクター一二名が上海に赴任したのは、開業の約二カ月前の二〇〇九年一一月であった。彼らは、中国の乱暴な交通マナーに愕然とし、現地採用された約二〇〇名の配達員を前にしてその育成が前途多難であることを知る。

育成は日々の徹底協働で

乗り越えるべき壁は、言葉より文化にあった。中国の地場業者たちは、記載された配達先住所が間違っていても無頓着であったり、対応の遅い受取人をなじったりする。そうした乱暴な配達が一般的だと認識されている社会であるから、雅瑪多で研修を受ける人々の中にも、同じ認識を持っていた者が少なくなかった。

そのような彼らを前にした研修である。ヤマト流を説いたセールスドライバーインストラクターたちは、「それは中国のやり方ではない」という反発の礫を毎日浴びた。とくに、帽子をとってお辞儀をする挨拶に対する抵抗はきわめて強かった。セールスドライバーの潘冬青は、「実は集配の際に帽子を取り頭を下げる挨拶は、私も初めは嫌だったのですが、ヤマトの規定なのできっと意味があると思います」(『マテリアルフロー』二〇一一年四月、三二頁)と当初抱いた抵抗感を率直に語っている。

インストラクターたちは、抵抗と反発を一身に受けながら、研修内容を日々改良し、彼らと向き合った。第一期メンバーの福世亮は研修の台本を作り、村田俊輔や市ノ川真琴は、その台本に沿って、一つ一つ丁寧かつ地道にヤマト運輸の文化や姿勢を繰り返し説いた。井上裕一は、「中国の習慣や文化を否定するのではなく、ヤマトに入ったらヤマトのやり方を守る約束をしましょう」(『マテリアルフロー』二〇一一年四月、三〇頁)と説いた。彼らは、日本では三〇分で済む社風の説明に三時間を費やし、社訓や経営理念の浸透に丸一日をかけた。

三週間にわたる座学を終え、次に臨んだのが、実地での安全運転の研修だった。これもまた苦難の連続であった。道の真ん中で駐車する、右切りで駐車しない、反転できない細道に平気で突っ込む。目を覆いたくなる惨状である。インストラクターたちは、一人一営業所を担当して助手席に横乗りし、付ききりで安全について説いた。この指導に、実地での接客技術指導がさらに加わる。もちろんこれも一筋縄ではいかない。

「中国のやり方と違う」という反発を乗り越えるには、徹底的な協働を日々繰り返すしかなかった。「指示するだけでは駄目で、とにかく一緒に苦労することが大事だった」と福世は振り返る。現地で営業に奔走していた峰健治は、「一定レベルのセールスドライバーが開業初日に揃っただけでも感動的だった」と彼らの奮闘ぶりを讃える。

運転手によるこの種の反発は、宅急便を立ち上げた一九七六年当時のヤマト運輸でも同じであった。古参のトラック運転手たちは、大口の商業貨物から小口の個人宅配業務への転換、今後は家庭の主婦を相手にするという大変化に戸惑い、鋭く抵抗し、退職した者すらいた。今と比べれば、運転技術もずいぶん荒っぽかったであろう。日本でも、そのような彼らを粘り強く教育し、セールスドライバーへと変容させていったのである。

中国での教育は、セールスドライバーだけでなく、営業所を切り盛りする店長に対しても行われた。この教育を担う社員はマネジメントアドバイザーと呼ばれ、その第一期アドバイザーには、やはり社内公募で二名が選ばれた。このうちの一人で、今も上海で働く山本真志は、「店長は営業所でセールスドライバーに命令するだけになりがちでしたので、何百というオペレーション項目を細かく作成し、それを日単位、週単位、月単位、年単位で評価していきました。評価項目は、日本のものを基本として、必要に応じて中国向けにアレンジしました」という。ここでも反発があり、かなりの根気が必要だった。

彼らによる粘り強い教育の成果もあって、最近では荷主や受取人から感謝される機会が増えつつあり、営業所の業績も伸びてきている。セールスドライバーから店長、あるいはその上の区域長へ昇進する事例も増えつつある。筆者が訪れた宝山水産路営業所は、ヤマト運輸が展開する全海外店舗の中で最も優れた営業所として表彰された経験を持つ。その店長は二代続けてセールスドライバー出身であり、このうち前店長にあたる周滬江は、配送体制や作業時間の改善策を提案し、生産性の向上に大きく貢献したのだった。このときの提案について山本は、「われわれが日本でいま取り組んでいるのと同じ発想が中国の現場から出てきたことには、正直驚いた」と語ってくれた。少しずつだが、改善案が現場から涌き上がってきている。

ニーズを汲み取る日

企業が顧客に提供する財を、財そのものの主要機能と、その主要機能を補強する補助的サービスに二分するという経営戦略論の教科書的な区分に従えば、セールスドライバーの多能工的役割は、荷物の安定迅速配達という主要機能を補強する補助的サービスに分類される。しかしヤマト運輸は、彼らの役割を補助的サービスの範疇にはまず収めないだろう。それほどまでに強くセールスドライバーの戦略的中核性を見抜き、重きを置いている、ということである。

それだけ重要な人材であるから、彼らの育成は決して一朝一夕には終わらない。セールスドライバーインストラクターやマネジメントアドバイザーたちは、口を揃えて「日本の水準にはまだ遠い」と語る。このような中で取扱荷物が増えているのが現状であるから、日本から派遣するインストラクターとアドバイザーの増員と、彼らによる日々の徹底的な協働は今後も欠かせないだろう。日本で働く中国人セールスドライバーを上海に派遣することも、一手になろう。ヤマト流を体得している彼らは、大きな助けになってくれるはずである。事実、開業時に営業所を任された店長の中には、日本での経験を持つ者や日本語を話せる人々が半数ほどおり、彼らがヤマト運輸の哲学をうまく翻訳して伝道師となってくれてもいた。
セールスドライバーが重要であるのは、顧客との接点で優れたサービスを提供するからというだけではない。顧客と交わす何気ない会話を通じて、潜在ニーズを汲み取る役割をもまた担っているからである。セールスドライバーは、サービスの提供者であると同時に、次なるニーズの捕捉者でもあるのである。

振り返れば、日本の宅急便もわずか一一個からの幕開けであった。セールスドライバーたちは、そこから少しずつ経験を積み、やがて顧客の声を感じ取るようになったのである。その一例が、長野県のあるセールスドライバーが得た情報に端を発して開発されたスキー宅急便だろう（都築［二〇一三］一六一–一六三頁）。このサービスが始まったのは一九八三年で、宅急便開始から七年後のことである。瀬戸は、「ゆくゆくの理想は、全国約六万人のセールスドライバー全員が、お客様の問題を敏感に感知し、当社でできることを提案していけるような体制である」（瀬戸［二〇一三］四七–四八頁）と述べ、ニーズ捕捉者としてのセールスドライバーの意義を強調している。

中国でも同じことなのだろう。配達経験を重ねた熟練セールスドライバーたちは、やがて情報感度の高い人材となり、中国固有の潜在ニーズを汲み取っていく。そうして汲み取った中国ならではのニーズを、日本流のビジネスモデルに基づく宅急便で実現する。まだしばらくは時間と根気を要しそうではある。だが、雅瑪多はその日をしっかりと見据えながら、今日も上海の街を走っている。

参考文献

小倉昌男［一九九九］『小倉昌男 経営学』日経BP社。

小倉昌男［二〇〇三a］『経営はロマンだ！——私の履歴書』日本経済新聞社。

小倉昌男［二〇〇三b］『やればわかる やればできる——クロネコ宅急便が成功したわけ』講談社。

木川眞［二〇一三］『未来の市場を創り出す——「サービスが先、利益は後」がめざすこと』日経BP社。

『週刊東洋経済』二〇一〇年二月二〇日（一〇六-一〇九頁）、二〇一一年九月一五日（六六頁）。

瀬戸薫［二〇一三］『クロネコヤマト「個を生かす」仕事論』三笠書房。

都築幹彦［二〇一三］『どん底から生まれた宅急便』日本経済新聞出版社。

日本貿易振興機構海外調査部［二〇一二］「サービス産業の国際展開調査 ヤマト運輸株式会社（海外：中国）」。

『マテリアルフロー』二〇一一年四月号、二六-三一頁。

ヤマト運輸ホームページ「YAMATO STRATEGY——物流で日本と世界の未来を創る」（http://www.kuronekoyamato.co.jp/strategy/page02.html#Page02ConSub01，二〇一三年九月確認）。

●注

1 手離れのよい製品は、補助的サービスをさほど必要としない。それゆえ、主要機能面での企業間相違がさほどなくなって同質的な競争が始まると、本質的な意味での補助的サービス競争を経ることなく、途端に厳しい価格競争が始まってしまいかねない。商品の手離れのよさゆえにこの隘路に陥った典型的製品が、電機製品ではなかろうか。

2 主要機能の差別化が補助的サービスの差別化に先立つということは、補助的サービスを戦略的中核に据えることの思わぬ効能を示唆している。すなわち、一足飛びにわざと補助的サービスの差別化を先に考えることで、主要機能の未熟さを際立たせてくれるという効果である。それが、主要機能改善に向けた集中的努力投入を促してくれる。それは、主要機能の差別化を遂げてから補助的サービスの差別化を考える、といった順序的展開では期待できない効果であろう。

3 部品交換に追加的収益源を求める場合において注意すべきは、非純正品との戦いが待ち構えているかもしれないということである。部品交換から高い収益が上がるようになると、非純正品業者の新規参入意欲を駆り立ててしまいかねない。したがって、交換部品の価格をあまりに高止まりさせすぎたり、簡単に着脱可能なようにしたりしてしまうと、純正部品から獲得するはずだった収益を非純正品業者に乗っ取られてしまう恐れがある。

第10章 思考・感情ベースという意外なファクター

見えない下部構造を変える

張又心バーバラ

1 ビジネスシステムのベースとは

目に見えない下部構造

ビジネスシステムとは、「企業が行う仕事の仕組み」(企業内の仕事の仕組み、分業のあり方、業務のコントロール)のことである。しかし、この仕事の仕組みを構成しているのは、業務の具体的な流れや分業のあり方といった「目に見える構造」だけではない。システムを動かす人々の行動を方向づける経営理念や企業文化といった考え方や、従業員を盛り上げ、やる気や熱意を引き出す仕掛けなど、「目に見えない構造」が土壌のようにベースにある。この「目に見えない構造」によってシステム全体の機能が支えられているのである。

ビジネスモデルというと、通常、業務の流れといった「目に見える構造」に注目をしがちだが、人を中心とする日本型ビジネスモデルの海外展開においては、この「目に見えない」下部構造も案外重要なファクターとなる。第7章「京セラドキュメントソリューションズ」の事例で見たように、生産システムを中国に移植する際、生産の仕組みやサプライヤーの協力体制という「目に見える」手法的部分・仕組みの移転だけではなく、従業員の行動に大きく影響を与える京セラフィロソフィを浸透させ大家族のような一体感を醸成して、「目に見えない」部分までしっかりと構築することは、日本型ビジネスモデルが中国においてもきちんと機能できるための重要な土壌となっている。

本章では、このビジネスシステムの「目に見えない」下部構造を「ベース」と呼ぶことにする。実際、京セラドキュメントソリューションズのみならず、本書で取り上げられた成功事例のうち、資生堂（本章末）、ダイキン工業、ヤクルト、コマツ、YKK（第11章末）、日産も、このビジネスシステムの「目に見えない」下部構造の部分を重視し、多くの時間と努力をかけてそれを中国で構築している。たしかに、企業によって現地のベース構築の度合いに差はある。京セラドキュメントソリューションズのように徹底的に全従業員を対象にベースを移植する企業もあれば、YKKのように工場に勤務するすべての従業員が対象にはならないこともある。しかし、「ベース」の重要性をはっきりと意識し、手間ひまかけてもそれを中国に移転することにこだわったことは、共通であろう。

なぜそこまで「ベース」にこだわる必要があるのか。本章では、日本型ビジネスモデルの中国展開における、この「ベース」の現地構築の意義について考えよう。

まず、ビジネスシステムの「ベース」とは何かという問いから議論しよう。

「ベース」とは、ビジネスシステムの中で働く人々の考え方や気持ちをマネジメントする基本構造で

図 10-1　ビジネスシステムの「思考・感情ベース」

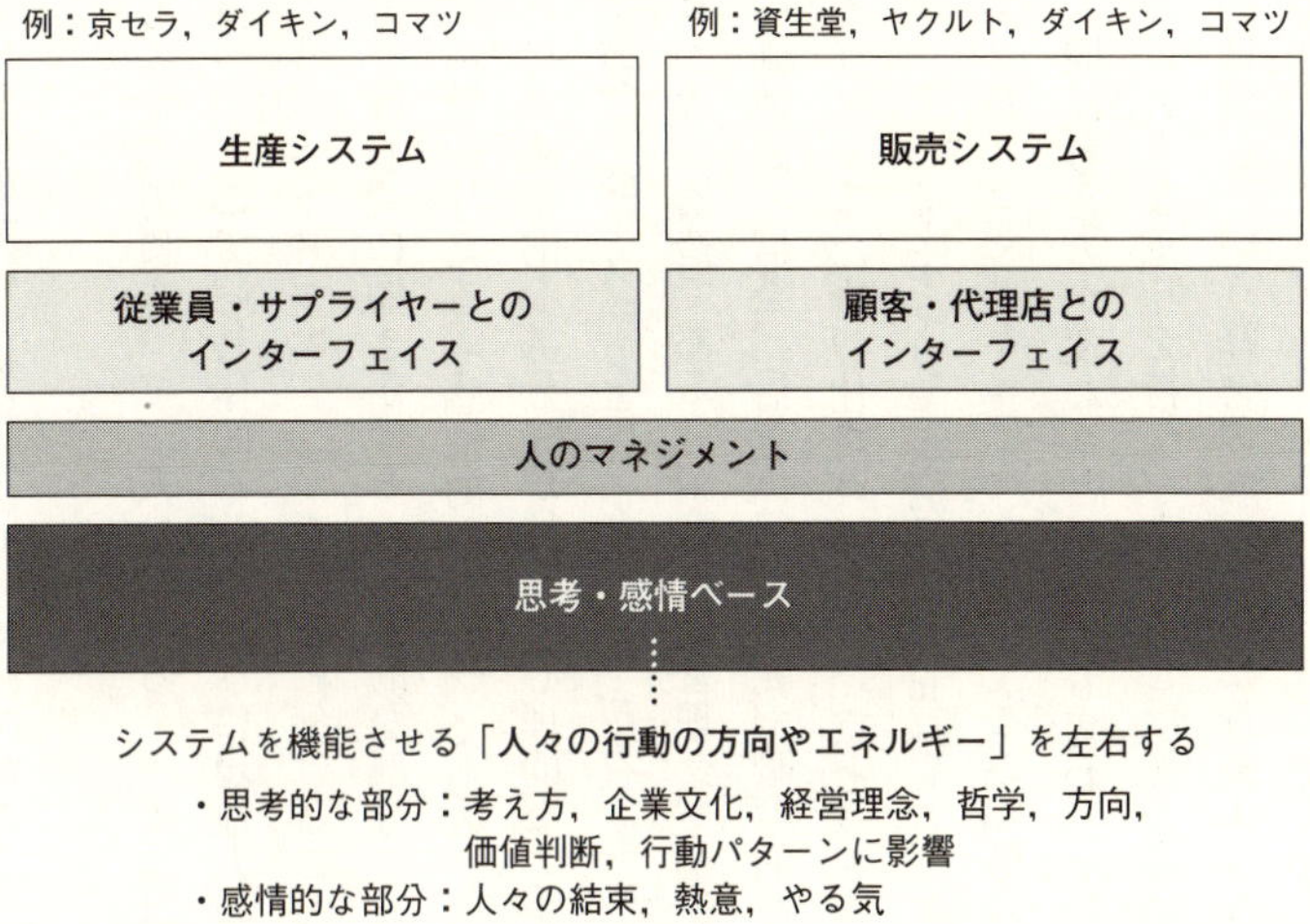

あり、思考的な側面ならびに感情的な側面から人々の行動に働きかける仕掛けのことである。販売の仕方や製造の仕方や分業のあり方のような「目に見える」手法的部分・仕組みとは対照的に、ベースは内側から人々に影響する「目に見えない」構造・仕組みである。人々の考え方や感じ方に働きかけるものであるため、ビジネスシステムの中でも、とくに人間にかかわる側面（ヒューマンウェア）を支えている構造といえる。それゆえに、人を中心とするという特徴を持つ日本型ビジネスモデルにおいて、相対的に重要になってくるのである（図10-1参照。なお、ビジネスシステムとの適合については次節で詳述）。

「思考的な部分」と「感情的な部分」

人のマネジメントの方法には二通りある。外側から制御し働きかけるもの（ルール、規則、給料）と、内側から人々の心（考え方や気持ち）を変え、内から制御し働きかけるもの（人々を共感させる理念や信条、企業文化や行動規範、帰属意識や一体感）がある。「ベース」は、後者の内側からのマネジメントに作用する。

心の持ち方によって、人は変わる。ベースは現地の人々の心を動かし、心の持ち方を変えていく役割を持つ。ここで、具体的にどのように現地人の心の持ち方に影響を与えているかを見ていこう。

この「ベース」は、二つの部分に分けることができる。すなわち、経営理念や企業文化など人々の考え方や価値観に働きかける「思考的な部分」と、一体感や仕事への熱意など人々の感じ方・心理的な側面に影響を与える「感情的な部分」である。「思考的な部分」は現地従業員の行動の方向づけを行い、さらに「感情的な部分」が彼らの心理的なエネルギーを引き起こすという役割を担う。

「思考のベース」とは、人々の考え方、ものの見方、信念、価値観を変え、思考的・精神的な側面に働きかける構造である。企業の経営理念、企業文化を現地で浸透させ、企業としてのものの見方、考え方、価値観、信条、信念、行動規範、暗黙的なルールを現地の従業員に理解してもらい、共有してくれるようにするための仕掛けである。京セラドキュメントソリューションズの「敬天愛人」「京セラフィロソフィ」、ダイキン工業の「人を基軸とした経営」、資生堂の「おもてなしの心」や美に関する考え方、コマツの「コマツウェイ」などが、この「思考的な部分」にあたる。

人間は考え方が変わると、行動も変わってくる。「思考のベース」は、現地従業員の行動を方向づけるのに大きな意味を持つ。よいことは何か悪いことは何かという価値判断、企業の目標や目指しているものは何かという経営理念、いかに行動すべきかという行動規範など、ものの考え方、価値観、信念が従業員の間に共有されれば、人々の行動の方向も変わる。また、経営理念の浸透と共有により、人々が自然に動機づけられ、強い信念を持って共通の目標に向かい努力することもできるようになる。

中国にビジネスを展開するとき、「思考のベース」を徹底的に構築し、現地従業員の考え方を変え、彼らの行動のベクトルを合わせることが重要になる。それを京セラのように徹底的に行い、「洗脳」とまでいわれることもある。しかし、現地の従業員が日本と同様な信念を持ち、同じ考え方で行動し、共通の目標に向かって行動できれば、中国においても日本型ビジネスシステムは大きな力を発揮することができるのである。

一方、「感情のベース」とは、人々の感じ方や感情的なつながり方を動かす基本構造・仕組みである。現地従業員の仕事への熱意を刺激したり、人と人との間の共感を呼び起こしたり、結束力、帰属感、一体感、仲間意識を育て、人々の心理的な接近や感情的な高揚を促すための仕掛けである。従業員のやる気を引き出すよう、報酬だけではなく、夢や誇りを持たせて、心に火を点ける。「感情のベース」はこのように、心の内から燃えるような動機づけを行う仕組みである。京セラドキュメントソリューションズの中国工場で見られるような従業員間の「大家族」のような関係、ダイキン工業の中国人従業員が持つ強い仲間意識（大金中国の董事兼副総経理・方遠の「大きな船、家庭だ」という言葉）、ダイキン工業の代理店の間の熱い闘争心、資生堂の中国人美容部員の美を追求する熱意、広州ヤクルトのヤクルトレディ間の一体感、コマツのサービス技術者の高い誇りと帰属意識などが、この「感情のベース」に該当するものである。

人々は感情的に高揚したり団結したりすると、大きなエネルギーを生み出す。そのエネルギーを仕事（ビジネスシステムの稼働）に投入してもらうと、強いパワーになる。人々をどの程度束ねられるか。中国人従業員の間、あるいは中国人と日本人従業員との間が、お互いに感情的につながっているか。企業に対して帰属意識を持っているか。人々が同じ船に乗る（同舟相救うの精神）、あるいは同じ釜の飯を食う仲間意識を持っているのか。お互いに共鳴を感じ、同じ方向に向かって動くか。共通の夢や理想を持って働いているか。「感情のベース」は、現地人の心理的な接近性を創り出し、感情的な高揚をもたらす仕組みである。現地従業員の心理的なエネルギーを創り出すことにおいて大きな意味を持っているのである。

そして、「思考のベース」と「感情のベース」は相互に強化し合う性格を持つ。「思考のベース」が「感情のベース」に働きかけることもある。人々の間に企業文化や経営理念などの価値観・信念が広く共有され共鳴が起きると、よりいっそう一体感が高まったり、強い連帯感をもたらすこともある。そして、それが働く原動力となり、モチベーションを向上させたりすることもありうる。また、逆の方向もありうる。「感情のベース」が人々の間にしっかり構築されれば、「思考のベース」の構造も強化される。帰属意識や一体感を持つ人々の間では、経営理念、価値観、ものの見方の共有を加速させられる。このように、「思考のベース」と「感情のベース」は基本的に同じ方向へ向かわせなければならない。矛盾してはいけないのである。高揚したエネルギーを特定の方向に導いていかないと逆効果につながってしまうことを考えると、「思考のベース」をまずしっかり構築することが重要であろう。

そして、当たり前ではあるが、業務の流れなどの「目に見える仕組み」と「目に見えない」ベースとの間には適合性を持たせなければならない。「見えない仕組み」が設計された方向に動くよう、ベースがビジネスシステムを動かす人々の行動の方向づけを行い、ベクトルを揃えてくれる。また、人々の心に火を点けモチベーションや原動力を引き出すことにより、ビジネスシステムにさらなるエネルギーを加え、ビジネスシステム全体の機能がより勢いよく発揮されるようにする。ベースは、ビジネスシステムの土壌のように、現地人の働きぶりをマネジメントすることを通じて、「目に見える仕組み」の機能を支える。システムがうまく機能するために必要なエネルギーを提供したり、システムの設計に合わせて人々の行動を方向づけたり制御したりする。それゆえに、同じ方向に向かって稼働しなければ意味がない。「見える構造」と「見えない構造」であるベースが適合して、はじめて最大の機能を発揮できるのである。

2 ベースを中国に構築する意義

日本型ビジネスモデルとの適合

事例分析篇で取り上げた企業を見ればわかるように、ビジネスシステムのベースまでしっかり現地に移転し構築することは、中国ビジネスに成功するための重要なファクターである。では、なぜベースを徹底的に現地で構築し現地従業員の間に徹底的に共有させることが、中国へのビジネスモデル展開において重要なのか。その意義について考える。

ベースまで中国に移転し構築する意義は三つある。すなわち、「日本型ビジネスモデルとの適合」「現地での柔軟な適応と進化の可能性」「現地従業員・代理店の社会的制御」である。

まず第一の意義は、人を中心とするという特徴を持つ日本型ビジネスモデルによるものである。日本企業のビジネスモデルの特徴として、人を通じてサービスを提供したり、人によって機能したり実現したり、「人に頼る、人にかかわる」部分が多い。この「人」が中心となる仕組みだからこそ、それを動かすための人のマネジメントがより重要となり、必然的に、それに適合するような「ベース」が必要となる。前述したように、「見える仕組み」とベースが適合していれば、ビジネスモデルの機能も最大限に発揮されることが期待できる。

ところが、それぞれの国や地域には、それぞれの考え方や行動パターンがあり、人のマネジメントの方法も異なる。いいかえれば、「現地における既存のベース」、その国や地域の固有の「見えない下部構造」というものが存在する。その現地における既存のベースが、必ずしも日本企業の「見える仕組み」に適合するとは限らない。そして、二者が適合していない場合は、せっかくの日本型ビジネスシステムの強みもうまく発揮できなくなる。それゆえ、同じ形の「見える仕組み」を中国に移植しても、それを動かす人々の考え方や気持ちがまったく違う方向に向かってしまうと、ビジネスシステム全体の動きがおかしくなり、本来発揮すべき力をうまく発揮できなくなることもある。

たとえば、資生堂のカウンセリングサービスの仕組みを形として中国に移植しても、ビューティーコンサルタントが気持ちを込める「おもてなしの心」を持たないと、結局ただの売込みに終わってしまい、カウンセリングサービスの最大の狙いである顧客との信頼関係を築くこともできなくなる。これでは、「見える仕組み」は、魂の入らない形だけ、殻にすぎない。また、コマツの場合にも、技術者による顧客情報の収集・分析は、「コマツウェイ」の現場主義がベースにあってはじめて機能を発揮できる。

このとき、二つの選択肢が考えられる。「中国の既存のベースに合わせて現地適合の仕組みを新たに作り直す」か、「日本型の仕組みに適合するベースの部分までを日本から中国に移転し現地で徹底的に構築する」かである。前者ではせっかくの日本型ビジネスモデルの強みが中国に移転できなくなるので、後者のほうが合理的だろう。京セラドキュメントソリューションズ、資生堂、ダイキン工業、コマツは、現地の見えない下部構造を変えるという選択をしたのである。

土壌（ベース）を変えれば、人々の心も行動も変わる。中国人従業員の心と行動を、日本型ビジネスシステムの仕組みに適合するように導くためには、やはり「見えない下部構造」を変えなければならない。いいかえると、ビジネスモデルのベースの部分まで中国に移転し構築することは、人を中心とする日本型ビジネスモデルの強みを十分に発揮させるためには、不可欠なのである。

現地での柔軟な適応と進化の可能性

第二の意義は、ビジネスシステムの形（目に見える構造）をより現地に適応するように柔軟にアジャストできるようにすることにある。

システムの仕組みもベースもすべて日本から移植するというと、中国のビジネス環境に適応できないではないか、という固いイメージを持たれるかもしれない。実際、事例分析篇の成功事例から観察できるように、ビジネスシステムの原型は日本にあるが、現地の状況に合わせ、調整もかなり加わった形で中国に展開されているものが多い（くわしくは第12章を参照）。いわゆる形の現地適応は重要なことだといえる。

しかし、その際、どの部分を中国流にすべきか、どの部分を日本流に維持すべきか、という難しい選択を常に迫られる。そこでベースがある意味「アンカー」のような機能を果たし、このことによって中国にいながらも経営の原理原則がぶれないようにするのと同時に、現地に合う形に「目に見える仕組み」を調整することができる。つまり、ベースという目に見えない部分がしっかり定着していれば、目に見える構造は柔軟に現地適応し、常に進化していくことが可能になる。

さらに、このベースという「アンカー」を担うのは、日本人駐在員だけではなく、現地従業員であることが、じつに大きな意味を持つ。これには三つの根拠があり、一つ目は、現地人のほうが現地の事情を熟知していることが多いからである。企業の理念や信条をよく理解している現地の従業員が、現地の事情に合わせながら、その原理原則を柔軟に解釈し、現地でより適切なアジャストメントの提案ができるからである。二つ目は、現地人のほうが人数が多いからである。限られた人数の日本人駐在員が中国業務の隅々まで見て、調整の判断をするには限界がある。実際に業務に携わっている多くの現地人を巻き込んで、ビジネスシステムの調整を行ったほうが効果的であろう。三つ目は、調整は決して一過性のものではなく、現地の環境に合わせながら、試行錯誤も含めて継続的に行うものであるからである。とくに、環境変化が激しく地域の格差も大きい中国では、日本人が最初のころからすべての状況を判断し、ビジネスシステムの形をアジャストさせることは到底無理である。実際に業務を行いながら、現地を熟知する現地人を巻き込んで、継続的に行う必要がある。

このように、下部構造のベースが現地でしっかり共有されれば、その企業らしさを見失うことなく、「目に見える」構造の現地適応がより柔軟にでき、継続的に進化させていくことが可能になるのである。

現地従業員・代理店の社会的制御

第三の意義は、現地従業員や代理店の行動を制御することである。一人一人の行動の質や方向性を保つためには、細かいルールや規則の制定が必要となる。さらにそれをモニターするためのコストも発生する。とくに中国ビジネスは、広い地域にわたり多くの人々がかかわるスケールの大きいものが多いため、従業員や代理店といったビジネスシステムを動かす人たちの行動をいかにモニターしたり制御するかが重要な課題となる。それは、京セラドキュメントソリューションズのように、生産工場という一カ所に多くの従業員が集まるケースにおいても、中国全土に点在する代理店や常に各地を飛び回る営業担当のように、お互いが地理的に広く分散しているケースにおいても、同じことである。

組立工場に代表される、数多くの従業員が一カ所に集まってチームワークで労働集約的な作業を行う場合、中国の生産拠点は何千人・何万人の大規模工場が多いため、それだけの数の従業員がバラバラに動いてしまうと効率よくチームワークを行うことはできない。したがって、全員のベクトルを揃え、一人一人の従業員が与えられた職務をきちんと遂行してくれるように制御する必要がある。

あるいは、営業担当、代理店、サプライヤーなどが全国にネットワークを広げて、お互いに分散している場合は、ベースの構築がさらに大きな意義を持つ。現地本社から物理的に離れている地域になると、監視が難しく、従業員同士もお互いに指摘したり監視したりすることが難しくなるからである。

そこで、ベースの構築と共有が、現地の人々の行動を社会的に制御するという意義を持つのである。まず、ベースが一人一人の行動を揃える基本ルールとものの考え方のガイドラインを提供してくれるため、現地従業員は共通した価値観や行動規範によって自発的に動けるようになる。つまり、経営理念や価値判断が浸透すれば、とるべき行動に関する暗黙的なルールも共有でき、人々がお互いに離れていても、ビジネスモデルに沿った適切な行動をとることができるのである。したがって、モニタリングのコストも低減できる。このように、ベースの構築は、とくに領土の広くモニタリングコストが高くなる中国で、大きな意義を持つ。

3 ベースの構築と共有

日々の仕事の場における共有

では、いかにしてベースを中国に移転し、現地で構築していくか。その具体的な方法は大きく分けて二種類ある。それは、日々の仕事の場を通じてベースの共有を図る方法と、仕事とは別のさまざまな仕掛けを用意して共有を図る方法である。

まず、日々の仕事の場を通じて「思考のベース」の共有を図るには、共有の舞台作り（環境作り）として二つの要素が不可欠であろう。その二つの要素とは、経営理念や企業文化を体現した日常の業務設計と運営、および日本人駐在員によるデモンストレーションである。

日本と中国では環境が違うので、考え方の共有を図るには、まずは環境を整備し、現地従業員にその経営理念・企業文化を体現した環境の中に身を置いてもらうことが必要である。英語の勉強には、英語漬けの環境に身を置くことが効果的だというのと同じであろう。これには、中国人従業員が日々かかわる日常の業務の設計と運営が、「思考のベース」を体現した形で行われていることが重要であり、経営理念・企業文化に沿って業務を行うような環境を提供しなければならない。たとえば、京セラドキュメントソリューションズは、京セラフィロソフィの「全従業員の物心両面の幸福を追求する」という経営理念のもとに、中国人従業員全員に対して教育投資を行い、他の企業で一般的に見られる高圧的な管理スタイルとは違うことをはっきり意識して罰金制度をいっさい取り入れていない。

また、日本人駐在員・出張者の行動が、企業の経営理念や文化のデモンストレーションになる。現地従業員に心から共鳴してもらうためには、日本人の言動や行動が、企業理念と矛盾しないことが重要である。彼らの日常の仕事ぶりにおける経営理念や企業文化を表す象徴的な行動が、ときには現地人に大きなインパクトを与えることもあり、そのことで企業の価値観や文化を実感してもらうことができる。たとえば、京セラドキュメントソリューションズの日本人駐在員が怒鳴ったりせず、優しく現地人従業員に接する態度が、大きなカルチャーショックを従業員に与えた。それをきっかけに、京セラフィロソフィのよさに共感を覚えた人も少なくない。資生堂の場合は、ベテラン日本人ビューティーコンサルタント（BC）を中国の各地に派遣し、中国人BCと一緒に店頭でカウンセリング販売をすることで、実際の仕事を通じて美の文化とおもてなしの心を見せ、伝授していった。そして、日本人駐在員が日常的に根気よく経営理念や考え方を語り続けることも、考え方を浸透させるためには重要である。

また、中国ビジネスにかかわる人の数が多いので、現地従業員全員の考え方をいきなり変えることは到底無理であろう。まずは、コアメンバーとなる現地従業員を育て、そのコアメンバーに日本人駐在員の分身になってもらい、さらに他の現地人に考え方を伝授し、浸透させていくことがよく見られる。

そして、日常の仕事の場を通じて「感情のベース」の共有を図るには、定期的に集まったり、仕事に関する夢や目標を示すことが重要であろう。

現地従業員が定期的に集まり一緒に何かをやる。その内容は仕事に直結していることもあれば、直接は仕事に関係していないものもある。毎日続く集まりでも、年一回か二回の集まりでも、やはり仲間という形で定期的に顔を合わせることには意義がある。たとえば、ヤクルトレディの毎朝の朝礼、京セラドキュメントソリューションズの毎朝のフィロソフィ輪読、ダイキン工業の毎年恒例の代理店大会などが、その例である。企業の一員としての連帯感を創り出すには効果がある。

そして、仕事に関する夢や目標を現地従業員へ明確に示すことも重要であろう。とくに、中国ビジネスの意義（中国人の利益を詐取したり、安い労働力を使うだけではないこと）や、一人一人の担当する仕事の意味や重要性を伝えることが大切である。たとえば資生堂は、「おもてなしの心」を込めて中国人女性をより美しくしてあげたいという夢と使命感をBCに示すことにより、やる気を引き出している。

ベース構築そのものを狙った仕掛け

さらにベース構築のスピードを上げるため、仕事とは別にさまざまな仕掛けを用意して共有を図る方法もある。まず、考え方の共有と伝承を促進するための方法には、以下の三つがある。すなわち、教育研修、シンプルな言葉での伝授、イベントの開催である。

第一は、教育研修を行うことである。事例分析篇で取り上げられた成功企業も現地従業員や代理店への教育研修に力を入れている。たとえば、京セラドキュメントソリューションズでは、フィロソフィ手帳を使った毎朝の輪読や、フィロソフィ勉強会、管理職のレベルに応じた哲学教育プログラムを行っている。コマツは社員だけでなく、代理店の技術者や協力企業の人間も巻き込む形で教育研修に力を入れている。資生堂のように、ベテラン日本人BCが講師となって中国各地を飛び回り、中国人BCや地方の代理店経営者を対象とした教育研修を行うことも有効である。

第二は、ものの考え方や価値観のエッセンスをシンプルな言葉で表現し共有することである。ポイントは、まずはシンプルで、基礎的、普遍的なものから浸透させることだ。いきなり難しいことを語ろうとしても、現地人にはわかりづらく、浸透しない。誰でも簡単に覚えられるようなものでなければ、なかなか頭に入らないし、心にとまらないのである。そこで最初は、エッセンスとなる部分を特定し、それを現地の言葉でシンプルかつ覚えやすい短いフレーズや文章として表現する。京セラフィロソフィの手帳に書かれた文章のように、シンプルでわかりやすい言葉で表現すると、現地人にもわかりやすい。広州ヤクルトの場合も同様に、ヤクルトレディにもすぐ暗記できるような短い文章にして、ヤクルトの効果やヤクルトレディとしての心得を覚えてもらい、浸透させていく。コマツの経営理念と具体的な行動基準を記した「コマツウェイ」もコマツ流の考え方の伝承を促している。

第三は、さまざまな社内運動や象徴的なイベントを開催し、企業文化や価値観を広めることである。たとえば、京セラドキュメントソリューションズのフィロソフィ作文コンテスト、資生堂のグローバルBCコンテスト、コマツの技能大会などがあげられる。とにかく教育の場面をたくさん設けることが重要であり、機会があれば、みんなに集まってもらい、考え方を伝えていく。それくらい必死にやらないと、人の考え方はなかなか変えられない。

一方、現地人の一体感を醸しやる気を引き出すには、インフォーマルコミュニケーションの場を豊富に提供するという仕掛けが有効であろう。仕事上のコミュニケーションの場合は、仕事上の関係がある人たちの間にしか交流がなく、非常に限定的になってしまう。より多くの人々の間でコミュニケーションがなされるよう、気楽に話せる環境を作るため、各種のイベントや余暇活動など、インフォーマルコミュニケーションができる場面をたくさん用意することが重要であろう。さらに、こうしたイベントを企画したり、チームで参加することにより、仕事の仲間と、ゲームや食事など、仕事以外のことで一緒に楽しい時間を過ごすことができ、単純な仕事関係の付合い以上の感情や連帯感が生まれてくることを期待できる。たとえば、ダイキン工業の盆踊り大会、京セラドキュメントソリューションズの文化祭、全社規模の新年会・運動会はその好例である。日本型ビジネスモデルによく見られる仕事関係を超えた「大家族関係」は、まさにこのようなインフォーマルコミュニケーションの場を通じて育ってくるものなのであろう。

このように、ベースの構築にはさまざまな方法がある。京セラドキュメントソリューションズが大家族意識を育てるために、中国ではお祭りを、アメリカではバーベキュー大会を開催しているように、国や地域によって最適なやり方は違ってくる。いずれにせよ、ベースの構築は時間も手間もかかる。仕掛けにより、ある程度は促進することができるが、時間を大幅に短縮することは不可能である。根気よく継続することが何よりも大切であろう。

4 それでもベースの中国移転に踏み込まない理由

人を中心とする日本型ビジネスモデルの中国展開においては、ベースまでしっかり現地に移植し、見えない下部構造を変えることが重要な意義を持つ。しかし、それにもかかわらず、ベースの中国移転にまでは踏み込まない日本企業が多い。その原因として、以下の三つが考えられる。

「中国流」という名の誘惑

まず一つ目は、「中国流」という名の誘惑である。中国現地で最も効率的といわれる人のマネジメントの方法を取り入れたり、現地で最も一般的な管理の考え方を導入したり、中国で一番効果的といわれる「中国流」のベースに、日本型のビジネスシステムを無理矢理に乗せてしまうケースである。郷に入っては郷に従えということで、現地のやり方に合わせてしまうのである。

実際、この誘惑はかなり大きいという。たとえば、京セラドキュメントソリューションズでも、工場立上げの当初は、従業員の管理について、「高圧的なやり方で管理したほうが中国流だよ。そうでないと管理できないよ」と、幹部管理職の現地人マネージャーが日本人へ積極的に提案してくれたという。「それが中国流だ」と、中国人幹部管理職が懇意に助言してくれると、普通の人ならばついつい信じてしまいその通りにやりたくなるだろう。それどころか、本来は中国人従業員の考え方を変える立場にいる日本人駐在員が、逆に考え方を変えられてしまいそうになることもある。じつに大きな誘惑である。京セラドキュメントソリューションズの場合は日本人駐在員がしっかりしたフィロソフィを持っていたため、その信念はぶれることなく、中国流の罰金制度や高圧的な管理手法は導入されなかった。しかし、ベースの重要性とそのビジネスシステムとの適合性について常に強い意識を持たないと、日本を離れ、慣れない現地の環境に置かれれば、ついつい「中国流」に流されてしまう危険性が高い。

ハードルの高さ

もう一つの理由は、構築のハードルの高さにある。ベースの重要性は十分に理解しているが、それを中国で構築するにはハードルが高すぎるので、ついつい諦めてしまい、現地の既存ベースに妥協してしまう。構築のハードルの高さには、構築プロセスそのものによるものと、中国という特別な経済・政治環境によるものがある。

ベースの構築プロセスそのものがとても難しい。人々の既存の考え方、現地で多くの人が信じてきたことを変えるのは、簡単なことではない。さらに、ベースの構築には非常に手間ひまがかかる。前節で論じたように、環境作りから仕掛けの用意まで、あの手この手を使って、長時間をかけて継続していかなければならない。しかも、現地に定着し効果が出るまで、長い時間がかかるし、究極的な時間短縮は不可能に近い。そこまで強い信念を持って、根気よく現地に浸透させていくには、日本側でとても強いベースを持っていなければ実現できない。まして海外展開の成果を短期間に出したい企業から見れば、ベースの構築にこだわると、中国ビジネスの拡大に制限をかけられるのではないかと考えてしまうこともある。それゆえ、現地におけるベースの構築には消極的な態度をとるだろう。

ハードルの高さには、中国の特別な経済・政治環境によるものもある。中国には、業種により、合弁の形で進出しなければならないという規制がある。その合弁相手の意向によって、日本側が思うような考え方の教育やベースの構築を行うことができなくなることもよくある。合弁相手がそもそも考え方の教育に違和感を感じるケースもあれば、考え方の教育よりも他の業務に力を入れて早く成果を出すことを求められるケースもある。あるいは、共産党政権下にあって、独自の思想を持った大人数の集会や団体の集まりが極端に警戒されることもある。京セラドキュメントソリューションズでも、最初に全社員参加の運動会を開こうとしたときは警戒されていたという話を伺った。文化祭などの集会も、もちろん許可を得ないと開けない。思うように自由にはベースの構築ができない要素が中国にはあるのである。

ベースの軽視

最後の理由が、ベースの軽視である。これには二つのケースがある。そもそも日本にベースを持っていないというケースと、日本にはベースを持っているが、その重要性に気づかず中国移転に踏み込まなかったというケースである。後者の場合は、日本でさえベースの維持がだんだんできなくなっていく危険性がある。

企業の文化や価値感などビジネスシステムのベースとなるものの日本における源流を探り、その生成プロセスを遡ってみると、企業の発展の歴史においてその時代背景や地域と関連しながら、企業の成長とともに自然に形成されてきたものが多い。それは、日本人の持つ人間観や、日本独特の社会風土・労働環境・経済発展の歴史などによって生み出されたものである。たとえば、工場の周辺に住んでいる地元の従業員が多いので、自然と地元愛も持っているし会社への定着率もよいといったことである。また、チームワークが社会的に評価されるので、人々は自然にチームワークを好む傾向がある。それはじつに特殊なもので、とても「日本的」である。

しかし、日本で自然に形成されてきたというこの特徴が、中国にビジネスシステムを移転する際に、ベースの部分がよく軽視されてしまう理由の一つにもなるのである。日本では当たり前のように存在しているものを、中国では強く意識してゼロから築いていかなければならない。その重要性に気づかず、中国ではベースの構築をしていないケースが多く見られる。

このようにベースを軽視する状況は、日本国内でも起きている。ベースの存在をとくに重要視せず、その維持と形成を怠った結果、ベースがだんだん弱くなったり国内でさえ機能しなくなってしまった企業もある。ベースの維持のためによく開催された運動会も、最近では開催する企業のほうが珍しいぐらいである。ベースの重要性が、源泉となっていた日本においてさえ少しずつ忘れられてしまうのではないかと危惧される。

幸いなことに、日本では軽視されてしまい、なくなりつつあるベースを、海外の拠点でもう一度取り戻そうと必死に努力している企業もある。日本では忘れられてしまったベースの源流や日本型ビジネスモデルの原理原則を、日本人駐在員たちが強く意識し、それを中国の拠点で再現できるように、さまざまな工夫をしている。そのことを思うと、ビジネスモデルの海外展開は、ビジネスシステムを稼働させる土壌となる自社の「思考・感情ベース」が持つ意義や重要性をもう一度見つめ直す、よいきっかけになるかもしれないのである。

資生堂　日本流の「おもてなしの心」で美を伝える

日本流のサービスで憧れブランドに

日本一の化粧品メーカー、資生堂。ところが世界の美容品・化粧品メーカーに比べると、小さく見える。二〇一一年のビューティー産業の世界ランキングで、資生堂は五位であった（売上高八五・三億ドル）。アジア系のトップではあるが、上位四位まではすべて欧米系企業が独占しており（一位ロレアル〔同二八三・三億ドル〕、二位P&G〔二〇七億ドル〕、三位ユニリーバ〔一八五・八億ドル〕、四位エスティローダー〔九四・四億ドル〕）[1]、とくに上位三社との差は大きい。企業規模（総資産額）で見ると、資生堂はさらに小粒に見えてしまう[2]。

しかし、小粒の資生堂が中国市場でみごとな健闘ぶりを見せている。ロレアルやP&Gと並び、資生堂はトップ化粧品メーカーとして中国人に愛用されているのである。二〇一一年の中国ビューティー市場では、P&G、ロレアルに続き、三位の座を獲得した[3]。商品ブランド別売上ランキングを見ても、資生堂の中国デパート専用ブランド「オプレ」は常にトップスリーに入り、国民的なブランドに成長している（Li & Fung Research Centre, *Industry Series*, issue 20）。

経済発展とともに中国のビューティー市場が急成長している。とりわけプレステージ市場（高級品市場）が、その牽引役になっている。二〇一一年、プレステージ市場の成長率は二一％に達し（スキンケアが二三%、メイクアップが一七%）、マス市場よりも成長が早い（*Forbes*, May 3, 2012）。今後もビューティー市場は伸び続けると予想されるため、中国市場に世界の化粧品メーカーが殺到している。すでに市場の八〇%が外資系企業に占められており、まさに激戦区となっている（*China Daily*, November 24, 2012）。

この激戦区で、資生堂が、業界ガリバーであるロレアルやP&Gと並ぶ国民的な憧れブランドになったのはなぜか。その理由の一つが、日本流の「おもてなしの心」をベースにしたカウンセリングサービスを顧客に提供し、ビューティーコンサルタント（BC）を通じて顧客と心を通わせながら日本流の美容文化を広げていくという、資生堂のビジネスモデルにあると考えられる。欧米系に比べ規模が小さく、大量に広告を投下する方法だけでは負けてしまうため、違う方向で勝負しなければならない。資生堂は、日本流の「おもてなしの心」をベースに顧客のことを思いやってきめ細かなサービスを提供することで、中国人顧客との信頼関係を築き、心を掴むことができたのである。

「おもてなしの心」をベースにしたビジネスモデル

資生堂の中国事業の歴史は長い。三〇年も前の一九八一年に、日本から製品を輸入し現地販売をスタートしている。外資系化粧品会社の中で中国進出が一番早かったのである。一九九一年に合弁会社を設立したが、当時の中国では知名度が低く、ほとんど知られていなかったという。一九九四年に化粧品販売へ本腰を入れ、従来の輸入品に加えて、デパート向けの中国専用化粧品ブランド「オプレ」を発売した。二〇〇四年には専門店制度を導入し、専門店向け中国専用ブランド「ウララ」を発売した。この年から中国での売上げが前年比二桁の伸びという高成長を続けており、営業利益率も一〇%以上という高水準を維持している。

また、ブランドイメージを強化するため、日本以上に明確なチャネル別ブランド戦略を展開してきた。デパートでは中国専用ブランド「オプレ」やグローバルブランド「SHISEIDO」を、五〇〇〇店を超える専門店では「ウララ」や「ピュア&マイルド」を販売している。さらに、薬局チャネルでは「DQ」、通販チャネルでは「ピュア&マイルドSOI」と、チャネル別にブランドを徹底的に分けている。中でもとりわけデパートと専門店が資生堂にとっての主力チャネルであり、売上げの多くはここから得られている（*China Daily*, November 24, 2012）。ここがまさに、資生堂の「おもてなしの心」をベースとするカウンセリングサービスが重点的に行われる場所でもある。

資生堂の中国ビジネスモデルのエッセンスの一つは「カウンセリング販売」にある。それは、BCによる対面カウンセリングサービスの提供など、さまざまな店頭応対活動を通じて商品価値を伝えていくことである。ただたんに商品を売り込むのではなく、顧客とのコミュニケーションを重視し、美容相談を受けながら、一人一人に合う美容方法と化粧品を提案し、化粧の仕方、肌の手入れの仕方をアドバイスしていく。つまり、BCが顧客との接点に立ち、最適な化粧品の紹介を通じて、顧客の信頼を高め、愛用者の固定化・増大に結びつけていく販売方法である。

このように、資生堂はまず顧客との信頼関係を重視し、その上で販売活動を行う。BCはもちろん、専門店の経営者や店員も、顧客との関係作り（顧客インターフェイス）において重要な役割を担っている。（図10-2）。

カウンセリング販売は、当初デパートを中心にBCを通じて行っていたが、その後二〇〇四年より専門店にも展開し、さらに現在は薬局チャネルにおいても行われている（『日経ビジネス』二〇一〇年九月

図10-2　資生堂の中国ビジネスモデル

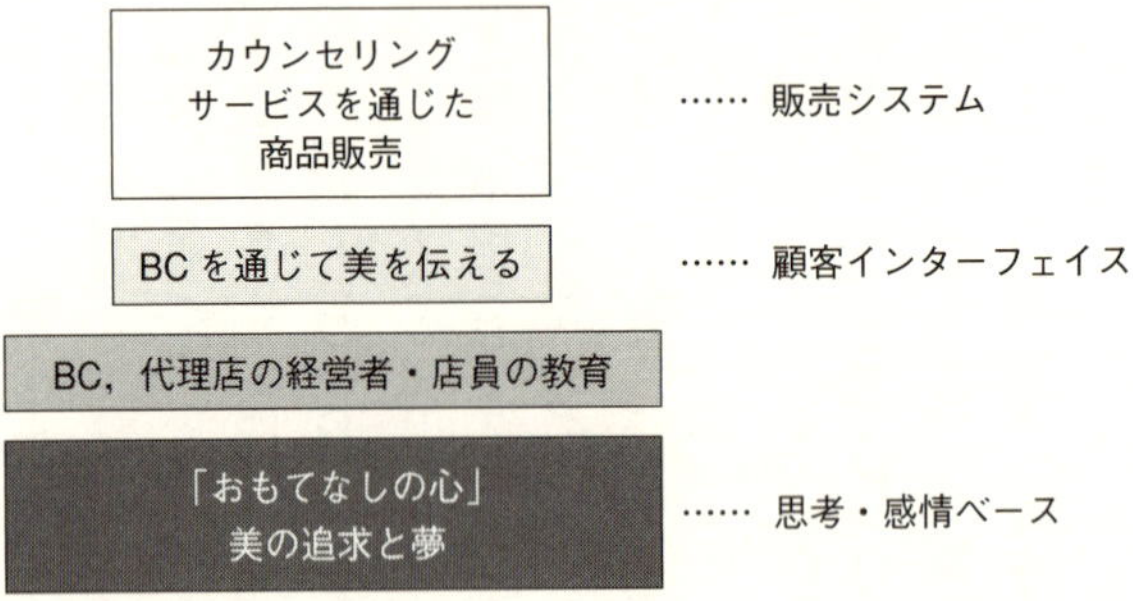

二〇日)。デパートでは一般的だが、専門店や薬局でまでカウンセリング販売を積極的に行うのは珍しい。このカウンセリング販売方式こそが、資生堂が中国市場で成功を収めた重要な要因であろう。

歴史を遡ってみると、資生堂は日本でも同様にBCや専門店によるカウンセリング販売というビジネスモデルで成功してきた。今度は中国へこのビジネスモデル、すなわち「BC」「専門店」「カウンセリング販売」「おもてなしの心」という四点セットを移植してきたわけである。

信頼につながる「おもてなしの心」

デパートの化粧品カウンターで美容方法を教えたりカウンセリングサービスを行うのは、どの化粧品メーカーにとっても普通のことではないかと思われるかもしれないが、実際には、化粧品販売を開始した一九九四年当時、中国でコンサルタントを自ら育成してカウンセリングサービスを提供するメーカーは、資生堂のほかにはなかった。

しかも、資生堂のBCは化粧品メーカーが店頭に派遣するただの売り子ではない。そこには、美容の技術だけでなく、接客対応のハートも必要であり、資生堂が長年にわたって蓄積してきた日本流の

「おもてなしの心」、資生堂としての理念がベースにあるのである。

「おもてなしの心」とは、顧客の立場に立ち、顧客のことを思いやる気持ちである。顧客の立場に立ってカウンセリングする姿勢、美しくして差し上げたい、喜んでもらいたいという強い思いである。顧客のニーズや気持ち、思いの奥にある悩みを摑み取り、それに応えていく。顧客のことを思い、肌に触れ、心に触れ、お互いの気持ちを通わせ、「共に美しくなる」ということなのである（資生堂ホームページ“Stories of Shiseido”）。これこそが、資生堂の理念、資生堂人としての考え方である。BCとしての責任は、この「おもてなしの心」を持ち、顧客に美しさを全身全霊で伝えていくことであると考えられている。

「私は日本が持つ『おもてなしの心』もこれから大きなキーポイントになる気がしてならない。（略）マニュアルどおりではない、人間的な信頼関係を大切にした販売のあり方は、日本人の伝統である『おもてなしの心』に裏付けられたものであり、海外においても高く評価いただいている。お客様の立場にたった『おもてなしの心』は、日本発で世界に広がるのではないか」（元資生堂社長・池田守男、『週刊東洋経済』二〇〇三年二月一五日）。

この「おもてなしの心」が、信頼につながるじつに重要なエッセンスである。とくに化粧の文化がまだ定着していない中国では、「信頼」の重みが違う。当初、化粧の習慣もなく、スキンケアの知識などがほとんどない状態にあったので、顧客と化粧品メーカーとの間の情報ギャップは大きかった。つまり、情報の非対称性が大きく、どのような化粧品を使えばよいかわからない顧客が多かったのである。顧客の立場からすると、新しいものを勧められれば、それはすなわち高い商品を買わされることなのではないかという警戒心を持っている。そして、使う立場にあって、勧められた化粧品が合わなければ、裏切られたという思いを抱えてしまう。事実、何も考えずにただただ一番高い商品を勧めるような化粧品販売員が中国ではよくいるという。

そういった中で、資生堂の、「おもてなしの心」を持ち顧客の立場から提案するという姿勢が、中国人顧客との信頼関係の構築につながるのである。資生堂では、「販売というものは行き着くところ、心です」という（資生堂企業文化部［二〇〇二］）。心を込めたカウンセリングを通じて、顧客にとって最適な化粧品を使ってもらい、美しくなってもらう。肌が確実によくなった結果を見て、さらに信頼関係が高まる。この繰返しで、顧客との信頼関係を築いていく。「資生堂のマッサージクリームが、どんなに素晴らしい商品なのかを一〇〇回言葉でいうより、心のこもったマッサージ一回の行為のほうがずっと説得力がある」（元資生堂美容技術専門学校校長・永嶋久子、『ＳａｎｋｅｉＢｉｚ』二〇一一年一一月二日）。まさに、その通りであろう。

このように、ＢＣや専門店の経営者や店員は、「美の伝道者」として中国の顧客に美しさを伝えていく重要な役割を果たしており、顧客との信頼関係作りにおいて重要な人たちなのである。

美を伝える中国人ＢＣの教育

しかし、「美の伝道者」の育成と「おもてなしの心」の伝承は決して容易なことではない。とりわけ、海外のＢＣに資生堂の考え方や価値観を伝える上で一番難しいのが、「おもてなしの心」である。日本では当たり前であるが、外国人にはピンとこない（『日経ビジネス』二〇〇九年八月二四日）。

「やはり第一印象はとても大事ですから、おもてなしの心を理解してもらうことに努めてきました。おもてなしの心は、我々が長年、日本で培ってきたセンスにほかなりません。中国の社員を教育するうえで苦労が大きかった点の一つですね」（資生堂会長・前田新造、『日経ビジネスオンライン』二〇一二年二月一七日）。

「人と人とのコミュニケーションづくりというのは、それこそが憧れブランドづくりの原点になるだろうと思いました。その原点となるのは、BC。その育成は、教育。それが一番大事であり、我々と違う他の三〇〇〇社の方ができていなかったし、やってなかったことですね」（初代中国プロジェクトリーダー、資生堂麗源化粧品有限公司初代総経理・鳥海康男、資生堂ホームページ"Stories of Shiseido"）。

そこで資生堂は、日本人のベテランBCを中国に送り込み、「おもてなしの心」などを中国人従業員に地道に教えた。釣り銭や商品の渡し方、お辞儀の仕方から、顧客に商品を手渡すとき必ず手を添えるという細かい動作まで、日本人ベテランBCが自ら店頭に入りやってみせながら指導してきた（『週刊東洋経済』二〇〇九年六月二七日、同二〇一〇年四月二四日）。中国BC一期生の教育を任せられた日本人BC・塙芙美子は、当時のことを振り返って次のようにいう。

「最初はやはり日常、朝から夜までの彼女たちとの過ごす間の私の姿や表情や、それから、テキストの内容を話す言葉でも、わかりやすく、どう伝えるか、そういうことを考えながら毎日を過ごしました。（略）商売の心の原点というのは、感謝の心です。感謝の気持ち。この気持ちがなくして、サービスはありえないわけです」「（BCの仕事は中国の女性をきれいにして差し上げること。）そのために、自分も素敵なBCになって、憧れられるBCになって、女性として、人間として、自分を磨いていきましょうと（中国人BCにいった）」（資生堂ホームページ"Stories of Shiseido"）。

文化も言葉も違う中国人BCたちに、自分の態度、姿勢、生き方、すべてを通して、日本人として、資生堂人として心を伝えようと決心したという。また、「資生堂の本質・カウンセリング販売の神髄」という一〇頁の文章をまとめ、配布した（『日経ビジネス』二〇〇八年四月二一日）。

さらに、ビューティーインストラクター（BI）と呼ばれる中国人教育スタッフも育成し、彼女たちを通じて「おもてなしの心」を中国で伝承していく。二〇〇八年には上海市に日本以外ではじめての研修センターを開設した。三〇〇人収容できるが、常に満杯状態という（『日経ビジネス』二〇〇九年八月二四日、同二〇一一年五月七日）。

教育研修はBCだけではなく、特約契約を結んだ専門店の経営者や店員も対象となる。当時、中国の一般的な化粧品店ではカウンセリング販売というものがなかったため、新たに特約店となった店の経営者や店員には、まず資生堂流の接客法をゼロから教えた。接客の基本動作をわかりやすく解説したテキストを配布し、参加者を客役と店員役に分けて、中身を実践させる。その様子を資生堂の現地社員が見て回り、間違っている点、足りない点などを一つ一つ注意していく。この教育研修を通じて、従来の「売ってやる」という姿勢を「買っていただく」に改めていくのである（『日経ビジネス』二〇〇五年二月一四日）。

さらに、BCに美の追求と夢を与えるため、二〇〇四年から四年に一度「グローバルBCコンテスト」も開催している。社内では「美のオリンピック」と呼ばれるイベントである。二〇一一年七月に東京で開催されたコンテストでは、中国人ＢＣがカテゴリーＡ（入社三年程度）とＢ（入社三年以上）ともに、金メダルに相当する最優秀賞を受賞した。中国ＢＣのレベルは急激に上がってきている（『日経ビジネスオンライン』二〇一二年八月三〇日）。

国境を越えて通じるもの

考え方が変わると、行動も変わってくる。すぐにはできないかもしれないし、手間ひまもかかる。しかし、時間をかけて取り組めば、人の心を変えることができる。

上海ＢＣ一期生で現在はＢＣを教育する立場になっている許曉瑾は次のように語る。

「先生（日本人ＢＣ）から多くを教わりました。単に商品を提供することだけではなくて、真剣に責任感を持ち、なんでもきめ細かくやることを学びました。お客さんをきれいにしてあげることは私の喜びで、達成感もあります。（略）資生堂のように、ＢＣを着実に一歩一歩育てていくような会社は（ほかに）ありません。先生の教育がなかったら、今日の私はいなかったでしょう。資生堂のすばらしいところは、美の本質を追求しているところです。その原点は、いつも相手を思いやるということです。これは私たちが後輩に伝えなければなりません」（資生堂ホームページ“Stories of Shiseido”）。

おもてなしの心を共有したのはＢＣだけではない。専門店の経営者や社員も、資生堂の心を体現している。資生堂会長・前田新造は、あるインタビューで次のようなエピソードを語っている。

「数年前に四川で大きな地震がありました。資生堂と契約をしているお店も破壊的な被害を受け、若い女性経営者のお店が潰れた。本来であれば、このお店を立て直すためにどれぐらいのお金がいるだろうか、どれぐらい時間がかかるだろうか、とまず最初に思うところですが、その経営者は違いました。自分のお店のお客さまが元気でいるだろうか、怪我されていないだろうかということを真っ先に心配した。メールが開通したときに、全顧客にメールと電話で、お元気ですか、と確認をしたのです。とあるメディアのインタビュアーがなぜかと聞くと、お客さまを大事にすることを資生堂が教えてくれた、と彼女は言ってくれたのです。これが中国での三〇年の歩みだったのかなあ、と感無量でした」（『日経ビジネスオンライン』二〇一二年二月一七日）。

資生堂の理念、資生堂人としての考え方、「おもてなしの心」が、中国人BC、専門店の経営者や店員に共有されて、はじめて「カウンセリング販売」というビジネスモデルの力が大きく発揮されるのである。

思想やものの考え方は時代や文化を超えて人々の間に通じるものがあり、国境を越えて人々の間に共感を呼ぶこともできる。一四〇年前に創業した資生堂の社名は、中国の古典『易経』の一節「至哉坤元万物資生」（大地の徳はなんと素晴らしいものであろうか。すべてのものはここから生まれる）に由来しており、これが資生堂の精神となっている。一四〇年前は中国から日本へ。今度は日本から中国へ。資生堂は日本流の「おもてなしの心」をベースに中国で美の文化を広め、新しい価値を創り上げていく。

参考文献

『SankeiBiz』二〇一二年一一月二日、「グローバル営業の達人（上）資生堂元スーパー美容部員・永嶋久子さん」。
資生堂アニュアルレポート、各年度。
資生堂企業文化部［二〇〇二］『美を伝える人たち――資生堂ビューティーコンサルタント史』求龍堂。
資生堂ホームページ“Stories of Shiseido”.
『週刊東洋経済』二〇〇三年二月一五日、二〇〇九年六月二七日、二〇一〇年四月二四日。
永嶋久子［一九八二］『私のハートビジネス――世界に挑戦した女の物語』東洋経済新報社。
『日経ビジネス』二〇〇五年二月一四日、二〇〇八年四月二一日、二〇〇九年八月二四日、二〇一〇年九月二〇日、二〇一二年五月七日。
『日経ビジネスオンライン』二〇一二年二月一七日、二〇一二年八月三〇日。
China Daily, November 24, 2012.
Euromonitor International, May 2012, “Beauty and Personal Care in China”.
Forbes, May 3, 2012, “Beautifying China Is L'Oreal And Estee Lauder's Big Opportunity”.
Li & Fung Research Centre, *Industry Series*, issue 20 (February 2012): China's Cosmetics Market 2011.
Women's Wear Daily, August 10, 2012, “The WWD Beauty Inc Top 100”

● 注

1 ファッション・ビューティーの専門紙 *Women's Wear Daily*（*WWD*）が毎年発表する“The WWD Beauty Inc Top 100”における、二〇一一年度美容関連事業の売上げランキングによる。

2 二〇一一年度の総資産額で見ると、資生堂は八九億三一〇〇万ドルであったのに対し、ロレアルが三五八億七二〇〇万ドル（二六八億五八〇〇万ユーロ）、P&Gが一三八三億五四〇〇万ドル、ユニリーバが六一六億四〇〇〇万ドルとなり、いずれも資生堂よりはるかに規模が大きい。

3 *Euromonitor International*, May 2012 による。ちなみに、四位がユニリーバ、五位がアムウェイである。

第11章

モデルの背後に流れる原理

人の成長と深い蓄積を活かす

岸本　太一

1　中国展開モデルの基礎構造

ハイエンドを、補助的サービスと製品で攻める

顧客とのインターフェイス、補助的サービス、思考・感情のベース。この第3部・論理構築篇では、ビジネスモデルの共通項を、すでに三つほど指摘してきた。だが、第2部・事例分析篇の内容を見る限り、各社の共通点は、これらだけではない。共通点は、上記の三点以外にも、ビジネスモデルを構成する仕組みのさまざまな部分で見られた。

ビジネスモデルを構成する仕組みは、いくら個々の仕組みが優れていても、各々の仕組みの間で整合性がとれていなければ、成功にはつながらない。たとえば、補修部品を必要なときにすぐに販売店に届けられるようなビジネスシステムを構築したとしても、製品販売からの売上げ回収のみを重視する収益

モデルを採用してしまったら、大きな売上げにはつながらない。ビジネスモデルとは、モデルを構成する各々の仕組みが何らかの原理に基づいて有機的に連結することによって、はじめてきちんと機能するものである。

これらのことを考えると、自然と次の問いを考えてみたくなる。本書で事例として取り上げた企業の中国展開モデルの背後には、どのような原理が流れているのだろうか。それらの原理に基づいたモデルを中国で展開する合理性は、どういった点にあるのだろうか。本章では、この二つの問いを取り扱っていく。

前述の議論を行うためには、その下準備として、各社のビジネスモデルの全体像を同じフレームワークに基づいて俯瞰しておく必要がある。だが、そういった作業を、事例分析篇では行ってこなかった。それゆえに、本節では、事例分析篇の五社が採用した中国展開モデルの基礎構造を、狙う顧客、訴求ポイント、国際分業、企業間分業、人とのインターフェイスの設計原則、という切り口を用いて確認していく。論理構築篇の各章末「論理から事例を読み解く」の事例（以下、付属事例と呼ぶ）は各章のテーマに焦点を当てて書かれているため、本章の付属事例であるYKK以外の事例からはモデルの全体像を把握することができない。そこで、分析の対象を事例分析篇の事例に限定することとした。

それでは、狙う顧客と訴求ポイントの確認から始めていこう。消費者の購買意欲に働きかける（＝訴求する）方法は、製品自体の機能、価格、製品以外の補助サービス、ブランドなど、複数ありうる。それらの中で企業が最も依拠している方法を、ここでは訴求ポイントと呼んでいる。狙う顧客と訴求ポイントの設定は、ビジネスモデルのさまざまな構成要素の設計に、とくに収益モデルの基礎構造に、大きな影響を与える。

事例分析篇で取り扱った企業は、輸出型企業である京セラドキュメントソリューションズ（以下、京セラ）を除けば、どの企業も中国で狙う顧客層をハイエンドに設定していた。そして、補助的サービスと製品を訴求ポイントに選択し、顧客獲得を試みていた。

たとえば、コマツでは、数ある建機の中から油圧ショベルを主戦場に選択していた。油圧ショベルは、他の建機に比べてつくるのに高い技術を必要とし、かつ高価な製品であった。そして、壊れにくい建機と充実したメンテナンスの合わせ技によって、継続稼働を実現し、それを訴求ポイントに顧客を獲得していた（なお、本章では、紙幅の関係上、各社の実態のすべてを掲載することはできない。事例は、抽象的な内容の理解を容易にする目的でのみ用いている。各社の実態に関しては、本章で提示した内容をもとにして各社のケースを読み返す形で、確認していただきたい）。

製品の機能や補助的サービスを削り、低価格を訴求ポイントに加え、最もボリュームのあるゾーンで勝負する。セグメントはハイエンドを選択するが、補助的サービスではなく、製品とブランドのセットで戦う。日本企業の中国展開の議論では、一般的には、このどちらかが主張されることが多い。そのどちらでもない手を、実際に中国で成功している企業が採用しているという点は、じつに興味深い。

基礎開発は日本、部品製造と販売は外注

中国市場に製品とサービスを提供するために不可欠な活動のすべてを、現地で行う必要はない。事例分析篇で取り上げた五社は、どの業務活動を中国で行い、どの活動を他国に任せていたのか。国際分業

構造は、厳密にいえば、ビジネスシステムの内容ではない。しかし、中国展開モデルの基礎構造に、とりわけ「どのようなビジネスシステムが構築されるか」に、影響を与える。

事例分析篇で取り上げた五社は、基礎開発と一部の部品製造については、どの企業も日本で行っていた。ここでいう開発とは、設計にかかわる活動のことを指す。そして、設計には、製品設計だけでなく、工程設計も含まれる。

中国で開発に関連する活動をまったく行っていないわけではない。カイゼン活動を代表とする工程をアレンジする業務に関しては、どの企業も中国で積極的に行っていた。また、製品開発における顧客ニーズの収集や製品コンセプトの考案も、現地で活発に行われていた。

だが、基礎開発については、どの企業も、いまだに日本で行っていた。もしくは、過去に日本でつくった製品設計や工程設計の基礎情報を利用することで対応していた。より詳細にいえば、昔の製品モデルをベースにした製品を、カスタマイズもしくはバージョンアップして中国で販売していた。また、そのカスタマイズに関連する製品設計も日本で行っていた。一方、工程設計についても、日本をマザー工場として活用していたり、日本で開発した製造装置を中国に移転したりしていた。

部品に関しても、現地化は日を追うごとに進んでいたが、コアパーツを中心とする一部の部品については、日本で製造されていた。

近年、現地化論の勢いが増してきている。「開発を含めて、すべての活動を現地で行うべし」といった論調さえ存在する。そういった世論を踏まえると、上記の結果は興味深い。

現地で行う活動の企業間分業についてはどうだろうか。この基礎パターンに関しても、事例分析篇で取り上げた五社には、同じ結果が見られた。輸出型の京セラを除く四社は、中国では、製品の組立てと一部のコア部品の製造を自社で行い、大半の部品製造と製品販売および販売後のサービスを他社に任せていた。京セラは、中国では部品製造と組立てのみを行っているが、この二つの活動における企業間分業は、残りの四社と変わりなかった。

販売後のサービスとは、製品の据付け、保険やオプションの販売、保守・修理等のアフターサービスのことをさす。たしかに、たとえば、ダイキン工業やクボタでは、中国においては日本以上に、それらのサービスの一部に自社が関与していた。しかし、自社の役割はあくまで教育やサポートという位置づけであり、大半の業務は販売店・代理店に任せていた。

以上の企業間分業は、日本では馴染みの深いパターンなので、一見すると、ほかに選択肢がないように思えてしまう。だが、中国では異なるパターンを採用しているという企業は、日系にも案外多い。組立てをOEM専業メーカーに外注するのは、その典型であろう。あるいは、逆に、ローカル企業が信用できずに、部品製造や販売・アフターサービスを自ら行う、といったケースもよく聞く。

厳選・長期・教育・共栄を原則としたインターフェイス

顧客とのインターフェイスは、日本型ビジネスモデルを中国展開する上で、最も配慮が必要な要素の一つである。だから、論理構築篇では、独立した章（第8章）を作成し、詳細に取り扱ってきた。しかし、ビジネスモデルと深く関係を持つ人は、顧客だけではない。自社の従業員とも深い関係を持つ。また、部品サプライヤーや販売代理店といった外注先とも何らかの関係を構築しなければならない。ここでは、顧客、自社の従業員、部品サプライヤー、販売代理店という四種類の人とのインターフェイスを総称し、人とのインターフェイスと呼ぶことにしよう。

人とのインターフェイスは、前二項で確認した顧客獲得戦略や分業が実際に機能するかどうかに大きな影響を与える。その設計原則に関しても、五社においては、同じ基本原則が採用されていた（ただし、京セラの顧客および販売代理店とのインターフェイスについては、輸出型企業なので考察対象に入れていない）。

五社が中国で採用している原則は、厳選・長期・教育・共栄という四つのキーワードによってまとめることができる。顧客、従業員、部品サプライヤー、販売代理店、どの現地人に対しても、「誰と付き合うか」を深く吟味し、コアなプレーヤーの厳選を試みる。そして、一度選んだ相手とは、長期的に関係を持とうとする。そして、さまざまな教育を徹底して試みる。また、自社だけが得をすることを求めず、共生を目指す。そのような原則に基づいて、各インターフェイスに関する具体的な仕組みが構築されていた。

象徴的な例を一つだけあげておく。日産と部品サプライヤーの関係である。日産は、オープンコンペティション制を公言しているものの、実際には、サプライヤーを事前に詳細に調査し、コンペに参加を許すサプライヤーを厳選していた。そして、一度契約したサプライヤーとは、モデルチェンジが行われるまで（四～五年）は取引を打ち切ることは基本的になかった。契約を更新することも多かった。また、契約期間中は、サプライヤーに対してカイゼン等に関する指導も行っていた。

人とのインターフェイスの設計原則についても、「日本人と中国人は文化や価値観が異なる」といった理由をもとに、上記とは異なる原則を採用している日系企業は少なくない。中国では、価格のみに基づいた選別、短期的な付合い、育成活動なし、搾取といった原則が、欧米企業並みとまではいかなくても、部分的に採用されていることが多い。この点を踏まえると、五社の結果は、着目に値する事実であるといえる。

源流は、自社の日本の経験にあり

以上で把握した基礎構造の源流はどこにあるのか。この点について、原理の考察に入る前に、簡単に触れておこう。

中国で展開しているビジネスモデルの源流は、日本での（ときには日本を含んだ世界での）自社の経験にある。第1章で提示したこの基本仮説は、ビジネスモデルの基礎構造にもあてはまる。

企業間分業の基礎パターンと外注先および自社従業員とのインターフェイスの設計原則の源流については、事例分析篇の内容を確認しなくても容易に想像がつくと思われる。販売と部品製造を外部に委託し、それらの外注先や自社の従業員と厳選・長期・教育・共栄の原則に基づいて付き合うことは、少なくとも一昔前までは、日本的経営の主要な特徴として取り上げられることが多かったからである。

他方、狙う顧客層をハイエンドに設定し、補助的サービスと製品を訴求ポイントに据えた上で、顧客と厳選・長期・教育・共栄の原則で付き合うことについては、過去の日本企業全般にあてはまる特徴ではないかもしれない。しかし、この五社は、過去に日本でそれらを採用していた。一つだけ例をあげれば、クボタは、日本市場においても、農機のサービスステーションを中心とした顧客のニーズに随時即応する体制によって、競争優位を構築していた。

国際分業構造に関しても、中国展開モデルに関連する業務を今でも日本で（あるいは過去の日本での蓄積によって）行うことは、日本での過去の経験を源流にした行為、と捉えられなくもない。事例分析篇の企業は、基礎開発やコア部品の製造という重要度の高い業務を日本に残しながら中国展開していたからである。

事例分析篇の五社は、基礎構造に関しても、日本型を中国展開していたのである。

2 背後に流れる原理

人の成長を活かす

事例分析篇の企業が中国で展開している日本型モデルの背後には、どのような原理が流れているのだろうか。本節では、第1節で俯瞰した内容をもとに、このテーマを取り扱っていく。

背後に流れている原理は、どうやら二つありそうだ。一つ目は、「人の成長を活かす」という原理である。

人の成長を活かすという原理に依拠していると考えるのは、たんに人とのインターフェイスの設計原則の中に長期と教育が入っているからだけではない。第1節で把握した基礎構造を持つモデルが、人の成長を前提にしたモデルだからである。

事例分析篇の企業が訴求ポイントに据える補助的サービスは、製品や価格、ブランドに比べて、そのよさがわかりにくい。それゆえに、そのよさを認識できるレベルにまで顧客が成長しなければ、売れないのである。

加えて、事例分析篇の企業のモデルでは、もう一つの訴求ポイントである製品についても、顧客の認識レベルを高める必要がある。ハイエンドを狙うような高機能な製品であり、しかも、日本の（過去の）基礎設計をベースとした製品だからである。そういった高度な製品に触れる経験を、新興国である中国人の顧客の大半は、はじめはあまり持っていない。

顧客の認識レベル向上を促す主役は、販売担当者である。しかし、販売を中国現地の他社に任せるモデルにおいては、彼らの成長も不可欠となる。販売担当者自身も、顧客と同じ理由で、初期には自社が取り扱う製品やサービスのよさを認識していないからである。そういった担当者が顧客に製品やサービスのよさを伝える能力を持っていないのは、いうまでもない。

以上のような顧客と販売担当者の成長に焦点を当てて書かれていたのが、ダイキン工業の事例であった。参入当初、中国の業務用エアコン市場では、床置き型の大きなエアコンや、天井型でも一カ所で空調の集中管理を行うセントラルタイプが主流であった。そこにダイキン工業は、中国ではまだ見られなかったマルチタイプやパッケージタイプ、しかも日本でも最先端となる機種で参入した。また、ダイキン工業は販売店に対して、「べたつき」営業やさまざまな研修等を徹底的に行った。「べたつき」営業とは、日本でトップのダイキン営業マンを営業に同行させる、ＯＪＴに基づいた教育手法である。一方、顧客に対する教育は、提案営業、二四時間サービス、ソリューションプラザ等を通じて行った。そういった結果として、中国に「天井文化」が普及していったのである。

事例分析篇の企業のモデルが前提としているのは、製品やサービスのよさを理解するという面における成長だけではない。補助的サービスや製品を提供する能力の面における人の成長も前提としている。この点については、事例分析篇で取り扱った各社が共通して提供していたサービスを例にあげて説明すると、わかりやすい。

それは、「製品（またはサービス）を、欲しいときにいつでも苦もなく手に入れられる」（＝供給環境充実）サービスと、「購入後、製品設計で意図した通りの機能が発揮される状態を長く保つ」（＝設計機能保持）サービスである。事例分析篇の五社はどの企業も、供給網・補修サービス網の充実、壊れにくい製品の提供、使い方のコンサルティングサービスの提供といったアクションを通じて、上記の二つのサービスを充実させていた。供給環境充実や設計機能保持といったサービスを充実させるためには、当然のことながら、現地の自社工場と部品サプライヤーにおけるものづくり能力の向上と、販売代理店における種々のサービスの提供能力向上が、不可欠であろう。

深い蓄積を活用する

背後に流れている原理は、一つだけではない。もう一つある。それは「深い蓄積を活用する」という原理である。事例分析篇で取り上げた企業の中国展開モデルは、自社に存在する深い蓄積を徹底的に活用していた。そして、それが成功へとつながる大きな原因の一つとなっていた。

活用した蓄積は、大きく二つに分かれる。一つは、中国現地において行われた蓄積である。自社の従業員、販売代理店、部品サプライヤー、そして、顧客の能力蓄積は、その中で最も重要な蓄積だろう。これらの蓄積が徹底的に活かされており、それが成功に不可欠であった点は、すでに前項で述べた。

もう一つは、中国以外の国において、とくに日本において行われてきた蓄積である。じつにさまざまな日本での蓄積が、中国で活用されていた。

すぐに思い浮かぶのは、製品と工程の基礎設計に関する蓄積だろう。中国では過去に日本で創り出された基礎設計がそのまま利用されていただけでなく、中国向けの基礎設計活動の多くを、たとえば新モデルの製品設計を、いまだに日本で行っていた。日本に蓄積された高い設計能力をふんだんに活用していたのである。他方、一部のコア部品を製造する能力についても、コア部品を日本から輸入するという形で、日本の蓄積を活用していた。

中国で活用されていた日本の蓄積は、設計や製造に関する能力だけではない。ビジネスモデルに関連するさまざまな仕組みや制度という蓄積もまた、活用されていた。第1節で確認したように、事例分析篇の五社が中国で採用するモデルの基礎構造の源流は、日本の自社の過去にあった。それは、見方を変えれば、日本で構築した基礎構造という仕組みに関する蓄積を、中国で徹底して活用していることを意味するだろう。

基礎構造だけでなく、より具体的な仕組みについても、各社は日本で過去に構築したさまざまな仕組みを中国に移植していた。いくつか例をあげておくと、ダイキン工業の「べたつき」営業、コマツの「需要予測データを収集して解釈する仕組み」、日産の「新車販売台数以外の基準を含めた販売店の評価法」等が、それに該当する。あるいは、クボタの中国における「連合サービス」も、まったく同じ仕組みではないが、日本における「サービス特急便」という類似した仕組みを大いに参考にしていた。また京セラでは、具体的な仕組みにとどまらず、「敬天愛人をもとにした経営哲学」までもが徹底して移植されていた。

中国現地にて行われた蓄積だけでなく，日本において行われた蓄積を活用することも，事例分析篇の各社が採用するビジネスモデルによって成功するためには，不可欠であった。

まず，各社が狙うセグメントを開拓し，顧客を満足させる製品を開発するために不可欠であった。各社が狙い，開拓しようとしたのは，ハイエンドであった。しかも，中国市場では，製品を中国向けにアレンジすることだけでなく，ときとして日本市場以上の性能を要求されることもあった。たとえば，油圧ショベル（コマツ）や水稲用自脱型コンバイン（クボタ）には，日本以上の耐久性が求められていた。こういった要求を満たした製品を，日本の開発能力の助けなしで，現地拠点独力で開発することが可能だったとは，考えにくい。

日本で行われた深い蓄積の活用は，製品とサービスを供給するネットワークを急拡大させるためにも必要であった。

供給環境充実や設計機能保持といったサービスを充実させるためには，供給ネットワークを急拡大しなければならない。たとえば，販売店やサービスステーションが少なければ，顧客がそれらの店に足を運ぶ手間が生まれるし，店の従業員が顧客のところへ行く時間もかかってしまう。サプライヤーを数多く確保しておかなければ，製品や補修部品を必要なときにすぐに供給することもできない。国土が広く，人口も多い中国では，なおさらである。加えて中国では，今のところ，どの産業でも需要が供給を上回るスピードで急拡大しているため，そもそも供給能力を拡張すること自体が成功の鍵要因となっている。要するに，供給ネットワークの急拡大は，成功の必要条件だったのである。

だが、ただたんに販売代理店や部品サプライヤーの数を増やし、自社工場を増築すればよい、というわけではなかった。前項で述べたように、供給環境充実や設計機能保持といったサービスを充実させるためには、製品の製造やサービスの供給を担う現地の人々を成長させなければならない。そして、人の教育には、かなりの時間がかかる。教育にも自社のエネルギーの多くを注がなければ、人の成長は実現しなかっただろう。

日本の深い蓄積を活用することは、目に見える供給ネットワークの拡張とその中で働く人の教育の両立を可能にする手段の一つとなっていた。日本拠点が（あるいは日本での過去の蓄積が）基礎開発やその他の仕組み作りという業務の大部分を担うことによって、供給ネットワークの拡張と教育により多くの資源を投入できるようになったのである。

二つの原理は相互依存的

ここまでは、説明の都合上、「深い蓄積を活用する」原理と「人の成長を活かす」原理を、分けて取り扱ってきた。だが、二つは、独立したものではない。

深い蓄積を活用できるから、人を成長させることが可能になる、という関係については、すでにその一つを前項の最後で述べた。日本の深い蓄積を利用することによって、教育へ資源を割くことができた、というロジックである。だが、それだけではない。日本での経験の中でつくり上げた教育のための仕組みを中国に移植することが、人の成長を可能にした、という論理もあった。ダイキン工業の「べたつき」営業は、その代表例であろう。

他方、人が成長するからこそ、深い蓄積を活用できるようになる、という関係も存在する。中国の顧客の製品・サービスに関する認識レベルが向上してはじめて、日本で過去につくり出された基礎設計をベースにしたモデルが売れるようになるという関係は、その典型例であろう。あるいは、現地人スタッフや外注先が成長してはじめて、日本から持ってきた仕組みを使いこなせるようになるといった関係も、いろいろな仕組みにおいてありそうだ。コマツのコムトラックスは、その一例である。コムトラックスは、日本で開発された、顧客・代理店・コマツの三者で情報を共有し整理するための高度な情報システムである。現在、中国のコマツの代理店は、アフターサービスを行う際にコムトラックスから多大な恩恵を享受している。だが、中国の代理店が日本で開発された高度な情報システムを最初からうまく活用できていたとは、到底考えられない。

深い蓄積を活用する原理と人の成長を活かす原理は、相互依存的なのである。

人の成長や深い蓄積が成功に寄与するのは、何も事例分析篇で取り上げた企業のモデルに限った話ではないのではないか。本節の内容に対しては、このような疑問を抱かれている方がいるかもしれない。だが、成功に寄与することと、モデルの依拠する原理にまでなっていることとは、まったく異なる。

いくら親身になって説明しても、中国人の顧客が自社の製品やサービスのよさを理解してくれるようになることはない。一生懸命接しても、中国人の従業員はすぐに転職してしまうので、自社のものづくりのやり方や経営理念を習得してくれることはない。このような話を耳にすることは多い。こういった考えの背後には、人の嗜好や能力は不変という前提がある。そして、この前提を置いている企業のモデルは、「その時点での人の嗜好や能力の水準に合わせる」という原理に依拠したものになっていることが多い。

蓄積の活用についても、人の成長の活用同様、どの企業でも行っていることだろう。だが、原理に据えているといえるほど徹底的に活用し依存している企業は、やはりそれほど多くないのではないだろうか。リバイバル、敗者復活、一発逆転。こういったスローガンを掲げて中国に進出する日系企業は少なくない。たしかに、日産はその一つだった。そして、日産は、事例分析篇でも記載したが、世論に反して、日本での深い蓄積をふんだんに活用していた。しかし、日産のようなケースがこの種の動機で進出した企業の中でマジョリティであるとは、想像しにくい。

3 中国で展開する合理性

稀少かつ模倣困難

前節では、原理を明らかにする中で、ところどころ、合理性に関する議論にも触れてきたが、体系的には議論をしてこなかった。「人の成長と深い蓄積を活かす」という原理に基づいたモデルを中国で展開する合理性は、どういった点にあるのだろうか。事例分析篇で取り上げた五社は、すべて実際に成功している企業である。しかも、五社が採用するビジネスモデルの基礎構造は、どれも日本人にとっては馴染みのあるものだが、中国で展開しているといわれると意外な印象を受けるものばかりであった。背後に潜む経済合理性に対する好奇心は、いやが上にも高まる。本節では、この問いを考えていこう。

結論から先に述べると、人の成長と深い蓄積を活かす原理に基づいたモデルを中国で展開する合理性は、モデルが稀少である点、模倣困難なモデルである点、原理が普遍的である点にある。以下、順に説明していく。

まず、人の成長と深い蓄積を活かす原理に依拠したモデルは、少なくとも今の中国においては、稀少なモデルであると思われる。この点については、第1、2節および本節の冒頭で記載した印象から、ある程度想像できる。

以上のような主観的な印象だけでなく、客観的な証拠となりそうな事実もある。中国における市場の流動性の高さ、という事実である。市場の流動性とは、かいつまんでいえば、「市場全体として見た場合の、取引相手（契約相手）の変更頻度」である。取引相手には、顧客や外注先だけでなく、被雇用者も含まれる。

人の成長を活かすという原理を実行するためには、厳選・長期・教育・共栄の原則に基づいた、人とのインターフェイスが不可欠である。市場の流動性が高いということは、多くの企業や顧客、被雇用者が短期的な取引をしていることを意味する。短期の付合いで、成長につながる教育を行うことは難しい。そして、前節で述べたように、人の成長がなければ、（日本での）深い蓄積を活用することも困難となる。

人の成長と深い蓄積を活かす原理に依拠したモデルは、現時点で稀少なだけでなく、模倣も難しい。少なくとも、日系以外の企業にとっては、困難である。その主な原因は、モデル全体の整合性の確保、時間をかけて人を教育する必要性、中国市場の流動性の高さ、原理に基づいた仕組みとその運営に関する蓄積の少なさ、にある。

本章の冒頭で説明したように、ビジネスモデルをきちんと機能させるためには、各々の仕組みを定めた原理のもとで有機的に連結させなければならない。それは、すでに別の原理で戦ってきた他社が模倣するには、仕組みの一部だけでなく、大部分を変えなければならないことを意味する。

また、かりに仕組みや制度の大幅な変更を完了したしても、それらを機能させるまでにさらに時間がかかる。機能するために不可欠な人の成長には、長い時間が必要だからである。

中国では、こういったモデルや原理の特性がもたらす困難さに、環境が生み出す困難さが上乗せされる。企業の活動は、自社が身を置く市場環境の特徴に、大きく影響を受ける。企業自身の特性だけが、活動の方向性を規定する要因ではない。まわりが短期雇用・短期取引を採用している市場環境の中で、厳選・長期・教育・共栄の原則へと転換するには、相当なエネルギーが必要であろう。

原理を導入しにくい特徴を持つ市場環境であっても、過去にそれらの原理に基づいた仕組みを構築し、運営していた経験があれば、導入の難易度は低下する。だが、日系以外の企業においては、人の成長を活かす原理に基づいたモデルを構築・運営した経験を豊富に持つ企業は、少ない。その大きな原因の一つは、再び、市場の流動性の高さに求められる。流動性が高いのは、中国だけではない。欧米でも、韓国・台湾でも、傾向はそれほど変わらないからである。

原理の普遍性

稀少かつ模倣困難であり、持続的な差別化につながりやすくても、モデル自体が移植する国の特徴に適合するものでなければ、成功にはつながらない。原理の中国への適合性については、どうだろうか。

結論をいえば、人の成長と深い蓄積を活かす原理は、中国にも適合する普遍的な原理である。

事例分析篇の五社の中国におけるサクセスストーリーが、まさにその証拠である。日本で構築した人の成長を促すためのさまざまな仕組みという深い蓄積は、中国でも活用することができた。それらの仕組み等を活用し、しっかりとした教育をすると、中国の顧客も日本での深い蓄積が活用された高機能な製品やサービスのよさを認識できるようになっていった。販売店の人々もそれらのよさを認識し、うまく伝えられるように成長していった。また、販売店、自社の従業員、部品サプライヤーの製品・サービス供給能力も、向上していった。

「時代がどのように変わろうとも人間の本質は変わらない（略）私は人間の本質は洋の東西を問わず同じであり、京セラの経営哲学も普遍的なはずである。だから、こちらが純粋な気持ちで、誠意を持って話をすれば必ず受け入れてもらえる」（稲盛［二〇〇二］三-七頁。本書第7章より）。

事例分析篇で取り上げた京セラの稲盛和夫の言葉は、人の成長と深い蓄積を活かす原理に普遍性があることを示唆している。どの国の人でも、人は成長するのである。そして、成長を前提にすれば、過去の深い蓄積は、どの国でも活用可能なのである。

異なる原理の採用が生み出す懸念——日本企業への示唆

日本企業の成功ケースである事例分析篇の五社の中国展開モデルの背後には、「人の成長と深い蓄積を活かす」という原理が流れている。これらの原理に基づいたモデルを中国で展開する合理性は、稀少性、模倣困難、普遍性にある。本章全体の結論を一言でいえば、このようになるだろう。

だからといって「中国展開を行うすべての企業が、五社と同じ原理を採用すべし」と主張するつもりはない。実際に、五社とは異なる原理によって成功を収めている企業も存在する。「その時点の人の嗜好や能力の水準に合わせる」「新しいものをゼロから構築する」といった原理に依拠したモデルを展開している企業である。欧米、韓国、台湾、中国ローカルの企業においては、こちらの原理で成功している企業のほうが多いかもしれない。

成長や蓄積は、たしかに、人間や社会の本質的な現象である。しかし、ワンオブゼムである。変わらない個性や創造的破壊もまた、人間や社会の別の本質的な一面を表している。ビジネスモデルの構築においては、「どの本質を原理として採用するか」が、優劣を生むことはない。

ただし、日本企業に関していえば、事例分析篇の企業とは異なる原理を採用した場合、いくつかの懸念が生まれうる。本章の議論に基づいて論理的に推測すると、一般論としては、そういえそうである。

最後に、この点に、インプリケーションという位置づけで触れておこう。

異なる原理の採用によって生み出される懸念は、少なくとも二つある。一つは「激しい競争に巻き込まれる」という懸念である。

中国には、人の嗜好や能力水準に合わせる原理によって活動している企業が、すでに数多く存在する。また、市場の流動性が高い中国は、こちらの原理に依拠した企業が次々と生まれやすい環境でもある。

その一方で、日本市場は、昔から世界でも稀な流動性の低い市場であった。それゆえに、人の成長を活かす原理に依拠する企業が生まれやすく、実際に多くの日本企業は、日本ではそれらの原理に基づいたモデルを構築・運営した経験を蓄積してきた。日本企業には、意識的ではないにせよ、人の成長を活かすモデルの中国展開を容易にする深い蓄積が、すでに存在するのである。こういった蓄積は、他国の企業にはない。

これらのことを踏まえると、中国で異なる原理を採用することは、原理の観点においては、相対的に自社の強みを活かしにくくかつ競争相手も多い世界に自ら飛び込んでいくことを意味するだろう。

もう一つは「モデル全体の整合性が失われる」という懸念である。上述したように、日本企業には、日本における過去の営みを介して、人の成長を活かす原理が、DNAとして刻まれている。それゆえに、人の嗜好や能力水準に合わせる原理を採用したつもりでも、意識せずについつい人の成長を活かす原理に基づいた仕組みを組み込んでしまいがちとなる。また、多くの人間には、過去の蓄積を活用する習性が備わっている。それが前述の傾向に拍車をかける。原理がぶれるとモデルの整合性が失われるのは、いうまでもない。

日本企業が中国展開をする場合、人の成長と深い蓄積を活かす原理とは異なる原理を採用することは、思いのほか骨の折れる課題を生み出すのである。

YKK　変わる比重、変わらぬ原理

世界の縫製工場、その中での活躍

YKKは中国でファスニング（＝ファスナーやスナップ・ボタンなど）事業とAP（＝建材）事業を展開している。この事例では、同社のファスナービジネスに焦点を当て、中国展開モデルの基礎構造を把握し、その背後に流れる原理を考察していこう。

YKKは、かなり以前から中国で事業を展開していた。一九七五年ごろには日本からの輸出を開始し、九二年には上海YKKジッパー社を設立し、現地生産を開始していた。その後、一九九五年に大連YKKジッパー社とYKK深圳社を、二〇〇四年にYKKスナップファスナー無錫社を設立し、一〇年には上海に新工場を建設、事業を拡大してきた。また、二〇〇二年には、製造機械の部品加工や組立て、製造ラインの問題解決を主とする蘇州YKK工機会社も設立している。

中国は世界の縫製工場である。生産規模が圧倒的に大きい。また、競争相手も圧倒的に多い。中国にはファスナーメーカーが二〇〇〇社以上も存在するといわれている。残念ながら、中国におけるファスナー産業の規模や各社のシェアを正確に把握した統計は存在しない。だが、YKKのファスニング事業の全社的な売上高営業利益率は、中国の業績を含めても、ここ数年常に一〇％前後を維持している。成功事例として取り扱ってよいであろう。

高品質，バリエーション，短納期，小ロット

ビジネスモデルの基礎構造のうち，狙っている顧客層と訴求ポイントの確認から始めていこう。

YKKの中国における大口顧客は，グローバル展開をするファストファッションメーカーやスポーツウェアメーカー等である。それらの顧客に対し，YKKは，製品と補助的サービスを訴求ポイントの核に据え，注文獲得を試みている。

より細かくいえば，YKKの訴求ポイントは，高品質，製品バリエーション，商品開発力，納期対応，小ロットの組合せという形にまとめることができる。これらのコンビネーションは，他社との差別化要因にもなっている。

高品質ということには，ファスナーの壊れにくさ，色落ちのしにくさなどといった基本的なことだけでなく，品質の均一性や環境に配慮していることなども含まれる。一昔前，中国においては，「ジッパーは壊れるもの」というのが常識で，アパレルメーカーは「ボタンならいつでも付け替えられる」という理由で，ジッパーが使用できる部分にもボタンを使用していたという。そういった環境の中でYKKは，たとえば開閉回数が平均八〇〇〇回程度の服飾に対しても，スタンダード品であれば一万回程度の耐久性が備わっているファスナーを投入しているとのことである。また，材料についても十分配慮するなど，安心安全を提供している。

製品バリエーションは，エレメント（金属や樹脂でできている噛み合う部分）については素材（金属・樹脂など）や形状・表面処理の面で，テープ（エレメントと服飾をつなぐ部分。主にポリエステルなどの合繊）については素材や製法によって，スライダー（ファスナーを開閉する際に動く部分）においては機能や形状・表面処理・製品区分・特殊使用等によって，非常に多くの区分けが存在する。とくに

色のバリエーションは、驚きに値する。基本色だけで五八二色もあるのである。それに加え、顧客の要望に応じて細かい色の調整を行っているため、それらをすべて足し合わせると数万色以上の色があるという。

ＹＫＫでは注文の七割以上の染色を、受注してから開始する。納品までのリミットは上海社では一～二週間である。その短い時間の中で顧客と話し合いながら色を決める。また、顧客が気に入る色がなかった場合は、新しい配合を考え、つくり出す。

受注可能な最小ロットもきわめて小さい。ファスナーの納入に際して、一回の注文当たりの受注量は数千本単位が多いが、ＹＫＫでは要望に応じ数本～数十本という単位での受注も行っている。見込みの大量生産であれば、競合他社も同じ色を提供できるかもしれない。しかし、高品質を保ちながらこれほどの小ロットかつ短納期の受注生産を行うことは、他社には不可能である。

一時期ＹＫＫは、中国の内需に求められるコストに合わせるべく、二〇〇三年に、YKK®とは別のArcFastening®という中国内需限定のセカンドブランドを立ち上げた。ArcFastening®の価格はＹＫＫブランドの数分の一程度である。だが、現在、全体の売上げに占めるArcFastening®の割合は小さい。また近年は、中国市場の成熟に伴い、ArcFastening®の顧客のＹＫＫブランドへのシフトも起きている。

中国では直販、他の海外でも直販

次に、サプライチェーンにおける企業間分業の基礎パターンを見ていこう。

ＹＫＫでは、材料から製造設備・製品に至るまでの一貫生産体制を採用しており、製造と販売（営業）についても自社で行っている。ファスナーは最終製品である服飾から見れば部品であるが、ファスナー自体も、前述したように、スライダー、エレメント、テープといったサブパーツで構成されている。それらサブパーツの製造も、すべて自社で行っているのである。

販売（営業）の部分に関しては、日本と中国で違いが見られる。日本ではグループ内に販売会社があり、体制が整っているが、中国では直販が主体である。シェアが低い、新規顧客開拓が必要、顧客に非日系が多い、顧客の企業規模がきわめて大きい、などが直販を選択している主な理由である。ちなみに、日本ではＹＫＫは九割以上（金額ベース）のシェアを有する。

日本以外の国においても、中国と同じ理由で、直販が主である。とくに、一昔前のアメリカと数年前までの中国は、状況がかなり似ていたという。ＹＫＫはアメリカにおいても、一九九〇年代までにグローバル展開をしていたジーンズメーカーやスポーツファッションメーカー等をメインの顧客に設定し、ゼロからシェアを獲りにいくという経験をしているのである。

基礎開発とコアパーツは日本で、アレンジと製造は中国で

国際分業についてはどうであろうか。

一部のコアパーツについては、ＹＫＫは日本を中心とした集約生産を行っている。銅合金ワイヤーは、その一例である。銅合金ワイヤーとは、ジーンズ用などの金属ファスナーのエレメント部分の材料である。棒材に加工が加えられた状態の部材であり、それらの製造工程に高耐久性の肝がある。中国で使用する銅合金ワイヤーは、高品質を保つという観点からも、材料調達から製造までを日本が担っている。

製品開発に関連する活動の中でも、顧客ニーズの収集や製品のアレンジは中国現地で活発に行われていた。染色のアレンジは、その代表例である。色の選択は、受注した後に顧客とのインタラクションを

通じて行われる。日本でやっていては、一〜二週間の納期には間に合わない。

だが、たとえば色の配合の回答を導き出すデータベースの構築やデータの分析・解析といった基礎開発に関連する部分は、日本が担当している。あるいは、日本や他国での対応を通して蓄積された情報ストックを利用して、中国現地で行われている。また、止水ファスナー等に代表される、世界共通のコアとなる製品機能の基礎開発を行っているのも、日本である。

工程設計に関しても、情報の収集やアレンジは中国、基礎設計は日本、という分業関係がとられている。

中国と日本では生産量が圧倒的に異なる。量産に関しては、中国のほうが最先端を行っている。それゆえに、日本と中国では、市場の違いにより、必然的にものづくりのやり方に違いが出てくる。日本に入っていない製造・検査機械を中国ではじめて導入することも、多々あるそうである。したがって、中国などの海外で使用する機械を日本で開発する場合には、機械の開発者が製造現場に入り込み、その実態を深く理解し、関連する情報を逐一豊富に収集し、日本で共有することが不可欠となる。この点は、作業者が安心して運転できる機械をつくるためにも、必須である。

また、上述したように、YKKでは短納期と高品質の合わせ技を差別化要因にしている。それゆえに、製造装置を補修または改善しながら、素早く現地に供給していく必要性が出てくる。現在、蘇州YKK工機会社の主な機能は、まさにこれらの要求に応えることにある。同拠点は、たとえば、機械を構成する部品の加工や消耗部品の製作・供給を主に担当し、一部の製造機械の組立ても行っている。機械部品の加工や機械組立てを中国で行う最大の理由は、スピード対応にある。コストカットではない。なお、部分的な装置の改善や現場情報の収集・伝達については、蘇州YKK工機会社だけでなく、現地の各ファスナー工場でも行われている。

だが、工程の基礎設計に関する活動については、やはり日本が担当している。工程の基礎設計とは、ファスナー製造ラインの基本構想や各工程のおおまかな流れ、および個々の製造や検査のための機械を設計する活動をさす。YKKは、競合他社とは異なり、製造機械を内部で開発している。そして、中国だけでなく世界中の工場で使用される工程の基礎設計を日本で集約して行い、海外各地に展開するという手法を採っている。主要な機械の製造は、蘇州ではなく日本の工機部門が担っている。日本で過去に開発した技術の水平展開も図っている。なお、これらのことは、ものづくりにおける機密の保持と中国における高い競争力の構築を両立させる工夫にもなっている。

社員には人間くさく、社員以外にも門戸を開く

トピックを、人とのインターフェイスの設計原則に移そう。前述したように、YKKは中国では製品の製造だけでなく販売（営業）も自社で行っている。したがって、中国に存在するのは顧客と製造現場の従業員とのインターフェイスが中心である。ここでは製造現場の従業員とのインターフェイスに焦点を当て、背後にある原則を探っていこう。

ファスナー工場で最も単純な業務を行う職歴の浅い作業者の現状だけに着目すると、一見、厳選・長期・教育・共栄という原則があてはまらないように見えるかもしれない。彼らの離職率は、年六割を超えるそうである。しかし、これらの作業者はYKKの社員ではなく、大半はいわゆる派遣契約の従業員とのことである。

YKKの社員であるファスナー工場の従業員に視点を移すと、結果は一八〇度転換する。同社の社員

である現場従業員は、基本的に全員、日々の作業のアレンジや管理に何らかの形で関与している。作業標準通りの物理的な活動がメインの作業員とは、一線を画しているのである。彼らの離職率はきわめて低く、ほとんど辞めないとのことである。

より象徴的な事例は、蘇州YKK工機会社に数多く存在する。蘇州は、製造機械の生産や製造ラインのエンジニアリングを担当する拠点であり、多くの社員が管理職に該当するといえる。

同拠点の年間離職率は、一割を切っている。教育も相当熱心に行われている。たとえば、全従業員一四〇数名中約四〇名が、日本での研修を経験している。研修期間は一回当たり平均で半年ほどである。また、日本拠点から蘇州への出張ベースの技術指導も、活発になされている。設立から現在までの一〇年間で、じつに一九七名が、延べ日数で一万二二〇〇日も、蘇州へ出張に来ているのである。これらのデータに現地駐在者は含まれていない。日本語を通じた教育も盛んである。自主的な勉強会には全員が参加している。日本語は、日本の工機部門とのやり取りで、彼らから受けたアドバイスの意味をより深く理解するために必要だからである。

さらに驚くべきは、会議のやり方である。多くのミーティングが日本語と中国語の併用で行われている。筆者らが訪問した際、品質保証に関する中国人同士のミーティングで使用されたメモが、ホワイトボードに残っていた。文字の約八割が日本語、二割が中国語であった。中国人は、日本語でも漢字だと大筋の意味は理解できるそうだ。

製造現場にも、日本の地方にある中小企業を彷彿させる、いやそれ以上に「日本的」な空気が流れていた。さまざまな所で、先輩が後輩に付きっ切りで指導している光景が見て取れた。見学していると、全員が必ず強制的な印象を感じさせない柔らかい表情で「ニーハオ」と挨拶をしてくれた。

仕事以外の交流も盛んである。運動会、バーベキュー、家族交流会、マラソン大会への共同参加等々、さまざまなイベントが組まれている。会議室で社内旅行の反省に関する資料を見せてもらった。北京四泊の旅には一四〇数名中一二六名が参加した。「食事があまりよくなかった」「北京までの移動の高速鉄道が疲れた」……。反省点が仕事のプレゼンテーション資料と同じようにパワーポイントで書かれていた。YKKでは、こうした要望の改善も大切だと考えられているのである。

蘇州YKK工機会社では、ストライキは設立以来一度も起きていない。尖閣問題が勃発した後も、起きなかった。アテンドをしてくれた陳昭華は、「三年以上働いたら蘇州工機が絶対に好きになる」と、いきいきと説明してくれた。陳は、昔、ソフトボールの中国ナショナルチームのコーチをしていた。日本の体育大学への留学経験もあり、ソフトボールチームのコーチとしてYKKに入社し、コーチを辞めた後、中国拠点へ異動した人物である。

YKKは、自社の社員ではないファスナー工場の従業員に対しても、何もしていないわけではない。たとえば、人材育成策として「製造機械をいったんばらして、組み直させることで、機械を理解させる」活動を行ったり、面取り等の基礎的な技術を習得させる機会も設けている。さらには、旅行や忘年会も行っている。上海社のファスナー工場の従業員は二〇〇〇名に上る。それゆえ、旅行は二〇〇〇～三〇〇名の班を構成し、何回かに分ける形で行われている。

社員ではない従業員が自社の社員となる道筋も作られている。たとえば、ファスナー工場のリーダークラスは、単純作業の出身者をメインに構成されているそうだ。それらの出身者のほうが、はじめから技能職として外部から雇用した人々より多いとのことである。

一方で、各製造工程の機械化も進めている。検査工程の機械化は、その一例である。中国でも、最新鋭のモニターを使用したりすることによって機械化を試みている。機械化が進めば、当然、工場全体における単純作業者の比率は低下するだろう。

YKKは、「社員には人間くさく、社員以外にも門戸を開く」というスタイルで、厳選・長期・教育・共栄という人間くさいインターフェイスの設計原則を、ものづくり現場に導入しているのである。

変わる比重、変わらぬ原理

以上で把握した基礎構造に関する実態をもとに、YKKの中国展開モデルの背後に流れる原理を、事例分析篇の五社の分析結果と比較する形で考察していこう。

結論からいえば、YKKの中国展開モデルの背後にも、事例分析篇で取り扱った企業と同様、人の成長と深い蓄積を活かす原理が流れていた。

YKKでも、製品や工程の基礎設計に関しては、今でもその大半が日本で、あるいは日本の過去の蓄積を利用して中国現地で、行われていた。銅合金ワイヤー等の一部のコアパーツも、日本から輸入していた。そして、そういった日本の蓄積を利用することが、中国でも高品質、製品バリエーション、短納期、小ロットのコンビネーションで勝負することを可能にしていた。YKKにおいても、日本の深い蓄積は、ふんだんに活用されていたのである。

人の成長を活かす原理に依拠している形跡も見られた。YKKでは、製品設計や工程設計のアレンジに関する業務を現地に任せ、社員に対しては厳選・長期・教育・共栄という原則でインターフェイスを設計していた。

ただし、YKKと事例分析篇の五社の間には、比重の面で違いが見られた。人の成長を活かす原理と深い蓄積を活用する原理のどちらにより強く依拠するか、ということについての比重である。五社と比べた場合、YKKは、深い蓄積を活用する原理のほうにより強く依拠していた。これが、もう一つの結論である。

比重の違いは、基礎構造の異なる部分に浮彫りになっている。YKKと事例分析篇の五社の基礎構造は、大部分では共通している。しかし、企業間分業構造と厳選・長期・教育・共栄の原則に基づいたインターフェイスを強く適用する範囲に関しては、違いが見られる。すなわち、五社は部品製造と販売（営業）を他社に任せていたのに対し、YKKではどちらも自社で行っていた。また、五社は大半の現場従業員に対して厳選・長期・教育・共栄の原則に基づいたインターフェイスを構築し適用していたのに対し、YKKでは自社の社員を中心に強く適用する対象としていた。

中国現地にアウトソーシングする業務が減り、厳選・長期・教育・共栄の原則に基づいたインターフェイスの適応範囲が狭まれば、当然のことながら、人の成長を活かす原理へ依拠する度合いは下がる。ただ、YKKは、その下がった部分を、二つの原理とは別の原理に依拠するのではなく、深い蓄積を活用する原理への依存度を上げることによって、補っている。

部品製造については、上述したように、輸入という形で日本の蓄積を利用している。現地で生産する部品に関しても、これまで蓄積してきたものづくり能力を多大に利用しているだろう。販売（営業）に関しても、過去の付合いを通じて行われたさまざまな蓄積を利用していることが予想される。というのも、たとえばグローバルに展開するファストファッションメーカーやスポーツウェアメーカーは、彼らが生産を中国の縫製工場に委託する以前から、YKKのファスナーのユーザーであったからである。

自社での製造についても同様である。YKKの製造工程は、事例分析篇の五社と比べ、とりわけ組立工程においては機械化が進んでいる。機械が製造を担当する度合いが高まることは、機械の基礎設計を担当している日本拠点および日本の過去の蓄積に依存する度合いが上昇することを意味するだろう。

顧客の特徴やものづくりのやり方が異なれば、「どちらの原理により強く依拠するか」には違いが出てくる。しかし、「どの原理に依拠するか」には違いはない。変わる比重、変わらぬ原理。上で行ったYKKと事例分析篇の五社との比較考察の結果は、中国展開を試みる日系企業に対して、このようなことを示唆しているのかもしれない。

＊ この事例は、故天野倫文先生が行った調査をもとに、筆者が追加調査を行い、原稿にまとめたものである。

第12章

ビジネスモデルの再構成

環境を知り、環境を変えながらの翻訳

首藤聡一朗

1　事業のあり方の再構成

事業の具体的姿＝環境×事業コンセプト

第3部・論理構築篇のこれまでの各章に共通して見られる一つのメッセージは、日本で培ったものを中国展開においても活かすことが成功につながるというものであった。詳細については繰り返さないが、それらの議論は、日本と同じ事業コンセプト[i]で事業を再構成することが成功につながりうる、とまとめることができよう。

ただし、日中で共通しているのはあくまでコンセプトであり、現実の事業のあり方に関してまったく同じというわけではない。たとえば、製品に関して、ヤクルトの味は中国向けに甘く仕上げてある。また、日産の車も車幅が広かったり、内装が派手であったりする。

また、ビジネスモデルに関しても日中で違いが存在する部分はある。たとえば、クボタの中国における「連合サービス」とまったく同じものが日本にも存在するというわけではない。コマツに関していうと、中国では一次代理店がメンテナンスを行うのに対して、日本では代理店ももちろんメンテナンスを行うが、自社内にもメンテナンスを行うサービス部門を抱えている。

しかし、製品やビジネスモデル全体を見れば、まったく違うものというよりは部分的なカスタマイズやアレンジと捉えられるものである。新しいヤクルトを中国向けに開発したわけではない。それは日産でも、中国向けだけに販売されている車種がないという意味で、同様である。ビジネスモデルに関しては、たしかに外形的には大きな違いが存在する。しかし、日本のクボタにおいても顧客のダウンタイムを最小化させるというコンセプトの「サービス宅急便」は存在したし、メンテナンスを行うサービスステーション網の構築にも力を入れていた。コマツに関しても、メンテナンスを行う主体に違いはあっても、そのネットワーク構築と自社内外のサービス技術者の養成に力点を置くという基本的な考えに違いはない。

コンセプトは同じ、しかし外形的には部分的に中国向けにアレンジされた形で事業が再構成される。これは、伊丹［二〇〇九］が提唱した「制度・慣行＝環境×原理」という方程式を考えると理解しやすい。どこの国のどの企業でも経営の制度・慣行を自分で作るが、その制度・慣行は「環境」とそうした制度や慣行を考える際に人々が用いている「原理」との掛け算として決まっているというのである。この方程式をこれまで使ってきた言葉で置き換えると、「事業の具体的姿＝環境×事業コンセプト」となる。

日本と中国では企業を取り巻く環境に異なる部分が多々ある。そのため、同じ原理・コンセプトでも、具体的に表れる事業のあり方、たとえば製品やビジネスモデル、は異なってくるのである。

見方を変えると、同じコンセプトで勝負するためには、環境に合わせて製品やビジネスモデルの一部は変化させないといけないということもできる。上記の方程式で考えれば、異なる環境の中で制度・慣行が同一ということは、原理のほうに違いがなくてはならないからである。さまざまな環境が日本とは異なる中国で、自らが過去に蓄積した蓄積を活かしていくためには、事業の具体的姿をそのまま移植するのではなく、事業コンセプトレベルに立ち返り、それを中国で実現するためにはどうすればよいかを考えて変えるべき部分は変えていく、いわば翻訳のプロセスが必要なのである。

それでは、日中で同一のコンセプトで事業を行うにあたってどのように製品やビジネスモデルを再構成していったのであろうか。これが本章の中心的な問いの一つ目である。

製品のカスタマイズ

本書の事例の中では、前述のヤクルトや日産のように製品にカスタマイズを加えて中国展開しているものが多い。同じ市場—製品ポートフォリオを狙おうとしても、日中の顧客の性質はまったく同一ではないことが多いためである。

消費財では、デザインや味などに関して中国の顧客の趣味・嗜好に合わせたカスタマイズが行われている。日産やヤクルトが典型的である。ほかにも、ダイキン工業ではフェラーリレッドのものや、結婚式や子どもの写真が前面パネルに印刷されたエアコンを販売している。

生産財では、耐久性の強化が見られた。クボタは、現地企業の七～八倍の耐久性を誇るコンバインを中国に投入している。コマツも、基本的には中国でのみ販売する建機はないものの、代理店において耐久性を向上させるアドオンを行っている。

耐久性強化の理由としては、自然環境や道路・水道などのインフラ、およびマクロ経済の違いがある。まず、中国は国土が広いため、とくに製品自体が自走できるもので顕著であるが、生産財をより酷使できる可能性を持つ。たとえば、クボタが耐久性を強化した理由は、中国は南北にも広いために収穫の時期がずれ、そのため一台のコンバインが年間三〇〇〇キロメートルも移動しながら使われ続けるからである。このような広範囲を移動しての利用は、コマツの建機でも見られるという。

また、インフラが日本ほど整っていないためその使用環境が過酷になる傾向にある。たとえば、コマツの建機に関していえば、現地で使用する水や油に不純物が混じっていることがあるので、その対策のために代理店で改造を行うことがあるという。

さらに、日本と比較した場合、中国は、少なくとも今日までは、急激な経済成長を遂げてきた。ときにはその供給が追いつかないほど右肩上がりに需要が伸びていたため、コンバインを使う賃刈屋も建機を使う建築事業者もフル稼働であった。そのため、同じ日数でも中国のほうが圧倒的に使用時間が長くなる傾向にあった。

これらの理由によって耐久性の強化が顧客から求められたのである。

そして、消費財においても生産財においても、事例の複数の企業では製品の基本的コンセプトの維持を大前提として、コスト削減のためのアレンジを行っている。機能を落とした中国向け廉価バージョンありきということでは決してない。基本的コンセプトを維持したまま、上記のカスタマイズを加えた上で、製品の機能水準を維持しつつコストダウンをするために、製品設計の見直しを行っているのである。たとえば、ダイキン工業では、部品のスペックの見直しを行い適正な基準に下げた。また、クボタでも本質的機能を果たす部品と副次的機能を果たす部品を改めて切り分けた上で部品点数の削減を進めた。

もちろん、われわれが調査した企業以外に廉価バージョンありきで成功した企業が存在する可能性は否定できない。しかし、YKKによる低価格帯を狙ったセカンドブランドがさまざまな波及効果はあったとしてもそれ自体はうまくいかなかったことが、その難しさを物語っているように思われる。

ビジネスモデルの再構成

ビジネスモデルはビジネスシステムと収益モデルから成り立つが、まずビジネスシステムに関して考えると、これも製品と同様に中国の環境に合わせる形で再構成する必要がある。

まず、顧客の違いに合わせるためのアレンジが存在する。とくに、補助的サービスの提供に関連してである。顧客とのインターフェイスを伴う補助的サービスが必要で、補助的サービスを顧客に合わせて変えた場合には、ビジネスシステムにもアレンジが必要となる。

典型的には、クボタの「連合サービス」である。顧客が広い範囲を移動するため、日本とは異なる仕組みを構築する必要があった。またヤクルトでは、顧客が訪問販売から法的・セキュリティ的に守られているため、飛込みでの新規顧客開拓が行えず、既存顧客からの紹介や試飲などのアピール活動によって許可を得てから訪問していた。ダイキン工業の例でいえば、中国では施工主ではなくマンション入居者自身がエアコンを設置するため、一般の人に直接的にアピールするソリューションプラザを日本より五年以上も先駆けて開設していた。

また、サプライヤーや流通業者などといった協力企業の違いに合わせたアレンジも必要となる。日本と中国とでは、協力企業およびその候補の技術レベルやものの考え方が異なることが多いため、日本と同じではうまくいかないことがある。そのため、第8章で指摘されているように、品質や収入の管理のためにコントロールを強化する方向でアレンジしている。

第8章ではビジネスシステムの川下に関して詳細に述べられていたが、川上においても品質管理の面では同様である。たとえば、ダイキン工業のコンプレッサー部品のように、日本においてはサプライヤーに供給してもらうものを、内製することがある。また、サプライヤーから受け入れる部品に関してのチェックに、より手間をかけるということもある。日本ではサンプルチェックだが中国では全数チェックなどといった類の話は、他の企業からも聞かれた。さらに、京セラドキュメントソリューションズは、サプライヤーの生産現場にまで入り込んで、外注先の工程で品質を作り込むということまで行っている。これは、一般的に日本でも行われていることではあるが、同社の日本工場よりも中国工場のほうが、より厳しい形での管理だという。

あるいは、協力企業の不足に対応してビジネスシステムにアレンジを加えた企業も、事例の中には存在した。たとえば日産は、中国には日本のように優良なサプライヤーが数多く存在するというわけではないため、系列を超えてより広い範囲から長期継続的協力企業の候補を募っている。またダイキン工業では、まず部品を納入してもらい検査してから代金を支払うという契約にしているため、やる気のあるところであれば零細企業でも取引に入り込めるようになっているのだという。

労働市場という環境に対するアレンジも重要である。良い悪いの問題ではなく、日中両国の労働者には異なる部分がある。異なる部分を持つ従業員にビジネスシステムを担ってもらうためには、ときとして工夫が必要となる。

一つの方策として、工程の仕組み化・自動化を進め、労働市場が異なってもその影響が大きくならないようにするというものがありうる。たとえばYKKでは、相対的には日本より賃金が安い中国の労働者に検査を行わせるのではなく、機械化を進めている。ヤクルトでも、生産工程の自動化が進められているという。これは、必ずしも労働市場の影響を小さくするために行われたアレンジではないが、結果としてそのような効果も生じさせている。

収益モデルに関していえば、これまで述べてきたようなアレンジの結果として変化している面が、まずある。たとえばYKKは、日本とは異なり、中国では直販体制をとっているが、このビジネスシステムの変化は収益構造の変化にも当然つながっているであろう。また、複数の事例に見られたように、製品の高耐久化や検査の徹底等のため、よりコストがかかってしまうようになるということがある。そして、それらのコスト増を打ち消そうとするかのように、部品の見直しなどによるコスト削減も進められている。

また、日本とは顧客や協力企業といった環境が異なるゆえに、収益モデルに関するアレンジが必要になることもある。典型的には顧客である。日中で製品・サービスの購入者が異なることがあり、誰から対価を受け取るのかという面でこれは収益モデルの違いと考えることができる。日本にはない賃刈屋への販売（クボタ）は、典型例であろう。コマツも、日本においてはレンタル分野でも大きな収益を上げているが、中国においてはそれはまだ大きくない。

さらに、提供する製品・サービスの何で収益を上げるのかも、日中で異なることがある。たとえば、コマツは日本では補修部品でも利益を上げているが、中国においてはその割合はまだ相対的に小さい。顧客が現地企業の代替品を使ってしまうためである。あるいは、ダイキン工業は、自社製品だけではなく他社製品の修理も行っている。その目的には、ブランドイメージの向上や、競争の焦点を安さではなくアフターサービスも含めた意味での品質に持っていくなどの狙いがあると思われるが、同時に、修理からの収入がより多くなるという結果も引き起こしている。

供給業者や流通業者に対する利益の分配に関しては、共存共栄のために協力してくれるのであれば、ともに儲かるというコンセプトで考えている点は、日中とも同一である。しかし中国では、それらの協力企業に関してコントロールを強化する必要があるため、ダイキン工業やクボタの例で典型的に見られるように、協力業者の利益には一見つながらないと考えられてしまいがちな設置や修理といった補助的サービスを行うことで、協力企業に利益が入るようなインセンティブ設計をより明確に行っているようである。

ほかにも事例の中には、中国では商習慣の違いから代金を回収できないというトラブルも、ときとして起きてしまうことが考えられるため、そのリスクが発生しないようにビジネスシステムへアレンジを加えている企業も存在した。ヤクルトは、中国では、定期購入の場合も受渡しの都度の現金払いの形をとっている。前述の、ダイキン工業による、部品の検査が終わってから代金を支払う仕組みも、このリスク軽減に寄与している。

2 展開プロセスでの環境情報蓄積と環境創造

環境を知り、環境を変えながらの再構成

これまで、事業の具体的姿＝環境×事業コンセプトという考えに則って、①少なくとも本書で事例として取り上げた企業の多くは中国展開に際して事業コンセプトを維持し、②その上で中国という日本とは異なった環境に合わせるため製品とビジネスモデルという事業の具体的姿をアレンジした形で再構成した、という点について整理してきた。

本書はこれからの中国展開を考えている、あるいは今まさに中国展開を行っている人々が手にとることが多いと思われるが、そのような読者がこれまでの議論に関して疑問に思う点が、二つあると考えられる。

一つは、環境に合わせて具体的姿をアレンジするといっても、環境がどのようなものかがわからないというのが問題なのだ、という点である。日本にとって中国は隣国ではあるが、それでも事業の具体的姿のアレンジを考えるために必要な情報が事前に十分に揃っていることは稀であろう。

もう一つは、制度・慣行＝環境×原理という方程式は本当に中国展開にも応用できるのか、という点である。詳細についてはわからないまでも、日中の環境がさまざまな面で大きく異なっているということについての異論はないであろう。そして、上記の方程式から考えると、事業コンセプトが同一の場合、

具体的姿は環境の違いに比例して大きく異なることが論理的に想定される。にもかかわらず、その違いは、環境の違いほど大きくなく、これまで述べてきたようなアレンジといってよいレベルにとどまっている。これは、「事業の具体的姿＝環境×事業コンセプト」という方程式が誤っている可能性を示唆する。

これらの疑問が生じるのは、これまでの議論では、中国展開がある程度進んだ一時点における事業の具体的姿を述べてきたためであろう。本書の事例の企業においても、中国展開はまだまだ途上にあるとは考えられるが、それでも現在の事業の姿は展開当初とは比べものにならない。最初から現在の姿で展開したのではなく、地道に作り上げていったのである。

そのプロセスにおいて、現地の情報を蓄積していき、それを事業の具体的姿へフィードバックしていった。あるいは、環境を変化させていった。事業コンセプトのみならず、事業の具体的姿そのものにも日本と大きな違いが出ないように、環境を変えていったのである。

本書の事例企業は、環境を知り、環境を変えながら中国において事業を再構成していった。そのプロセスの共通点にはどのようなものが存在するのか、これが本章の中心的な問いの二つ目である。

現場の徹底観察と「任せて任さず」の情報的意義

環境を知るということに関する共通点として、まず徹底した現場観察があげられる。

たとえば、実際に展開する以前に行われる市場調査がある。ダイキン工業では、市場参入にあたって、まず上海の町並みを徹底的に歩いて何が求められるのかを考えたのだという。またコマツでも、後に中国総代表を務めることになる人物が建築現場を見て回ったという。

少なくとも事業コンセプトを維持して中国展開するにあたって，アンケート調査は現場観察より役に立たないと考えられる。同様の製品が中国市場に普及していないことが多く，顧客にとっても未知数なため，それが必要かどうかなどと訊かれても正しく答えられないためである。

現場観察の際に重要なのは，競合の製品が売れているかどうかではなく，その時点では必ずしも主流ではない自社製品の潜在的需要がどれぐらいあるかを，中国の人々の営みを観察しながら見抜くことである。ダイキン工業の例でいえば，展開当初は中国にセントラルタイプのエアコンなど存在せず，飲食店には大きな床置き型エアコンが置かれていた。それを見て，エアコンが床面積を狭めており，セントラルタイプへの置換えによって設置面積の分が有効活用できるようになれば，店側も喜ぶだろうという仮説が立てられた。コマツの例でいえば，ショベルカーが使われていなかった当時の建築現場を見ながら，ショベルカーを使えばより効率的に作業できる部分も多く，潜在的需要は大きいという仮説が立てられた。

このような仮説を立案しやすくなることからも，現場観察という調査方法がより有効であろうと考えられる。

また，製品やビジネスモデルにアレンジを加えるにあたっても，現場観察は重要である。その際，現場からの情報を正しく理解し，活用できる人間が観察を行うことが重要であろう。たとえば，製品のアレンジにおいては技術者が観察の主体として適している。何が問題かを見抜き，またその問題をすぐ製品にフィードバックできるし，さらにはしなければならないという心理的モメンタムも加えられるからである。この点は、クボタの事例に詳述されていた。技術者がコンバインの使用現場や修理現場に出向き、製品の大幅な耐久性向上や機能改善に努めたのである。このような技術者の現場観察は、コマツなど他の事例でも見られた。

しかし、事業の規模が大きくなってきた場合、観察の主体として適した人々が直接現場観察する機会をそう多くはとれなくなるかもしれない。とくに、戦略的意思決定を行うマネジメント層が、すべての現場へ常に顔を出すのは難しくなってくる。現場の情報をどのようにして得るか、そしてその伝達の仕組みをどのようにするのかをしっかり考える必要が出てくるのである。[2]

事例の多くの企業において、当初は日本人の割合が高かった企業が複数見られるものの、規模を拡大するのと並行して、ビジネスシステムに関与する中国現地の人々の割合は増えていっている。中国で事業を営む以上自然なことではあるが、以下ではその意義を、情報という観点から考えてみよう。

まず、ストック情報の取込みである。外から来た日本人と異なり、現地の中国人はさまざまな情報を持っている。たとえば、潜在的顧客に関する情報である。どのような人がこの目新しく高価な製品を買ってくれるだろうかと考えたときに、すぐに具体的な人物や組織を思い浮かべることができる。これは、原材料や部品調達に関しても同様である。

さらに、商習慣やものの考え方、そして母国語が異なる日本人が直接行うよりは、現地の人々を介したほうがコミュニケーションが促進されるという、情報のフローの面のメリットもある。このことは、コマツの事例の、なぜ現地の代理店を介するのかという点に関する記述からもわかるであろう。

しかし、前述の中国展開における協力業者に対するコントロール強化の必要性も合わせて考えると、ジレンマが存在することに気がつく。コントロールを強化するためには、自社の人間、とくに日本から来た人間が行ったほうがよいからである。

ジレンマ解決策の一つに、現地の人々に任せながらも、自社の人間の関与も残すというやり方がある。たとえば、クボタの連合サービスは、現地の販売店の人々と中国クボタの社員で構成されていた。その他の事例でも、とくにコントロールが必要な展開初期においては、自社の人間と現地の人間がタッグを組んで実際の業務にあたっていた。

このように、現地の中国人に基本的には任せながら自社の人間も現場にいる、少なくとも現場の中国人と頻繁な接触の機会を持つ、という仕組みを構築する。これは、必ずしも情報を得る目的で行っているわけではない。しかし、その仕組みゆえに、現場の中国人が持っている、あるいは仕事のプロセスで得る情報を自社の人間が得て、自社がこれまで行ってきた原理・コンセプトから解釈する。その結果、原理・コンセプトを維持しつつも現地の状況にマッチする製品やビジネスモデルのアレンジが可能になるのである。

上記の観点は、外部の協力企業に関しても、既存の有力な供給業者や流通業者に従来のやり方でやってもらうより、コマツやダイキン工業の事例にも見られたように、現時点では力不足でもポテンシャルを持つ組織と二人三脚の関係を築くことの有効性を示唆する。後者のほうが、自社の関与、および関与から生じる教育の機会が、かなり多くなるためである。

原理通りの環境創造

事例企業は、さまざまな環境を、自社の既存のあり方に整合的なように創っていった。環境は短期的には企業にとって所与であるが、中長期的には自らの働きかけによって変化させることができることもある。たとえば、供給業者を育成したり、顧客の消費行動を変化させたりすることはできる。そういったことを、ここでは「創る」と表現しているのである。

その創造のプロセスは、中国独特のものというよりも、それぞれの日本企業が持っている原理に従ったものといえる。原理だけはなく、プロセスそのものも過去のものときわめて類似していることさえある。具体的な原理は各企業でさまざまではあるが、共通する大きな傾向は、顧客に対しても、協力企業に対しても、長期的・継続的関係の構築を地道に行っていったことにあるといえる。

事業コンセプトを維持したまま中国展開する企業の多くは、顧客を創る必要にまず迫られる。類似の製品はあったとしても、自社が販売しようとするコンセプトの製品はなく、当然顧客も存在しないことが多いためである。

典型的なのは、クボタである。日本では、コンバインを農家に販売しているのに対し、中国では水稲向けの賃刈屋という顧客を創り出して販売していった。のみならず、賃刈屋に手つかずの農村を教えて過度の競争を回避させ、育てるということまでしている。高価だが高性能・高耐久のコンバインを手厚いメンテナンスとともに提供するという事業コンセプトに見合う顧客としては、当時の中国の農家は所得が低すぎた。そのため、日本には存在しない賃刈屋をターゲットとしたのである。

また、クボタほど積極的な方法ではなくても、他の事例でも啓蒙といってよいくらい顧客に対する説明を重視し、中国の人々にとっては目新しいコンセプトの製品を理解してもらうことに努めている。ダイキン工業が、日本に先駆けて大規模なソリューションプラザを作ったのも、その一例である。ヤクルトは、多岐にわたる広報活動に加えて、生産設備の自動化さえも、顧客へのアピールに使っていた。

そして、そうして創造した顧客とは、優れた製品と手厚い補助的サービスによって長期継続的関係を構築した。コマツにおいて、リピーターが他のメーカーよりかなり多いという話があったが、他の事例においても同様なことは十分ありうると想定される。

また、供給業者や流通業者といった協力企業の育成も重要である。中国展開の最初期には、活用できるような協力企業が存在しないことがあり、存在していたとしても自社のビジネスモデルに協力してもらうには技術や考え方の面などで不適切な場合もあるからである。

こういった際に、かつての日本において協力業者を育成した経験を活用することができる。たとえばコマツは、かつて日本においてサプライヤーや代理店と長期継続的関係を築き、さまざまな援助を行いながら育ててきたが、中国のサプライヤーおよび代理店に関しても同様の施策をとっている。またダイキン工業も、中国において、手厚い研修や自社営業部隊が同行しての営業によって販売店のレベルアップを図っているが、同じような試みは日本でもずっと行われていた。

さらに、ビジネスシステムの自社担当の部分を担う自社従業員、そして経営を担える人材を育てることも、必要不可欠である。この重要性とポイントについては、第10章で詳述されている通りである。

環境を創るにあたっては、二つの共通するポイントがあると考えられる。一つは、一時的には不均衡が生じても、自社がこれまでやってきたやり方でやるということである。その時点ではミスマッチが生じても、人間は環境に適合するように学習できる生き物なので、やり方のほうに自分を合わせていくことができる。

育成してからビジネスシステムを構築するのではない。その逆である。この順序をとると、ビジネスシステム構築のタイミングを早めることができる。また、ミスマッチが生じているからこそ、実際に失敗したり顧客の叱責を受けたりして、学習が進むともいえる。

たとえば、コマツでは、その初期において建機の販売も補修も行ったことがない代理店も多く存在したにもかかわらず、最初から補修サービスを前面に押し出して、中国で事業を再構成している。もちろん当初は試行錯誤の連続であったが、経験を積み、レベルアップしていった。ヤクルトや資生堂の事例にも、中国展開当初は自社の従業員に訪問販売や「おもてなし」の経験がなく、うまく事業の具体的姿とマッチした行動ができなかったものの、経験を重ねてレベルアップしていった姿が描かれている。

もちろん、ミスマッチは協力企業や従業員に無理を強いる。そのため、彼らに対する手厚いフォローは不可欠である。フォローとしては、まず教育があげられる。ほとんどの事例に、技術指導や研修などを通じた教育に力を入れたことが書かれている。その中でも有効であったとされるのは、OJTである。自分たちのやり方ではうまくいかないところで、日本人がこの日本風の仕事のやり方に関しては、このようにやればうまくいくというお手本を見せていく。学習効果はより高いであろう。ダイキン工業の自社営業マンや代理店の育成、資生堂のカウンセラー教育、ヤクルトのヤクルトレディ育成などは、すべてこれである。

共通するポイントの二つ目は、核となる顧客・協力企業・従業員の育成である。従業員に関して第10章で「伝道者」の育成が重要との指摘がなされていた。これは、コア従業員を育成した上で、そのコア従業員が他の現地従業員に「考え方」を伝授していくという話であった。

同様なことは、顧客や協力企業に関しても重要であると考えられる。顧客に関しては、ダイキン工業の事例に、初期の顧客が高いブランドイメージの形成と知名度向上に寄与した姿が描かれている。また、クボタについては、コアの顧客から潜在的顧客へと波及効果を強める効果が、現地に出向いての補修サービスにあったと指摘されている。

協力企業に関しても、「伝道者」は重要である。たとえば、クボタの事例において、初期の販売店がクボタの「連合サービス」の考え方を積極的に支持し、クボタよりも同業の代理店からの説得の影響力が大きかったであろうことが指摘されている。また、複数の事例に描かれている、協力企業が集合して情報交換をする場においても、核となる協力企業がプラスの大きな影響力を持ったであろうことが推察される。

3 プロセスからの情報蓄積と学習を踏まえた展開

初期小規模展開の有効性とプロセスの順序の重要性

展開プロセスが、環境情報の蓄積と、人々の学習の結果としての環境創造を引き起こすのだとすれば、それらも視野に入れた順序での中国展開が必要となる。

まず、最初の展開は、完全な成算は立たないが現場の観察からおそらくいけるであろうという仮説を作ることのできた時期に小規模でというパターンが、これまでの議論を踏まえると有効なことが多いであろう。とくに、現地の状況がわからず、顧客や供給業者も日本と大きく異なる場合には、である。

環境情報がわかっていない時点で大規模に展開するのはリスクが高すぎる。むしろ、多くの事例に共通するように、展開から数年は小規模で事業を営み、そのプロセスからの情報収集と後にコアとなる協力企業や従業員の育成を進めていくのがよいと思われる。

もちろん、そのプロセス通りに整然と展開が行われるのは稀であろう。実際には、情報の不足からさまざまな失敗をしてしまったり、事業拡大のスピードが速すぎてコアとなる部分の育成が間に合わなくなってしまったりということも十分考えられる。しかしながら、それらの事態も情報蓄積と学習の機会と考え、柔軟に展開計画を変更していく姿勢とその事業規模でのアクシデントに対応可能なだけの経営資源を持っていれば、後の成長につなげることができると考えられる。

また、プロセスからの情報蓄積と学習が重要だとすれば、展開プロセスにおいて、どういった順序で手を打っていくかが重要となる。一例として、どの段階でどの仕事を外部に出していくかという点について考える。

展開初期においては、自社のこれまでの事業のあり方と環境の間に大きなギャップが存在するため、ビジネスシステムのかなりの部分を自社で行うケースが多いであろう。だが、本章で指摘した情報的観点から考えても、またコストの観点から考えても、将来的には現地の企業や人に徐々に委ねていくことになる。

その際には、自社のビジネスシステムの要となる部分から委ねていくというのが有効な方策であると考えられる。たとえば、補助的サービスが差別化の源泉となる企業であれば、顧客とのインターフェイス部分である。

要であるがゆえに他社に委ねるのは勇気がいる決断かもしれない。しかし、将来的に自社だけではビジネスモデルを回せないとすれば早めに委ねて、育ってもらったほうがよい。もちろん、育ってもらうための仕組みは手厚く用意する必要があるだろう。また、完全に任せるのではなく、自社が強く関与していくのが、コントロールの面でも自社および他社の学習の面でも肝要であると考えられる。

「郷に入っては郷に従え」という言葉の非合理性

本章では、事業の具体的姿＝環境×事業コンセプトという方程式を想定し、これまでの章で指摘されていたように日本企業にとって中国展開の際の事業コンセプトの維持が有効でそれを変えないとすれば、どのようにして左辺と右辺をバランスさせるのかということを考えてきた。一つの方法は事業の具体的姿をアレンジするというものであり、もう一つの方法は環境を変えるというものであった。事例企業においては、環境を変えることによって、事業の具体的姿も基本的には日本と同じ形を維持しながら、対応が必要なものについてはアレンジを加えるという姿勢をとっていた。

事業コンセプトと事業の具体的姿を維持するメリットについては、すでに論理構築篇の複数の章で詳述されている。ここでは、「郷に入っては郷に従え」という一見もっともな考えが間違った展開を導きやすいことを、事業の具体的姿＝環境×事業コンセプトという方程式の観点から指摘して、論を締めくくる。

言葉だけで考えると「郷」は環境なので実際には環境に合わせて自らのあり方をアレンジすべしとい

う意味に見えるが、実際にはその地域で行われているやり方に合わせなさいという意味で、このことわざは使われる。これは自らの強みをどう活かすか、その強みを発揮させる仕組みを現地の環境とどうマッチさせるかという複雑な辻褄合わせを最初から放棄しているに等しい。現地の競合他社の事業コンセプトに基づいて、競合他社と類似の事業の姿をとることで、式の左辺と右辺をバランスさせようとする試みだからである。これでは、日本で培った強みを活かすことはできない。

さらには、環境に合わせて自らのあり方をアレンジすべし、という意味で捉えたとしても、まだ不十分な点が残る。環境を所与、つまり変えられないものとして考えているためである。実際には、事例企業で見たように、多大な努力は必要ではあるが、環境の中には中長期的には変えることができるものもある。

環境を変えることで自社の過去の蓄積を活かしながらも、必要な部分においては事業プロセスから得られた環境情報を活かしながらアレンジを加える。本書の事例から考えると、これが、中国展開における一つの成功の方程式として示唆されるのである。

論理から事例を読み解く

サイゼリヤ　一からの再構成

国内での事業コンセプト

イタリアンレストランチェーンを運営するサイゼリヤは、国内に九二九店、海外ではアジアを中心に八九店を出店しており、連結売上高は一〇四二億円、利益は一〇五億円である（二〇一二年八月期）。その事業コンセプトは、「イタリアの食文化を気軽に楽しんでもらうことを、きわめて効率性の高いビジネスモデルで実現する」というものである。

サイゼリヤというと、その低価格に注目されることが多いが、じつはサイゼリヤの売上原価率は他のチェーンレストランと比較するとむしろ高い。競合より低価格で、しかも高い利益率であるにもかかわらず、である。安かろう悪かろうではなく、高品質な原材料を使用した食事の低価格での提供を、効率性の高いビジネスモデルで実現しているのである。

そのビジネスモデルのコンセプトは「規模の経済と統合の経済を活かした全体最適の仕組みによる無駄の徹底的な排除」と表現できる。一度にまとめてできる業務はなるべくまとめて、個別に行った場合に発生するコストを排除している。

まず、ビジネスシステムの現実的特徴としては、垂直統合の度合いが高いということがあげられる。食材の調達から食事の提供に至るまで、自社の関与がきわめて強い。たとえば、野菜の調達に関していえば、その一部は関連農場で作っている。ほかから仕入れる場合も、市場で調達するのではなく、特定の農場と契約し、サイゼリヤが生産量の指示まで行っている。そして、おいしさはもちろん、収穫や調理の効率の向上をも考えて、農場で育てる品種の開発までしている。一例をあげれば、切っても中身が崩れにくいトマトなどである。

垂直統合の度合いの高さは、規模の経済にも統合の経済にもつながっている。まず、垂直統合によって、最も規模の経済の働く場所で仕事が行えるように、ビジネスシステムを設計できるようになる。

その典型が、「カミッサリー」と呼ばれる食品加工を行うと同時に流通拠点ともなる施設である。この施設は、現在のサイゼリヤの低コストオペレーションの要といえる。食品加工という機能に注目すると、各店舗レベルで必要な業務をなるべく集約し、全体で考えた場合のコストダウンにつなげている。さまざまな工夫によって店舗レベルでの追加加工を最低限に抑えているため、各店舗のキッチンには必要がないため包丁が置かれていないほどである。

垂直統合度の高さはまた、工程間のコストを削減するという統合の経済にもつながっている。工程が別の企業で担われる場合には必要な包装などの作業を極力減らし、後工程を考えた仕事の設計を行うことで無駄を減らしているのである。

このように、ビジネスシステムの大きな設計において効率性を実現しているだけではなく、ビジネスシステムのそれぞれの構成要素においても効率性向上を目指した模索が重ねられている。現場レベルでの改善は他の日本企業でも見られるが、サイゼリヤで特徴的なのは、そこにトップダウンで科学的視点を入れ込むことである。サイゼリヤはものづくりメーカーでないにもかかわらずエンジニアリング部門を持ち、よりよい効率的な方法の研究と仕組み化を進めている。

こうした効率的なビジネスシステムによって、高品質の食材を用いているにもかかわらず利益を上げることができる収益モデルになっているのである。

ところが、この日本におけるビジネスモデルは、規模や統合の経済に関しても、トップダウンでのエンジニアリングに関しても、現在の店舗数があってこそ有効に機能するものといえる。しかしながら、一から出店していく中国展開にあたっては当然、それらの恩恵は受けられない。恩恵がない中でどうにかして店舗を増やしていく。そのプロセスは、基本的には日本における発展と同じ道筋を、日本のときにはなかった過去の蓄積を活かし、日中の違いに対応しながら、辿るものであった。

事業コンセプトに立ち返った価格引下げと市場創造

サイゼリヤは、二〇〇三年一二月、中国における一号店を上海に出店した。二〇一二年八月時点で上海に五一店舗、広州に三八店舗、北京に二二店舗を展開し、一一年九月〜一二年八月の売上げは五六億円に上る（図12-1）。

サイゼリヤは、「イタリアの食文化を気軽に楽しんでもらうことをきわめて効率性の高いビジネスシステムで実現する」という、日本と同じ事業コンセプトで中国へも展開していった。

ただ、進出当初においては、サイゼリヤのほうでは日本と同じコンセプトで勝負していると考えていたものの、中国の顧客はそう感じていなかった。中国展開にあたってサイゼリヤは、上海に四〇店舗以上展開していた「ピザハット」を競合の一つと考え、それより三割安い価格帯を設定した。しかし、中国の顧客にとっては、それでも高かった。来客が少なく、売上げが家賃にも満たないありさまであり、月に一〇〇〇万円以上の赤字を出していたのである（『週刊東洋経済』二〇〇七年二月三日）。

図 12-1　中国における店舗数と売上げの推移

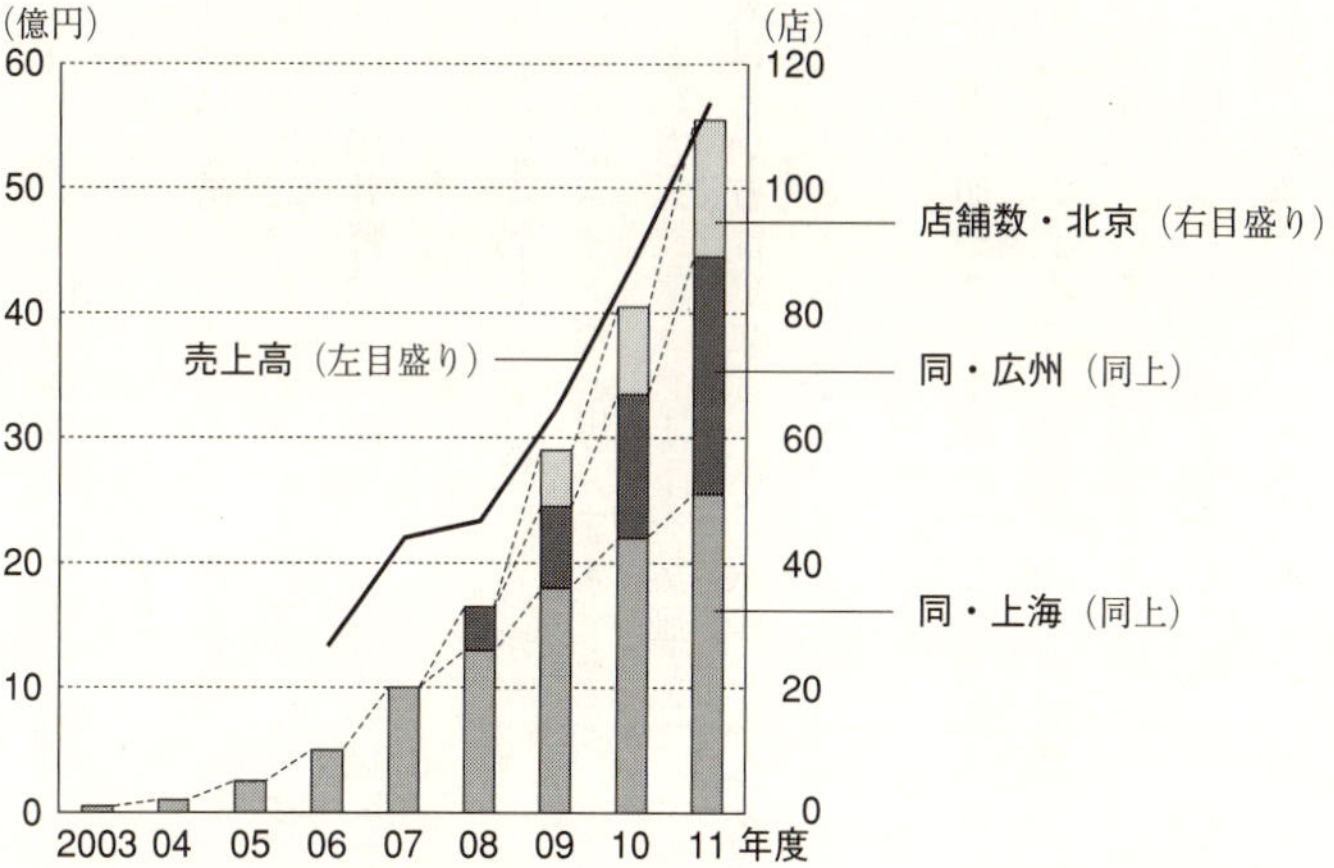

（出所）　サイゼリヤ・財務諸表，および『日経ビジネスオンライン』2008年7月29日，より筆者作成。

そのため、二〇〇四年八月に思い切った値下げを断行した。二、三割ではない。すべてのメニューを一気に半額にしたのである。このことで、パスタやドリアは九元と、町場の食堂のラーメン並みの価格になった。

その意思決定を振り返って、当時上海薩莉亜餐飲有限公司の董事長であった田井野俊樹は、次のように述べている。

「確かに普通に考えたらソロバンは合わない。でもこのままではいつかは死ぬ（撤退せざるをえなくなる――引用者注）のだから、カネを使いきってダメだったら帰ればいい。大切なのは創業の原点に帰ることだ。イタリアンをごく普通の人々が気軽に食べられるようにする。それを使命にわれわれは日本でやってきた。だったら中国でも同じことをやろう、と」（『週刊東洋経済』二〇〇七年二月三日）。

まさに、日本の事業コンセプトへの回帰を目指した値下げだったことが、この発言から窺える。

こうして、中国の顧客にとっても気軽にイタリアンを楽しめる価格を設定したのだが、その安さを食材の質を変えることで実現したわけではない。料理の質はまったく同じでの値下げだった。品質は維持したままでの大胆な値下げによって、売上げは値下げ前の月の五倍、後には一〇倍にもなった。これは、それまでイタリアンなど食べたことがない人々をも新たな顧客とした効果であると考えられる。田井野は、中国サイゼリヤの顧客について次のように述べている。

「うちに来るお客さんは、月収が一〇〇〇～二〇〇〇元（一万六〇〇〇円～三万二〇〇〇円）といった人たちがメインだと思います。そういう人たちは、イタリアンと無縁だった。以前、一号店に来店したお客さんにアンケートを実施したことがあるのですが、これまでスパゲッティを食べたことのある人はという問いに、一〇〇人中二人しかＹｅｓはいなかったのですから」（『日経ビジネスオンライン』二〇〇八年七月二九日）。

この思い切った値下げによる顧客創造は、じつは日本での最初期、会社としてのサイゼリヤを創業する前にも行われたことであった。創業者の正垣泰彦が最初に店を構えた一九六八年当時、日本でイタリアンを知っている人間はほとんどいなかった。立地の問題もあり、最初はなかなか客が来なかった。しかし、価格を七割引きにしたところ、行列ができるほど客が押し寄せるようになった。午後四時の開店から店には客が溢れ、午後七時には品切れになるほどであったという（山口［二〇一一］）。

ビジネスモデルの再構成

このように、高品質な食事を低価格で提供するという日本と同じ事業コンセプトは実現できたが、中国では、背後にその事業コンセプトを支えるビジネスシステムがあったわけではなかった。そのため、当然収益モデルも日本とは異なっていた。原価率が上昇し、経営を圧迫した。実際、原価率は平均で五割近く、メニューによっては六割近くにもなったのだという(『日経ビジネスオンライン』二〇〇八年七月二九日)。

それでも三店舗目から黒字になったのは、客が増えて店舗レベルでの規模の経済が出てきたと同時に、さまざまな面の切詰めを積み重ねていたためでもある。大きかったのは家賃である。二階や地下といった条件の劣る立地を選択し、一般の外資系レストランの平均家賃が三〇万元であったところ、サイゼリヤの新規店舗では五～一〇万元であった。また、内装や食器、宣伝にも力は入れなかった。

しかし、中国で本格的に多店舗展開していく上で、店舗レベルでの工夫だけではなく、チェーンストアとしての効率的な供給体制の整備が重要な課題として認識されたと考えられる。それは、正垣が中国での値下げの話に続けて「あとは、この価格、この商品で利益が出るように、カミッサリーを作るなどの技術を駆使して原価を下げたり、生産性を高めていけばいい。日本でやってきたことと同じだよ」(山口［二〇一一］)と述べていることからも窺える。

上記の正垣の発言は二〇一一年出版の本に掲載されているが、一三年現在、中国においてはまだ、現在の日本でのビジネスシステムの中核となっているカミッサリーは作られていない。条件が異なるため、すぐに現在の日本と同じビジネスシステム、そして収益モデルを構築できるわけではないのである。正垣の発言は、現在の日本と同じ姿をとるという静的意味ではなく、日本と同じ発展のプロセスを辿るというダイナミックな意味で解釈すべきであろう。過去の「日本でやってきたことと同じ」プロセスを一歩一歩進めていく必要があり、現在はまさにその途上なのである。

そこでまず、食材供給業者との協力体制を苦労しながら構築しようとしている。店舗数が九〇〇を超える日本と異なり少ないため、供給業者に対して日本でのような交渉力を持つことは難しい中での話である。まだ模索中であり、協力体制が築ける取引先を探している段階である。

ただ、店舗数の増大もあって、協力してくれる取引先も徐々に出てきている。たとえば、パスタのソースやハンバーグのペーストなどについて、問屋から調達する形ではなく、サイゼリヤの仕様書でメーカーに直接発注して、プライベートブランドで作ってもらえるようになったケースもあるという。

作ってもらう際には、原材料が日本とは異なるため、同じレシピでも日本とは異なる味になることがあるという。そのため、日本で商品開発を行っていたスーパーバイザーが中国に来て、メーカーとやり取りしながら調整を行っている。

プライベートブランドで作ってもらうといっても、現在の日本のカミッサリーで作るもののように、ほぼ調理済みで店舗に届くわけではない。店舗での調理もかなり必要になる。したがって、中国の店舗には、日本の店舗にはない包丁も置かれている[3]。

また、日本のカミッサリーとは異なり、メーカーに配送機能まで担わせているわけではない。そもそも、中国できちんとシステマティックに店舗へ食材を配送できるようになったのは二〇〇八年からであり、それ以前は個々の店舗レベルでの調達も多かった。配送が可能になったといっても一週間に二〜四回ほどの頻度であり、食材が足りなかったり、余ったりということも、ときとして生じてしまうことがあるのだという。

このプライベートブランドによる食材調達の試みは、サイゼリヤにとってはじめてのものではなく、じつは日本でもカミッサリーを作る以前から行われてきたことであった。チェーン展開の最初期はセントラルキッチンを採用していたが、どうしても食材のばらつきが出てしまっていたし、当時は人員も不足しがちであったために自社社員の負担も大きくなっていた。また、調理後の配送時における振動といった問題も生じたため、店舗数が一〇に達したころから徐々にプライベートブランドへ切り替えていったのである。それも、現在の中国での展開と同じように、ドレッシングなどの一部を協力してくれるメーカーに作ってもらうという形からであった。

店長への教育とメニューのカスタマイズ

中国での店舗数の増大によって、サイゼリヤは、上記のような取引先との協力体制構築の面でも、その他の面でも、規模の経済の恩恵を受けられるようになっていった。しかしその一方で、店舗レベルのマネジメントに問題が生じてしまっていた。

店舗が少ないときには、ある程度のレベルは維持されていた。日本側の責任者も店舗運営や店長の採用・教育に関与できたし、出店のペースが緩やかであれば、既存の店舗で経験を積んだ従業員が新店舗の中核となることもできたのである。

しかし、出店のペースが急激になると、出店そのもののための業務が増加することもあって日本側の責任者が店舗運営に関与できる余裕がなくなってくるし、経験がない店長もどうしても増えてしまう。そのため店舗レベルのマネジメントに問題が生じ、不公平感のあるスケジュールができてしまったり、勤務時間のばらつきが生じてしまったりすることなどがあった。

じつは日本でも、店舗数増大のプロセスで同じような局面が過去に生じていた。急すぎる出店によって経験の浅い社員を店長にせざるをえなくなり、店舗レベルのマネジメントに問題が生じて、業績の悪化につながってしまったのである。日本ではその後、草創期を体験して現場のエキスパートでもあった当時の取締役事業部長三人が立直しを行い、結果、業績は回復した（山口［二〇一二］）。

中国では、二〇〇九年から店舗運営を安定させるための日本人スタッフを新たに送り込み、彼らが日本でやってきたことを活かしながら、店長の店舗運営教育を進めている。教育といっても座学ではなく、日本人スタッフが実際の店舗へともに行って、手本を示しながら説明し、教え込んでいる。

このように教育を進めていく中、店長レベルでの話合いの場などでは、新しいメニューに対するアイデア等も出されるようになってきているという。もちろん、サイゼリヤにとって料理の味はきわめて重要なので、最終的な決定は社長や会長の意見を聞きながら、董事長や総経理が行う。しかし、提案が行われるようになってきたのである。

日本でも中国でも、メニューの背後に流れている、トータルコーディネートなどといったイタリアの食文化を重視するという思想は同じであり、また、とくにドリアなどの売れ筋に関しては日本側から細かく指示されている。

しかし、メニューとしては同じでも日中で味は異なる。食材の違いもあるし、現地の味覚に合わせていかなければならない部分もある。提供する製品の適切なカスタマイズという意味で、現地の食で育った従業員からの提案は意義あるものと考えられる。

ビジネスモデルに関しても現地の人々の意見が取り入れられるようになっている。たとえば、調理に興味があるという店長に、製品開発だけではなく、食材調達の仕事もやってもらっている。どのような業者とどのように付き合うのかということについても、店長を経験し、サイゼリヤ流の考えを身につけた現地の人の考えが、反映されるようになってきているのである。

ビジネスモデルの確立からさらなる飛躍へ

サイゼリヤは、その時々にさまざまな問題に直面しながらも、中国で成長し続けている。そのプロセスは、まさに環境を知り、環境を変えながら、日本でのビジネスモデルを中国で再構成していったものと捉えることができる。

まず、中国での事業コンセプトは日本のそれと同様であった。もちろん、中国という環境に合わせてアレンジされた部分はある。典型的には提供される製品である。メニューに関する基本的思想は同様であるが、中国で調達できる食材を使って、中国の顧客の味覚に合うようなものになっている。

さらに、このビジネスモデル再構成の過程は、中国という環境のさまざまな情報を蓄積しながらのプロセスでもあった。最初からすべての情報がわかっていたわけではない。たとえば、顧客はどれくらいであれば安いと感じてくれるのか。協力してくれる供給業者に関しても、今なお模索中である。それらについては、実際にビジネスを展開していく中で情報を得て、ビジネスモデルへフィードバックしていっている。

その情報蓄積のプロセスに、現地スタッフも貢献している。味付けや供給業者に関してなどが、その例である。とはいえ、現地の人間だけに任せているわけではない。味付けに関しても供給業者に関しても自社の日本人がしっかりと関与しており、サイゼリヤ流を貫きながらも現地の情報を活かす形で製品やビジネスモデルのアレンジを行っている。

そのしっかりとした関与は、自社のビジネスモデルがうまく回るように環境を創造していくというプロセスでも活きている。とくに重要と思われるのが、OJTを通じた店長教育である。供給業者に関しても、プライベートブランドについてのやり取りの中で、供給業者がサイゼリヤの考えを学びながらステップアップしている面があると思われる。

また、環境創造のプロセスは、日本における成長の軌跡をなぞるものであった。原理だけではなく、実際のプロセスまで類似していたのである。たとえば、大胆な値下げによる顧客創造や、店舗数が少ない段階でのプライベートブランドの活用などといったことである。事業コンセプトが顧客に受けたこともあって急成長し、店長の教育が追いつかなくなって、改めて教育に力を入れた点まで同じであった。

これまでのサイゼリヤの中国展開は、情報も人材も協力してくれる企業も不足する状況下で、日本と同じ事業コンセプトを堅持しつつ、試行錯誤しながら何とか成長してきたプロセスであったように思われる。そして、そのプロセスの中で、顧客や供給業者などに関する情報を蓄積したり、供給業者と協力体制を築いたり、店長をはじめとする人材などが育ったりしてきている。

現在のサイゼリヤは、今までのプロセスで得た情報を整理し、これまでの中国で築いてきたものを核として、さらなる爆発的な成長に備えている段階にあると感じられる。

サイゼリヤ海外事業部は、二〇一一年からビジネスモデルを確定させるプロジェクトを進めている。その目的は、中国でチェーンとしてのサイゼリヤを広げていく前提として、その基本ルールをはっきりさせるということにある。

成長のプロセスで、何をやるのか、そして何をやらないのかが不明瞭になっていた面があったのである。たとえば、立地の問題がある。有名になるにつれ、繁華街や百貨店にまで出店するようになっていた。チェーンでメニューを同じくする以上、立地の一貫性が必要であるが、それがぐちゃぐちゃになってしまっていたところがあった。

そのような成長のプロセスで出てきた不整合な部分を整理し、今後の一貫した方針を作るための振りと抽象化・仕組み化を行っているのである。堀埜一成社長は、「大量出店に入るのはそれらが固まる三年後」と述べている（山口［二〇一二］）。供給面の整備も着々と進めており、二〇一二年には広州に食品加工を行う自社工場（資本金三〇〇〇万ドル）を建設し稼働させた。今後、これまでの成長が緩やかと感じられるほどの急成長が期待される。

参考文献

『週刊東洋経済』二〇〇七年二月三日。
『日経ビジネスオンライン』二〇〇八年七月二九日、二〇〇八年八月五日。
山口芳生［二〇一一］『サイゼリヤ革命——世界中どこにもない〝本物〟のレストランチェーン誕生秘話』柴田書店。

●注

1 事業コンセプトとは、「誰に、何を、どのようにして提供して利益を得るのか」に関する基本的考え、すなわち、製品—市場ポートフォリオとビジネスモデルに関する基本コンセプトをさす。

2 一方で、第10章で指摘されているように、現場の人々に権限を委譲し、原理を理解した上で判断を下してもらうようにすることも重要である。

3 調理が必要な程度は異なるが、日本で開発した調理器具は中国でも活用されている。

参考文献一覧

＊事例に関する参考文献は、各事例の末尾に掲載した。

日本語文献

天野倫文［二〇〇五］『東アジアの国際分業と日本企業――新たな企業成長への展望』有斐閣。

伊丹敬之［二〇〇九］『デジタル人本主義への道――経営の未来を見誤るな』日本経済新聞出版社。

伊丹敬之［二〇一二］『経営戦略の論理――ダイナミック適合と不均衡ダイナミズム　第四版』日本経済新聞出版社。

稲盛和夫［二〇〇二］『成功への情熱――PASSION』PHP研究所。

今井健一編［二〇〇二］『中国の公企業民営化――経済改革の最終課題』（アジ研トピックリポートNo.四七）日本貿易振興会アジア経済研究所。

加護野忠男［一九九七］『日本型経営の復権――「ものづくり」の精神がアジアを変える』PHP研究所。

経営労働協会監修／関満博・範建亭編［二〇〇八］『現地化する中国進出日本企業』新評論。

経済産業省「海外事業活動基本調査」各年版。

経済産業省編『通商白書』各年版。

在中国日本大使館経済部［二〇一二］「中国の日系企業におけるストライキの発生状況について――日系企業に対するアンケート結果」。

在中国日本大使館［二〇一三］「二〇一二年における中国各地の最低賃金基準の引上げ状況」。

財務省「対外及び対内直接投資状況」各年版。

財務総合政策研究所編［二〇一一］『財政金融統計月報　第七一四号　法人企業統計年報特集（平成二二年度）』。

関満博［一九九三］『中国開放政策と日本企業』新評論。

関満博［二〇〇二］『世界の工場――中国華南と日本企業』新評論。

中国日本商会『中国経済と日本企業』各年版。

内閣府編［二〇一二］『経済財政白書　平成二四年版　日本経済の復興から発展的創造へ』日経印刷。

西野和美［二〇〇六］「技術が生み出すビジネスモデル」伊丹敬之・森健一編『技術者のためのマネジメント入門――生きたMOTのすべて』日本経済新聞社。

二一世紀中国総研編『中国進出企業一覧　上場会社篇』蒼蒼社、各年版。

日中投資促進機構［二〇〇七］「『第九次日系企業アンケート調査』集計結果（概要）」。

日本銀行「国際収支統計」各年版。

日本貿易振興会経済情報部［二〇〇二］「日本企業の中国における国内販売活動に関するアンケート調査」。

日本貿易振興会海外調査部［二〇〇三］「在アジア日系製造業の経営実態――二〇〇二年度調査」。

日本貿易振興機構［二〇一〇］「二〇〇九年の対中直接投資動向」（調査レポート　特集　中国北アジア　日系企業が直面する課題二〇一〇年四月号〈Vol・一二〉）。

日本貿易振興機構海外調査部「アジア・オセアニア主要都市・地域の投資関連コスト比較」各年版。

日本貿易振興機構海外調査部アジア大洋州課・中国北アジア課「在アジア・オセアニア日系企業活動実態調査――中国編」各年度版。

韓朝華［二〇〇二］「郷鎮企業の民営化――競争圧力下の制度転換」今井健一編『中国の公企業民営化――経済改革の最終課題』（アジ研トピックリポートNo.四七）日本貿易振興会アジア経済研究所、四三-七四頁。

深尾京司・日本経済研究センター編［二〇〇八］『日本企業の東アジア戦略――米欧アジア企業との国際比較』日本経済新聞出版社。

三菱総合研究所編［一九八九］『中国合弁企業一覧――日米欧一〇〇〇社　一九八九年版』三菱総合研究所。

三菱総合研究所編『中国進出企業一覧』蒼蒼社、各年版。

山下裕子・一橋大学BICプロジェクトチーム［二〇〇六］『ブランディング・イン・チャイナ――巨大市場・中国を制するブランド戦略』東洋経済新報社。

労働政策研究・研修機構編『データブック国際労働比較』各年版。

中国語文献

中国経済年鑑編輯委員会編輯『中国経済年鑑』中国経済年鑑社、各年版。

英語文献

Coase, Ronald and Ning Wang［2012］*How China Became Capitalist*, Palgrave Macmillan.（栗原百代訳『中国共産党と資本主義』日経BP社、二〇一三年。）
United Nations, Department of Economic and Social Affairs, Population Division［2011］*World Population Prospects: The 2010 Revision*, CD-ROM edition.

取材協力者一覧

＊本研究プロジェクトを進めるにあたり、以下の皆様から多大なご協力をいただいた。記して心より感謝したい。

章番号	訪問先企業名	取材協力者名（敬称略、アルファベット順）	取材協力者職位（取材当時）	取材日（年は西暦二〇〇〇年代）	取材場所	訪問者名
3	株式会社小松製作所	皆川良一	情報戦略本部ソリューショングループ部長	11年8月30日	東京本社	首藤聡一朗 天野倫文
		茅田泰三	専務執行役員　中国総代表／小松（中国）投資有限公司　董事長	11年12月19日	上海	首藤聡一朗 伊丹敬之 西野和美
		佐藤武洋	中国総代表室室長／小松（中国）投資有限公司　企画管理本部企画部主幹			
		梶谷鉄朗	常務執行役員　中国副総代表／小松（中国）投資有限公司　董事　中国生産・調達本部本部長	11年12月20日	常州	
		成本明宏	中国総代表室常州地区担当部長／小松（常州）工程機械有限公司　経営管理			

	企業名	氏名	役職	日付	場所	取材者
			本部 人事総務部主幹			
	小松（中国）投資有限公司	籠宮秀雄 高城信行	生産調達本部副本部長 企画管理室室長 小松（中国）テクノセンタ所長			
	小松（常州）工程機械有限公司	林譲二 森保暁	生産部部長 董事・総経理			
	小松（常州）機械更新製造有限公司	田中幹雄	総経理			
4	ダイキン工業株式会社	川村郡太郎	取締役兼副社長執行役員	11年7月27日	大阪本社	西野和美
	大金空調（上海）有限公司	光安俊二 村井治	副総経理 大金（中国）投資有限公司 物流革新部長	11年9月19日	上海	西野和美 伊丹敬之 張又心バーバラ
	大金（中国）投資有限公司、ソリューションプラザ	陳英偉	副総経理			
	大金機器設備（蘇州）有限公司	橋本健一	総経理	11年9月20日	蘇州	

	ダイキン工業株式会社	田谷野憲	取締役兼副社長執行役員	11年10月5日	東京支社	西野和美 伊丹敬之
5	株式会社クボタ	飯田聡	常務執行役員機械海外本部長	12年3月23日	大阪（本社）	藤原雅俊
		大西克明	作業機械事業推進部海外グループ担当課長			
		藤栄毅	機械海外統括部担当課長			
		石倉泰樹	機械統括部機械海外統括室連結管理グループ担当課長	12年5月9日		
	久保田農業機械（蘇州）有限公司	閔軼君	服務部	12年6月4日	蘇州	藤原雅俊 伊丹敬之
		木村圭一	経営管理部部長			
		李竹林	副総経理			
		松尾俊孝	購買部部長			
		三浦昇司	製造部部長 兼 生産技術部部長			
		荻野伸充	副総経理 営業管理部部長			
		武久一也	人事総務部部長			
		谷幸治	董事 総経理			
		王健	開発部部長			
	徐州中収農機汽車銷售有限公司	包金栄	董事長	12年6月5日	徐州	
		朱衛防	副総経理			

	久保田農業機械（蘇州）有限公司	松下肇	董事 副総経理	12年12月14日	蘇州	藤原雅俊
		裴蕾	人事総務部副部長			
		武久一也	人事総務部部長			
		楊彦杰	製造部部長代行			
6	日産自動車株式会社	橋本泰昭	理事 渉外・知財管理	11年7月4日	横浜（グローバル本社）	岸本太一
		平井敏文	執行役員 渉外部担当			
	東風日産乗用車公司	川北剛史	経営管理本部本部長	11年9月19日	広州（花都）	
		松本史明	総経理			
		三澤英治	製造技術部溶接技術科顧問			
		中西章裕	市場部 広報総監			
		矢野下卓夫	製造管理部戦略管理科顧問			
7	京セラドキュメントテクノロジー石龍工場（中国）	福田英生	製造本部長	11年2月21日	東莞	張又心バーバラ
		長谷弘彰	総務本部副本部長			伊丹敬之
		向井正幸	総務部長			西野和美
		中林義光	副総経理			
		植田将	董事兼総経理			
		中国人従業員七名	人事部長			
			製造部副部長			
			同部課長			
			同部領班			
			部品技術課長			
			製造技術課長			

No.	企業	面談者	役職	日付	場所	聞き手
			総務課長			
		福田英生 長谷弘彰 向井正幸 植田将 中国人従業員一二名	製造本部長 総務本部副本部長 総務部長 董事兼総経理 製造部副部長 同部課長 同部領班 同部組長 同部ワーカー 品質管理スタッフ アシスタントエンジニア	12年1月4日	東莞	張又心バーバラ
	京セラドキュメントソリューションズ株式会社	船倉大丈 長谷弘彰 田川芳博 山本隆嗣	総務本部人事部長 総務本部人事部人事企画部責任者 取締役専務執行役員総務本部部長 執行役員関連会社統括部長	12年12月25日	大阪（玉造本社）	
8	広州益力多乳品有限公司（広州ヤクルト株式会社）、広州工場	紺野秀雄 杉野等	工場長 総経理	11年2月22日	広州	西野和美 伊丹敬之 張又心バーバラ

	広州益力多乳品有限公司家庭配送中心	（朝礼など視察）		11年2月23日		
9	ヤマト運輸株式会社	デスカシンタ プテリ プラサントヤ	CSR推進部 広報課	13年3月19日	東京（本社）	藤原雅俊
		原田ちえ	グローバル事業推進部グローバル事業管理課			
		古原篤行	グローバル事業推進部グローバル事業管理課係長			
		梅津克彦	グローバル事業推進部グローバル事業管理課長			
		デスカシンタ プテリ プラサントヤ	CSR推進部 広報課	13年6月4日		藤原雅俊 伊丹敬之 西野和美
		福世亮	神奈川主管支店 業務改革推進課			
		市ノ川真琴	西埼玉主管支店 狭山入曽センター長			
		古原篤行	グローバル事業推進部グローバル事業管理課係長			
		峰健治	グローバル事業推進部グローバル事業管理課			
		村田俊輔	横浜主管支店 横浜富岡センター長			
		山本龍	グローバル事業推進部			

番号	企業	氏名	役職	日付	場所	聞き手
	雅瑪多（中国）運輸	小林誠	セールスドライバーインストラクター			
		高鶴政彰	経営戦略部 総監	13年6月18日	上海（松江）	藤原雅俊
		西川龍慶	マネジメントアドバイザー			
		曹暁馥	品質部 副総監		上海（松江・宝山）	
		服部健治	マネジメントアドバイザー			
		恵芳艶	培訓部 翻訳			
		山本真志	マネジメントアドバイザー			
		陳立	市北区域 副区域店長		上海（宝山）	
		季慶新	市中区域 区域店長			
		楊暁殷	宝山水産路店 店長			
		周滬江	市西区域 副区域店長			
	神戸ヤマト運輸株式会社	梶原和幸	総務部係長	13年7月19日	大阪（本町）	
		野田実	代表取締役社長			
		佐藤仁	宅配営業所長			
	ヤマト運輸株式会社	デスカシンタ プテリ プラサントヤ	CSR推進部 広報課			
		嶋田光典	関西支社社会貢献担当マネージャー			
11	YKK株式会社	本多正憲	取締役副社長ファスニング事業本部長	11年7月1日	東京（新宿、ファスニン	天野倫文

章	企業	取材協力者	役職	取材日	場所	取材者
		宮田薫	総務・人事室 広報チーム		グ事業本部）	
	蘇州YKK工機会社	陳昭華	工場長	12年11月19日	蘇州	岸本太一 伊丹敬之 西野和美
		笹原秀文	董事兼総経理			
	上海YKKジッパー社	葛西慶喜	閔行工場長		上海（閔行工場）	
		小林義昭	統括工場長			
		大谷裕明	董事兼総経理			
		堤直紀	管理統括部 人事総務統括 高級経理			
	YKK株式会社	宮田薫	経営企画室 広報グループ	13年7月5日	東京（秋葉原、テレビ会議）	岸本太一
		堤直紀	上海YKKジッパー社 管理統括部 人事総務統括 高級経理			
12	株式会社サイゼリヤ	池田広行	社長室 広報課長	12年10月18日	西葛西（サイゼリヤ 西葛西駅店）	首藤聡一朗
		内村さやか	経営企画室 広報室課長			

索　引

さ　行

ま　行

や　行

【編著者紹介】

伊丹 敬之（いたみ・ひろゆき）

東京理科大学大学院イノベーション研究科教授，一橋大学名誉教授

1967年，一橋大学商学部卒業。1972年，カーネギー・メロン大学大学院博士課程修了。Ph. D.

主な著作に，『日本企業は何で食っていくのか』（日本経済新聞出版社，2013年），『経営戦略の論理 第4版』（日本経済新聞出版社，2012年），『本田宗一郎』（ミネルヴァ書房，2010年），『イノベーションを興す』（日本経済新聞出版社，2009年），『よき経営者の姿』（日本経済新聞出版社，2007年），『場の論理とマネジメント』（東洋経済新報社，2005年），『経営と国境』（白桃書房，2004年），『人本主義企業』（筑摩書房，1987年・1993年；日本経済新聞社，2002年），『創造的論文の書き方』（有斐閣，2001年），など多数。

日本型《にほんがた》ビジネスモデルの中国展開《ちゅうごくてんかい》

Development of Japanese Business Model in China

2013年10月30日　初版第1刷発行

編著者　伊丹敬之
発行者　江草貞治
発行所　株式会社 有斐閣

郵便番号 101-0051
東京都千代田区神田神保町2-17
電話 (03)3264-1315〔編集〕
(03)3265-6811〔営業〕
http://www.yuhikaku.co.jp/

組版・BIKOH／印刷・萩原印刷株式会社／製本・大口製本印刷株式会社

ISBN 978-4-641-16417-8